北大版长期进修汉语教材

初级 汉语精读教程 I

A Comprehensive Course in Elementary Chinese

主编： 周小兵
编著： 陈淑梅　丁沾沾　郑宇宁
　　　　陈晓阳　周小兵
英文翻译： 潘小洛　郑宇宁

北京大学出版社
PEKING UNIVERSITY PRESS

图书在版编目（CIP）数据

初级汉语精读教程．Ⅰ/周小兵主编；陈淑梅等编著．—北京：北京大学出版社，2013.8
（北大版长期进修汉语教材）
ISBN 978-7-301-23061-9

Ⅰ．①初…　Ⅱ．①周…②陈…　Ⅲ．汉语－对外汉语教学－教材　Ⅳ．H195.4

中国版本图书馆CIP数据核字（2013）第199145号

书　　名：	初级汉语精读教程 ❶
著作责任者：	周小兵　主编　陈淑梅　丁沾沾　郑宇宁　陈晓阳　周小兵　编著
责任编辑：	刘　飞
标准书号：	ISBN 978-7-301-23061-9/H · 3378
出版发行：	北京大学出版社
地　　址：	北京市海淀区成府路205号　100871
网　　址：	http://www.pup.cn　新浪官方微博：@北京大学出版社
电　　话：	邮购部 62752015　发行部 62750672　编辑部 62752028　出版部 62754962
电子信箱：	zpup@pup.pku.edu.cn
印　刷　者：	北京大学印刷厂
经　销　者：	新华书店
	889毫米×1194毫米　16开本　26.75印张　443千字
	2013年8月第1版　2019年5月第2次印刷
定　　价：	78.00元（全二册，含MP3光盘一张）

未经许可，不得以任何方式复制或抄袭本书之部分或全部内容。
版权所有，侵权必究
举报电话：010-62752024　电子信箱：fd@pup.pku.edu.cn

编写说明

本教材是为初级汉语学习者编写的精读教材，第一册适合零起点的学生使用，第二册适合已经掌握800个左右生词的学生使用。

本教材生词量达到了1600个，涵盖了《高等学校外国留学生汉语教学大纲》中65%的常用词语，《汉语国际教育用音节汉字词汇等级划分》中84%的一级词汇。在语法方面，本教材包含大纲中初等阶段语法项目的85%左右，并涉及少量中等阶段语法项目。本教材同时参考了《国际汉语教学通用课程大纲》，第一册包含了该大纲中的一、二、三、四级语法项目，第二册包含了几乎全部的五级语法项目。

本教材按结构和功能相结合的方式编写，旨在提高学习者的读写能力以及用汉语交际的能力。"小容量""任务式"是本教材最大的特点。

"小容量"指在涵盖基本词汇和语法的前提下，控制每一课生词量和语言点的数量。具体表现为，第一册每课生词控制在15个左右，第二册控制在18个左右。语法点则由易到难，以句式形式出现，每课句式控制在2至3个。复杂的语法（比如结果补语、趋向补语、"把"字句和"比"字句）大多分散在几课中出现，一方面降低了集中教学的难度，一方面也实现了语法的螺旋式复现。

"任务式"表现为，在每一课的"任务与活动"部分，结合所学内容设计了个人、小组或全班的课堂活动，要求学生用汉语完成特定的任务（包括含有信息差的任务），以培养学习者在真实交际场景中、在完成任务的过程中运用语言的能力。

本教材的每课由课文、生词、注释、语法和句式、句型替换、任务与活动、练习（在练习册中）几部分构成。

每课包含课文两篇，课文中语法呈现均匀充分，内容真实自然，富有趣味性、故事性，有利于培养语感。在第一册中，基本上每一课都包括一篇对话、一篇叙述体课文；第二册中叙述体课文逐渐增多。课文中涉及的话题参考了《国际汉语教学通用课程大纲》，在内容上由校园生活逐渐过渡到社会生活，场景包括学校、家庭、工作场所、娱乐场所等，涉及朋友、同学、师生、同事、父母和子女、兄弟姐妹、祖孙等各种人物关系。这样的设计既考虑到留学生在各种场景下的表达需要，也注意将当代中国人的生活内容渗透进叙述与对话之中，使教材可以成为留学生了解中国、了解中国人的一个窗口。

在练习的设计上，本教材遵循由易到难的原则，在每一课中分别设计了针对字、词、句的练习。第二册增加了阅读练习，以培养学生的阅读能力。此外，还有一些跟HSK考试接轨的练习。

本教材一共有两册，每册6个单元（另外还包括拼音部分）。第一册每7课为一个单元，第二册每6课为一个单元，每个单元结束后有一个复习课。每课约需2至4课时（90分钟至180分钟）完成。按每学期十六周，每周十二学时计算，一个学期可以学完一册内容。

需要说明的是，在第一册拼音部分的"日常用语"中，和拼音一起出现的，除了已学过的汉字/词以及该课的生词（突出显示），也包括其他尚未作为生词出现过的汉字/词。之所以如此处理，是考虑到在这些汉字/词作为生词出现之前，让学生先多次接触，并逐渐认识，到其作为生词出现时，书写、记忆该词就会容易得多。在某种程度上，这是先认后写原则的体现。另外，出于生词量、汉字难易程度、词语常用度等方面的综合考虑，在某些课中，一些词语被列为"补充生词"。原则上，补充生词不需要学生掌握。其中较常用的一些词，在多次出现后成为正式生词，此时，则要求"四会"。这同样也是先认后写原则的体现。

本书配有学生练习册，其中的练习可以供教师课堂上或课下布置作业时有选择地使用。另外，中山大学国际汉语学院网站及中山大学国际汉语教材研发与培训基地提供了与本教材配套的丰富的教学资源：包括每一课的PPT课件和教师手册（含语法操练方法、补充练习、关于"任务与活动"的具体说明、单元测试及期中期末试卷等）。教师可登陆以下网站进行下载：1. 中山大学国际汉语教材研发与培训基地网站：www.cntexts.com（点击导航栏右侧"教学资源"）；2. 中山大学国际汉语学院网站：http://scsl.sysu.edu.cn（点击导航栏右侧"教学资源"）。下载密码为：cjhyjdjc。

本书从编写到出版历时六年，期间在中山大学国际汉语学院多次试用，反馈良好。在此过程中，参编人员不断总结经验，吸收各方意见，经过数次修改，使其日臻完善。本书的编写、试用及面世是多方支持的结果，其中包含以下人员的贡献：杨峥琳、李江华、刘小芳、杨靖宇老师在初期参与了部分练习编写及课文修改工作；李蕊老师编写了"汉字小知识"部分；高波老师承担了教师手册编写以及PPT课件制作的大部分工作，并与研究生王珅同学校对了拼音。此外，徐霄鹰、刘若云、李海鸥、邓小宁、徐韵如等老师以及北京大学出版社的吕幼筠老师在教材编写和试用过程中都提出了宝贵意见，出版社的刘飞老师也为此书付出了大量心血。在此一并致以诚挚的谢意！

编　者

人物介绍

大卫：
留学生，英国人。

明河：
留学生，韩国人。

小云：
中文系大二学生，是明河的辅导老师。

小松：
小静的哥哥。

林平：
中文系研究生。

刘星：
数学系大一学生，山田的同屋，喜欢玩儿电脑。

小宝：
一个五岁的男孩子。

金浩：
留学生，韩国人。

山田：
留学生，日本人，刘星的同屋，爱好书法。

小静：
中文系大二学生，小云的同屋。

李阳：
经济系大二学生，喜欢新手机。

小华：
林平的女朋友，在北京学习。

丽丽：
刘星的女朋友。

刘梅：
中学老师，小宝的妈妈。

Abbreviations
词类简称表

- noun — *n.* — 名词 (míngcí)
- verb — *v.* — 动词 (dòngcí)
- optative verb — *opt. v.* — 能愿动词 (néngyuàn dòngcí)
- adjective — *adj.* — 形容词 (xíngróngcí)
- numeral — *num.* — 数词 (shùcí)
- measure word — *m.* — 量词 (liàngcí)
- pronoun — *pron.* — 代词 (dàicí)
- adverb — *adv.* — 副词 (fùcí)
- preposition — *prep.* — 介词 (jiècí)
- conjunction — *conj.* — 连词 (liáncí)
- particle — *part.* — 助词 (zhùcí)
- onomatopoeia — *o.* — 象声词 (xiàngshēngcí)
- interjection — *int.* — 叹词 (tàncí)
- prefix — *pref.* — 词头 (cítóu)
- suffix — *suff.* — 词尾 (cíwěi)

目 录

拼音部分

	声母和韵母	知识点	页码
第一课	声母： b p m f d t n l 韵母： a o e i u ü	声调	1
第二课	声母： g k h 韵母： ai ei ao ou	1. 注释：用"吗"的疑问句 2. 三声的变调	5
第三课	韵母： an en ang eng ong	1. 轻声 2. 汉字小知识：笔画（1）	9
第四课	声母： x j q 韵母： ia ie iao iou(-iu)	注释： "我有哥哥。"/"我没有哥哥。"	13
第五课	韵母： ian iang in ing iong üe üan ün	"不"的变调	17
第六课	声母： s z c 韵母： -i	汉字小知识：笔画（2）	21
第七课	声母： sh zh ch r 韵母： i	汉字小知识：象形字	26
第八课	韵母： ua uo uai uei(-ui) uan uen(-un) uang ueng er	汉字小知识：笔画（3）	31

课文部分

	知识点	功能	任务与活动	页码
第一单元				
第一课 你叫什么名字？	注释： 1. 中国人的姓名 2. 问姓名的方法 汉字小知识： 汉字的结构（1）	1. 说姓名 2. 问国籍	你叫什么名字？	37

	知识点	功能	任务与活动	页码
第二课 你家有什么人？	注释： 1."这是我的狗。" 2.一百以内数字的表达 汉字小知识： 汉字的结构（2）	问家庭情况	1.介绍家人 2.数数的游戏	41
第三课 她是谁？	注释： "我介绍一下儿……" 语法和句式："是"字句 汉字小知识：形声字（1）	介绍	灵魂转移	45
第四课 苹果多少钱一斤？	注释： 1.钱数的表达 2.量词 语法和句式：问价钱（1） 汉字小知识：形声字（2）	问价钱	制作日用品价格表	49
第五课 你吃什么？	语法和句式： 1.汉语的基本语序 2.副词的位置（1） 汉字小知识：形声字（3）	选择食物	调查早餐习惯	54
第六课 这件衣服很漂亮	注释："是吗？" 语法和句式： 1.形容词谓语句 2.副词的位置（2）	1.称赞 2.问价钱	描述人/事物	58
第七课 今天几月几号？	注释： 1.中国的节日 2.年、月、日的表示法 3.星期、日期的表达	1.问星期 2.问日期	调查生日、国庆日	62
复习（一）	注释： "他每天都很忙，每天都很高兴。" 语法索引	功能总结		66

第二单元

	知识点	功能	任务与活动	页码
第八课 你的电话号码是多少？	注释： 1."星期天我们班去公园玩儿。" 2."几"和"多少"的区别	1.问电话 2.问数量	1.查号码 2.做小黄页	69
第九课 哪张最漂亮？	语法和句式： 用"哪"提问	1.赞美 2.请求允许	我们班的"最"	73
第十课 现在打八折	注释： 1."现在打八折。" 2."好吧，给你。" 语法和句式：问价钱（2）	1.讲价 2.同意	跳蚤市场	77

	知识点	功能	任务与活动	页码
第十一课 现在几点？	注释：时间的表达 语法和句式： S+时间+V+O 时间+S+V+O	1. 问时间 2. 相约	说时差	81
第十二课 我不想喝咖啡	注释： 1. 中国的茶 2. 中国的酒 语法和句式： S+要/想+V+(O)	1. 意愿 2. 劝告	1. 写假期计划 2. 做心愿树	85
第十三课 我们买几个面包？	注释："我看看。" 语法和句式： 1. 用"几"询问数量 2. 用"什么"询问性质	1. 问数量 2. 建议	1. 列购物清单 2. 小调查	89
第十四课 你习惯不习惯这里的天气？	语法和句式：正反疑问句	谈习惯	对中国的感受	94
复习（二）	注释： "去你那里怎么坐车？" 语法索引	功能总结		98

第三单元

	知识点	功能	任务与活动	页码
第十五课 大卫会打网球	语法和句式： 1. "会" 2. "X还是Y"	1. 有能力/无能力 2. 选择	谁是最有才能的人？	102
第十六课 这个手机是谁的？	注释： "那个白的是谁的？"/"这个旧的给您。" 语法和句式： S+是+Sb+的	1. 问东西的归属 2. 感叹	说不同	106
第十七课 你们是好朋友吗？	注释： 1. 形容词定语和"的" 2. 百以上的称数法 语法和句式： A+离+B+（很/不/不太）远/近	推测	1. 看地图，说句子 2. 网上购物	110
第十八课 坐火车去北京	语法和句式：连动句	说明原因	怎么去香港？	114
第十九课 他花的钱很多	语法和句式： 动词性定语和"的"	1. 感叹 2. 建议	找不同	117

	知识点	功能	任务与活动	页码
第二十课 我可以问你一个问题吗?	注释: 1."去玩儿,对不对?" 2."给我一点儿钱,可不可以?" 3."我不会告诉他们。" 语法和句式: S+V+O₁(人)+O₂(东西)	1. 希望 2. 推测 3. 确认	礼物排行榜	121
第二十一课 我在食堂吃饭	注释: 1."晚饭以后去,怎么样?" 2."不过他出差的时候……" 语法和句式:介词词组	1. 话题转换 2. 询问意见 3. 感叹	生活小调查	125
复习(三)	语法索引	功能总结		129
第四单元				
第二十二课 我不能翻译	注释: "不好意思,我不能翻译。" 语法和句式: 1. 能愿动词"可以"和"能" 2. 能愿动词"会"和"能" 3. S+V+在+地点	1. 请求 2. 拒绝 3. 抱怨 4. 允许	句子接龙	133
第二十三课 图书馆前边有一片草地	语法和句式:存现句	1. 打招呼 2. 要求	1. 贴鼻子 2. 画地图 3. 你家附近有什么?	138
第二十四课 不用换车	语法和句式: 1."要+V"和"不用+V" 2. 方位词作定语	1. 需要 2. 推测	1. 给朋友的建议 2. 你最喜欢哪个座位?	142
第二十五课 你怎么了?	注释: "你一定要注意身体。" 语法和句式: 1. 句尾的"了" 2."还没(有)……呢"	1. 关心 2. 要求	个人年表	147
第二十六课 金浩跑得很快	注释: "他们踢得还可以。" 语法和句式:V+得+Adj	1. 评价 2. 赞成	评价对方	152
第二十七课 奶奶做了一个广东菜	注释: 1."啊,好干净。" 2."辛苦了辛苦了!" 语法和句式: 动词后的"了"(1)	1. 感叹 2. 感谢	在中国买了什么?	157

		知识点	功能	任务与活动	页码
第二十八课 你吃了药休息一下		语法和句式： 动词后的"了"(2)	询问原因	指路	161
复习（四）		注释： 1. 奥运会 2."孩子读书了没有？" 语法索引	功能总结		166
第五单元					
第二十九课 他们正在拍广告		语法和句式：动作的进行	1. 催促 2. 引起注意	他在做什么？	170
第三十课 这是在哪儿照的？		注释： 1."昨天去清华玩儿的时候照的。" 2."对刘梅来说，这就是幸福。" 语法和句式："是……的"	问距离	1. 看照片，问问题 2. 谈论上周的活动	174
第三十一课 苹果便宜了		语法和句式： 表示情况变化的"了"(1)	1. 安慰 2. 引起注意	看图说变化	180
第三十二课 今天不学习了		语法和句式： 表示情况变化的"了"(2)	1. 改变计划 2. 赞同	十年的变化	184
第三十三课 我哥哥要来广州了		语法和句式： 表示某事将要发生	1. 估计 2. 劝告	他们将要做什么？	188
第三十四课 他一直在电脑前边坐着		语法和句式： 1."V+着"(1) 2. 感叹句	命令	描述图片	192
第三十五课 小云喜欢躺着看书		注释： 1."我在看唐诗呢。" 2."别看了，该换衣服了。" 语法和句式："V+着"(2)	1. 提醒 2. 转述	给图片写说明	197
复习（五）		注释： 1."到了家，他发现手机不见了。" 2."过两天再去买一个吧。" 语法索引	功能总结		201

	知识点	功能	任务与活动	页码
第六单元				
第三十六课 你吃过川菜没有？	注释：离合词 语法和句式： "过"表示过去的经历	1. 问打算 2. 选择	我去过的地方	205
第三十七课 小云睡了十一个小时	注释： "他骑自行车骑了四十分钟左右。" 语法和句式： "V + 时量词"（1）	1. 请求 2. 表示诧异	生活小调查	210
第三十八课 李阳学了两个月西班牙语了	语法和句式： "V + 时量词"（2）	否定	我们班的"最"	215
第三十九课 菊花茶有点儿苦	注释： "从理发店出来以后……" 语法和句式： 1. "一点儿"和"有点儿" 2. "就是"	比较	作比较	220
第四十课 她有一千多双鞋	注释： 1. "多重？" 2. "那算了，还用这台吧。" 3. 万以上的称数法 语法和句式：概数	1. 问重量 2. 放弃计划	小调查	225
第四十一课 我看过三遍《我的父亲母亲》	语法和句式： 1. "次""遍""下" 2. "如果……就……"	遗憾	如果必须做……	230
第四十二课 她再也不让他炒菜了	注释： "从那以后她再也不让他炒菜了。" 语法和句式： 1. "请""叫""让" 2. N_1 + 让 + N_2 + Adj/V (+ O)	1. 举例 2. 请求	家庭的矛盾	235
复习（六）	语法索引	功能总结		239
词语表				243

第一课 Lesson One

日常用语 Everyday Phrases

1. A: Nǐ hǎo!
    你好!
   B: Nǐ hǎo!
    你好!

2. A: Zàijiàn!
    再见!
   B: Zàijiàn!
    再见!

3. yī   èr   sān   sì   wǔ
   一   二   三   四   五

生词 New Words

1.	nǐ		(代)	you
2.	hǎo		(形)	good
3.	zàijiàn		(动)	good-bye
4.	yī	一	(数)	one
5.	èr	二	(数)	two
6.	sān	三	(数)	three
7.	sì	四	(数)	four
8.	wǔ	五	(数)	five

9. dú		(动)	to read
10. tā		(代)	he/she
11. nǚ	女	(形)	women
12. nán	男	(形)	man, male

语音 Pronunciation

1. 声母和韵母 Initials and Finals

声母 Initials

b　p　m　f　d　t　n　l

韵母 Finals

a　o　e　i　u　ü

2. 声母韵母拼合表 Combination of Initials and Finals

	a	o	e	i	u	ü
b	ba	bo	·	bi	bu	·
p	pa	po	·	pi	pu	·
m	ma	mo	me	mi	mu	·
f	fa	fo	·	·	fu	·
d	da	·	de	di	du	·
t	ta	·	te	ti	tu	·
n	na	·	ne	ni	nu	nü
l	la	lo	le	li	lu	lü
	·	·	·	yi	wu	yu

3. 声调 Tones

mā má mǎ mà

bā bá bǎ bà

lī lí lǐ lì

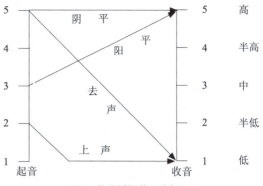

图1　普通话调值五度标记图

注：一声的调值为55，二声为35，三声为211，四声为51。(Note: The 1st tone 55, the 2nd tone 35, the 3rd tone 211, the 4th tone 51.)

课堂常用语 Common Classroom Phrases

1. hǎo   good, fine
2. hěn hǎo   very good
3. dú   to read
4. nǐ dú   you read

练习 Exercises

1. i、u、ü 自成音节时怎么写？ How would you write i, u and ü when they stand alone as a syllable?

   i _____   u _____   ü _____

2. 辨音 Discrimination of pronunciations

   （1）bā — pā   dē — tē   nā — lā   wū — yū
       yí — yú   lǔ — lǚ   nǔ — nǚ   nǐ — nǚ

   （2）mā — má   bā — bá   tū — tú
       wū — wǔ   yū — yǔ   mī — mǐ
       tū — tù   fū — fù   pō — pò

3. 读出下列双音节词语 Read the following double-syllables

　　āyí　　　　pífū　　　　nǐ dú　　　　nǔ lì　　　　lǐ fà

　　dìtú　　　　dàyú　　　　nà lǐ　　　　yùmǐ　　　　fùmǔ

4. 给下列汉字注音 Write the *pinyin* for the following characters

5. 写出下列数字对应的汉字 Write the characters for the following numbers

1 　　2 　　3 　　4 　　5

第二课 Lesson Two

日常用语 Everyday Phrases

1. Nǐ hǎo! Wǒ jiào _____.
   你好！我叫 _____。

2. A: Míngtiān nǐ lái ma?
   明天 你来吗？

   B: Wǒ lái. / Wǒ bù lái.
   我来。/ 我不来。

3. Mǎ hěn dà, māo hěn xiǎo.
   马很大，猫很小。

生词 New Words

1.	hǎo	好	（形）	good
2.	wǒ		（代）	I, me
3.	jiào		（动）	to call (my name is ...)
4.	míngtiān		（名）	tomorrow
	jīntiān		（名）	today
5.	lái	来	（动）	to come
6.	ma	吗	（助）	standing at the end of a sentence to indicate a question
7.	bù	不	（副）	no, not
8.	mǎ	马	（名）	horse

9. hěn		(副)	very
10. dà	大	(形)	big
11. māo		(名)	cat
12. xiǎo	小	(形)	small
13. bái	白	(形)	white
14. kěyǐ		(能愿动词)	can, may

注释 Notes

用"吗"的疑问句 Questions Ending with 吗

一个陈述句后边加上"吗"表示疑问。(When a 吗 tag is added at the end of a statement, the sentence is changed into a question.)

(1) 你来吗?   (2) 大吗?

语音 Pronunciation

1. 声母和韵母 Initials and Finals

声母 Initials

g   k   h

韵母 Finals

ai   ei   ao   ou

2. 声母韵母拼合表 Combination of Initials and Finals

	ai	ei	ao	ou
b	bai	bei	bao	
p	pai	pei	pao	pou

(续表)

	ai	ei	ao	ou
m	mai	mei	mao	mou
f		fei		fou
d	dai	dei	dao	dou
t	tai	tei	tao	tou
n	nai	nei	nao	nou
l	lai	lei	lao	lou

	a	e	u	ai	ei	ao	ou
g	ga	ge	gu	gai	gei	gao	gou
k	ka	ke	ku	kai	kei	kao	kou
h	ha	he	hu	hai	hei	hao	hou

3. 三声的变调 Change of the Third Tone

三声 + 三声 → 二声 + 三声

měinǚ → méinǚ   lǎohǔ → láohǔ   kěyǐ → kéyǐ

课堂常用语 Common Classroom Phrases

1. Gēn wǒ dú.   Read after me.
2. Duì.   Right. / Correct.
3. Bú duì.   Not correct.

练习 Exercises

1. 读出下列双音节词语 Read the following double-syllables

   hēigǒu   báimāo   bù lái   dǎkāi

2. 朗读 Read aloud

（1）Nǐ lái ma?

（2）Kěyǐ ma?

（3）Mǎ hěn dà, māo hěn xiǎo.

3. 辨音 Discrimination of pronunciations

（1）gā — kā — hā　　gū — kū — hū　　gé — ké — hé
　　mǎi — měi　　　　bāi — bēi　　　　pái — péi　　　hāi — hēi
　　lāo — lōu　　　　máo — móu　　　gǎo — gǒu　　　kào — kòu

（2）gū — gù　　　　hāi — hǎi　　　　tōu — tòu
　　péi — pēi　　　　láo — lǎo　　　　náo — nào
　　kǒu — kōu　　　　hòu — hóu　　　　běi — bèi

4. 给下列汉字注音 Write the *pinyin* for the following characters

 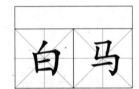 

5. 根据拼音写汉字 Write the characters for the following *pinyin*

xiǎo mǎ　　　lái ma　　　bù lái　　　bù xiǎo

第三课 Lesson Three

日常用语 Everyday Phrases

1. A: Lǎoshī hǎo!
   老师 好!
   B: Nǐmen hǎo!
   你们 好!

2. A: Nǐ máng ma?
   你 忙 吗?
   B: Hěn máng / Bù máng.
   很 忙。/ 不 忙。

3. Bàba hěn máng, māma bù máng.
   爸爸 很 忙, 妈妈 不 忙。

生词 New Words

1.	lǎoshī		（名）	teacher
2.	nǐ	你	（代）	you
3.	men	们	（词尾）	*pluralizing suffix (to indicates people)*
4.	máng	忙	（形）	busy
5.	hěn	很	（副）	very
6.	bàba	爸爸	（名）	dad
7.	māma	妈妈	（名）	mum
8.	nán		（形）	difficult, hard

9. Hànyǔ		(名)	Chinese language
10. dǒng		(动)	to understand
11. le	了	(助)	*a particle*
12. kàn		(动)	to look, to watch
13. lěng		(形)	cold
14. mén	门	(名)	door, gate

语音 Pronunciation

1. 声母和韵母 Initials and Finals

韵母 Finals
an　　en　　ang　　eng　　ong

2. 声母韵母拼合表 Combination of Initials and Finals

	an	en	ang	eng	ong
b	ban	ben	bang	beng	·
p	pan	pen	pang	peng	·
m	man	men	mang	meng	·
f	fan	fen	fang	feng	·
d	dan	den	dang	deng	dong
t	tan	·	tang	teng	tong
n	nan	nen	nang	neng	nong
l	lan	·	lang	leng	long
g	gan	gen	gang	geng	gong
k	kan	ken	kang	keng	kong
h	han	hen	hang	heng	hong

第三课 Lesson Three

3. 轻声 Neutral Tones

māma　　　gēge　　　lái le　　　tóufa

nǐmen　　　hǎo ba　　　bàba　　　dàifu

课堂常用语 Common Classroom Phrases

1. Kàn hēibǎn.　　　Look at the blackboard.
2. Yìqǐ dú.　　　Read together.
3. Dǒng ma?　　　Understand?

练习 Exercises

1. 朗读 Read aloud

   （1）Lǎoshī hěn máng.
   （2）Hànyǔ bù nán.
   （3）A: Nǐ máng ma?
   　　 B: Bù máng.
   （4）A: Nǐ dǒng ma?
   　　 B: Dǒng.

2. 辨音 Discrimination of pronunciations

   （1）bān — bāng　　tán — táng　　mén — méng　　fēn — fēng

   （2）māng — máng　　fēn — fěn　　kān — kàn
   　　 lóng — lǒng　　mén — mèn　　fǎng — fàng

3. 读双音节词语，注意轻声 Read the following double-syllables, paying attention to the neutral tones

   māma　　　tā de　　　méimao　　　pútao

   dǒng le　　　nǐmen　　　bàba　　　mèimei

4. 认读汉字 Read the following characters

大门　　你们　　很大　　很好　　很小

妈妈很忙　　爸爸不忙　　妈妈来了

5. 根据拼音写汉字 Write the characters for the following *pinyin*

Nǐmen máng ma?

Bàba bù máng.

Māma hěn máng.

汉字小知识：笔画 (1) Strokes (1)

写汉字时，每次从起笔到收笔为一个"笔画"。汉字的基本笔画包括以下 5 种：
A stroke starts when the pen begins to write and ends when the pen leaves the paper. There are five basic strokes in Chinese characters as follows:

	笔画名称	笔画形态	书写方向	例字		
1	横	一	→	一	二	三
2	竖	丨	↓	来	四	
3	撇	丿	↙	大	你	
4	捺	㇏	↘	来	大	
5	点	丶	↓	不	小	门

第四课 Lesson FOUR

日常用语 Everyday Phrases

1. A: Nǐ yǒu gēge ma?

    你 有 哥哥 吗?

    B: Wǒ yǒu gēge. / Wǒ méiyǒu gēge.

    我 有 哥哥。/ 我 没有 哥哥。

2. liù   qī   bā   jiǔ   shí

    六   七   八   九   十

3. Wǒ qù jiàoshì.

    我 去 教室。

生词 New Words

1. yǒu	有	(动)		to have
2. gēge	哥哥	(名)		elder brother
3. méi	没	(副)		no, not
4. liù	六	(数)		six
5. qī	七	(数)		seven
6. bā	八	(数)		eight
7. jiǔ	九	(数)		nine
8. shí	十	(数)		ten
9. qù	去	(动)		to go
10. jiàoshì		(名)		classroom

11. jiějie		（名）	elder sister
12. mèimei		（名）	younger sister
13. dìdi		（名）	younger brother
14. gè	个	（量）	a measure word for person and many common everyday objects

注释 Notes

"我有哥哥。" / "我没有哥哥。"

"有"字句的否定方式是在"有"前加"没"。(The negative form of 有 is formed by placing the negative adverb 没 before 有.)

(1) 我没有书。 　　　　　(2) 他没有哥哥。

语音 Pronunciation

1. 声母和韵母 Initials and Finals

声母 Initials

x　j　q

韵母 Finals

ia　ie　iao　iou(-iu)

2. 声母韵母拼合表 Combination of Initials and Finals

	i	ia	ie	iao	iou(-iu)	ü
x	xi	xia	xie	xiao	xiu	xu
j	ji	jia	jie	jiao	jiu	ju
q	qi	qia	qie	qiao	qiu	qu

	ia	ie	iao	iou(-iu)
b	·	bie	biao	·
p	·	pie	piao	·
m	·	mie	miao	miu
d	dia	die	diao	diu
t	·	tie	tiao	·
n	·	nie	niao	niu
l	lia	lie	liao	liu
	ya	ye	yao	you

课堂 常用语 Common Classroom Phrases

1. Kàn shū. 　　　　　　　　　　　　Look at your book.
2. Lǎoshī, qǐng zài shuō yí biàn. 　　Teacher, please repeat.

练习 Exercises

1. 朗读 Read aloud

    （1）Wǒ qù jiàoshì.
    （2）Jiàoshì hěn xiǎo.
    （3）Nǐ yǒu jǐ ge gēge?
    （4）A: Nǐ yǒu jiějie ma?
    　　 B: Wǒ méiyǒu jiějie.

2. 辨音 Discrimination of pronunciations

    jī — qī　　　　　jiē — qiē　　　　qià — xià　　　　qiū — xiū
    jiāo — xiāo　　 jǔ — xǔ　　　　 yào — yòu　　　 jiǎo — jiǔ

3. 以下韵母自成音节时怎么写？How would you write the following finals when they form a syllable alone?

   ia _____   ie _____   iao _____   iou _____

4. 回答问题 Answer questions

   （1）A: Nǐ qù jiàoshì ma?

   　　B: _____

   （2）A: Nǐ yǒu mèimei ma?

   　　B: _____

   （3）A: Nǐ yǒu dìdi ma?

   　　B: _____

5. 认读汉字 Read the following characters

   六　七　八　九　十

   我去　　我有一个哥哥

   我没有哥哥　　哥哥很忙

6. 根据拼音写汉字 Write the characters for the following *pinyin*

Nǐ	qù	ma?

Nǐ	yǒu	gēge	ma?

第五课 Lesson Five

日常用语 Everyday Phrases

1. A: Nǐmen shì xuésheng ma?
   你们 是 学生 吗?
   B: Wǒmen shì xuésheng.
   我们 是 学生。

2. A: Nǐ xuéxí shénme?
   你学习 什么?
   B: Wǒ xuéxí Hànyǔ.
   我 学习 汉语。

3. Hànyǔ hěn nán, wǒmen hěn nǔlì.
   汉语 很 难，我们 很 努力。

4. Míngtiān jiàn!
   明天 见!

生词 New Words

1.	shì	是	(动)	to be
2.	xuésheng	学生	(名)	student
3.	xuéxí	学习	(动)	to learn, to study
4.	shénme	什么	(代)	what
5.	Hànyǔ	汉语	(名)	Chinese language

6. nǔlì	努力	(形)	hardworking
7. jiàn	见	(动)	to see (a person)
8. yīyuàn	医院	(名)	hospital
9. yínháng	银行	(名)	bank
10. měi	每	(代)	every, each
11. tiān	天	(名)	day
12. yuè	月	(名)	the moon; month
13. jǐ	几	(代)	how many

语音 Pronunciation

1. 声母和韵母 Initials and Finals

韵母 Finals							
ian	iang	in	ing	iong	üe	üan	ün

2. 声母韵母拼合表 Combination of Initials and Finals

	ian	iang	in	ing	iong	üe	üan	ün
j	jian	jiang	jin	jing	jiong	jue	juan	jun
q	qian	qiang	qin	qing	qiong	que	quan	qun
x	xian	xiang	xin	xing	xiong	xue	xuan	xun
	yan	yang	yin	ying	yong	yue	yuan	yun

	ian	iang	in	ing
b	bian	·	bin	bing
p	pian	·	pin	ping
m	mian	·	min	ming
d	dian	·	·	ding

（续表）

	ian	iang	in	ing
t	tian			ting
n	nian	niang	nin	ning
l	lian	liang	lin	ling

3. "不"的变调 The Tone Changes of 不

（1）不 bù   bù chī   bù máng   bù hǎo

（2）不 bù + 第四声 → 不 bú + 第四声

bù kàn → bú kàn   bù qù → bú qù
bù shì → bú shì   bù dà → bú dà

课堂常用语 Common Classroom Phrases

1. Dǎkāi shū.   Open your books.
2. Lǎoshī, qǐng màn yìdiǎnr.   Teacher, please speak more slowly.

练习 Exercises

1. 朗读 Read aloud

（1）A: Nǐ shì xuésheng ma?   （2）A: Nǐmen xuéxí shénme?
　　B: Wǒ shì xuésheng.   　　B: Wǒmen xuéxí Hànyǔ.
（3）A: Nǐ nǔlì ma?   （4）Wǒ qù yīyuàn, tā qù yínháng.
　　B: Wǒ hěn nǔlì.
（5）Wǒmen měi tiān xuéxí Hànyǔ.

2. 以下韵母自成音节时怎么写？How would you write the following finals when they form a syllable alone?

   ian _____   in _____   iang _____   ing _____

   iong _____   üe _____   üan _____   ün _____

3. 回答问题 Answer questions

   （1）A: Nǐ shì xuésheng ma?

   　　　B: _____

   （2）A: Nǐmen xuéxí shénme?

   　　　B: _____

   （3）A: Nǐ nǔlì ma?

   　　　B: _____

4. 认读汉字 Read the following characters

   > 一月　　二月　　三月　　四月　　五月
   >
   > 几个学生　　男生　　女生
   >
   > 我们是学生　　我们学习汉语
   >
   > 学生们很努力　　你努力吗　　我很努力

5. 根据拼音写汉字 Write the characters for the following *pinyin*

Nǐ	shì	xuésheng	ma?

Nǐ	nǔlì	ma?

第六课 Lesson Six

日常用语 Everyday Phrases

1. A: Zǎoshang hǎo!
   早上　好！
   B: Zǎoshang hǎo!
   早上　好！

2. A: Nǐ xiě shénme?
   你写 什么？
   B: Wǒ xiě Hànzì.
   我 写 汉字。

3. Wǒ qù yínháng, tā yě qù yínháng.
   我 去 银行， 她也去 银行。

4. Wǒmen zài jiàoshì.
   我们　在 教室。

5. A: Xièxie nǐ.
   谢谢 你。
   B: Bú kèqi.
   不 客气。

生词 New Words

1.	zǎoshang		(名)	morning
2.	xiě	写	(动)	to write
3.	Hànzì	汉字	(名)	Chinese character
4.	yínháng	银行	(名)	bank
5.	tā	她	(代)	she
	tā	他	(代)	he
6.	yě	也	(副)	also
7.	zài	在	(动/介)	to be; to exist; (located) at/in
8.	xièxie		(动)	to thank
9.	bú kèqi			you're welcome
10.	zàijiàn	再见	(动)	good-bye
11.	shēngcí		(名)	new word
12.	lóu		(名)	building; floor
13.	jiā		(名)	home, family

语音 Pronunciation

1. 声母和韵母 Initials and Finals

声母 Initials

s z c

韵母 Finals

-i

2. 声母韵母拼合表 Combination of Initials and Finals

	a	e	u	-i	ai	ei	ao	ou
s	sa	se	su	si	sai	.	sao	sou
z	za	ze	zu	zi	zai	zei	zao	zou
c	ca	ce	cu	ci	cai	cei	cao	cou

	an	en	ang	eng	ong
s	san	sen	sang	seng	song
z	zan	zen	zang	zeng	zong
c	can	cen	cang	ceng	cong

课堂常用语 Common Classroom Phrases

Nà ge Hànzì niàn shénme?　　How to pronounce that character?

练习 Exercises

1. 朗读 Read aloud

　　（1）A: Tā zài jǐ lóu?　　　　　　（2）Hànzì nán ma?
　　　　B: Tā zài sān lóu.
　　（3）Wǒ xiě Hànzì, tā yě xiě Hànzì.　　（4）Nǐ qù yínháng ma?

2. 辨音 Discrimination of pronunciations

　　（1）cì — zì　　　　sì — cì　　　　zì — sì

　　（2）zǐ — jǐ　　　　cī — qī　　　　sī — xī

3. 回答问题 Answer questions

（1）A: Nǐ xiě shénme?

　　B: _____

（2）A: Tā zài jiā ma?

　　B: _____

（3）A: Hànzì nán ma?

　　B: _____

（4）A: Zǎoshang hǎo!

　　B: _____

（5）A: Xièxie nǐ.

　　B: _____

4. 认读汉字 Read the following characters

他写汉字　　我也写汉字　　我们学习汉字

我也去　　她也来　　她很白　　他在吗　　他不在

她在银行　　我去银行

5. 根据拼音写汉字 Write the characters for the following *pinyin*

Nǐ	xiě	Hànzì	ma?

Tā	yě	qù	yínháng.

汉字小知识：笔画 (2) Strokes (2)

	笔画名称	笔画形态	书写方向	例字
1	横钩	㇇	㇇	好 你
2	竖钩	亅	亅	你 小
3	横竖	𠃍	𠃍	五 四 见
4	撇点	く	く	女 好
5	竖弯钩	㇄	㇄	也 他 她

第七课 Lesson Seven

日常用语 Everyday Phrases

1. Tā shì lǎoshī.
   他 是 老师。

2. A: Zhè shì shénme?
      这 是 什么?
   B: Zhè shì chá.
      这 是 茶。

3. A: Nà shì shénme?
      那 是 什么?
   B: Nà shì shū.
      那 是 书。

4. A: Nǐ hē chá ma?
      你 喝 茶 吗?
   B: Wǒ bù hē chá.
      我 不 喝 茶。

5. Nǐ chī / hē shénme?
   你 吃 / 喝 什么?

第七课 Lesson Seven

生词 New Words

1.	lǎoshī	老师	（名）	teacher
2.	zhè	这	（代）	this
3.	shénme	什么	（代）	what
4.	chá	茶	（名）	tea
5.	nà	那	（代）	that
6.	shū	书	（名）	book
7.	hē	喝	（动）	to drink
8.	wǒ	我	（代）	I, me
9.	chī	吃	（动）	to eat
10.	fàn	饭	（名）	meal
	chī fàn	吃饭		to have a meal
11.	shān	山	（名）	mountain, hill
12.	rì	日	（名）	date, day; sun
13.	rén	人	（名）	people, person
14.	mǎi	买	（动）	to buy
15.	shǒujī		（名）	mobile telephone

语音 Pronunciation

1. 声母和韵母 Initials and Finals

声母 Initials

| sh | zh | ch | r |

韵母 Finals

| -i |

2. 声母韵母拼合表 Combination of Initials and Finals

	a	e	u	-i	ai	ei	ao	ou
sh	sha	she	shu	shi	shai	shei	shao	shou
zh	zha	zhe	zhu	zhi	zhai	zhei	zhao	zhou
ch	cha	che	chu	chi	chai	·	chao	chou
r	·	re	ru	ri	·	·	rao	rou

	an	en	ang	eng	ong
sh	shan	shen	shang	sheng	·
zh	zhan	zhen	zhang	zheng	zhong
ch	chan	chen	chang	cheng	chong
r	ran	ren	rang	reng	rong

课堂常用语 Common Classroom Phrases

_____ shì shénme yìsi?   What does _____ mean?
(For example: "吃" shì shénme yìsi?)

练习 Exercises

1. 朗读 Read aloud

（1）A: Nǐ shì lǎoshī ma?
　　　B: Wǒ bú shì lǎoshī.
（2）A: Nǐ hē chá ma?
　　　B: Wǒ hē chá.
（3）A: Zhè shì shénme?
　　　B: Zhè shì shū.
（4）A: Nǐ mǎi shénme?
　　　B: Wǒ mǎi shǒujī.
（5）Nǐ chī shénme?

2. 辨音 Discrimination of pronunciations

（1）jū — zhǔ　　qù — chù　　xū — shū　　cī — chī
　　　shí — shé　　rì — rè　　zhē — zhī　　qī — chī

（2）cū — chū — qū　　　xì — shì — sì　　　jǐ — zhǐ — zǐ
　　　qí — chí — cí　　　sū — shū — xū　　　zū — zhū — jū

（3）hǎochī — hǎo chē

3. 回答问题 Answer questions

　　（1）A: Zhè shì shénme?　　　　（2）A: Nà shì shū ma?
　　　　 B: _____　　　　　　 B: _____

　　（3）A: Nǐ mǎi shénme?　　　　（4）A: Zǎoshang hǎo!
　　　　 B: _____　　　　　　 B: _____

4. 认读汉字 Read the following characters

男老师　　女老师　　大山　　三月五日

什么书　　我没有书　　那是书吗

那是什么　　这是什么

你写什么　　你学习什么　　你吃什么

我不吃　　我去吃饭

他爸爸是老师　　几个老师

5. 根据拼音写汉字 Write the characters for the following *pinyin*

Wǒ	shì	lǎoshī.

Nà	shì	shénme	shū?

汉字小知识：象形字 Pictographic Characters

现代字体 Modern Form	古文字 Classical Form	读音 Pronunciation	字义 Meaning
日	☉	rì	sun
月	☽	yuè	moon
手	✋	shǒu	hand
人	㇀	rén	person

第八课 Lesson Eight

日常用语 Everyday Phrases

1. A: Nǐ shì nǎ guó rén?
   你是哪国人?
   B: Wǒ shì Zhōngguórén.
   我是中国人。

2. A: Nǐ qù nǎr?
   你去哪儿?
   B: Wǒ qù jiàoshì.
   我去教室。

3. Nǐ zhù nǎr?
   你住哪儿?

4. Xiàwǔ nǐ zuò shénme?
   下午你做什么?

5. Lǎoshī, wǒ yǒu yí gè wèntí.
   老师,我有一个问题。

生词 New Words

| 1. | nǎ | 哪 | (代) | which |
| 2. | guó | 国 | (名) | country, nation |

3. nǎr	哪儿	(代)	where
4. zhù	住	(动)	to live (in a certain place)
5. xiàwǔ	下午	(名)	afternoon
shàngwǔ	上午	(名)	morning
zhōngwǔ	中午	(名)	noon
6. zuò	做	(动)	to do; to make
7. wèntí	问题	(名)	question
8. běnzi	本子	(名)	notebook
9. měi	每	(代)	every, each
10. tiān	天	(名)	day
11. shuǐ	水	(名)	water
12. duì	对	(形)	right, correct
13. wèn	问	(动)	to ask
14. shéi	谁	(代)	who; whom
15. sùshè	宿舍	(名)	dorm

专名 Proper Nouns

Zhōngguó 中国 China

语音 Pronunciation

1. 声母和韵母 Initials and Finals

韵母 Finals

| ua | uo | uai | uei(-ui) |
| uan | uen(-un) | uang | ueng | er |

2. 声母韵母拼合表 Combination of Initials and Finals

	ua	uo	uai	uei (-ui)	uan	uen (-un)	uang	ueng
d		duo		dui	duan	dun		
t		tuo		tui	tuan	tun		
n		nuo			nuan			
l		luo			luan	lun		
z		zuo		zui	zuan	zun		
c		cuo		cui	cuan	cun		
s		suo		sui	suan	sun		
zh	zhua	zhuo	zhuai	zhui	zhuan	zhun	zhuang	
ch	chua	chuo	chuai	chui	chuan	chun	chuang	
sh	shua	shuo	shuai	shui	shuan	shun	shuang	
r	rua	ruo		rui	ruan	run		
g	gua	guo	guai	gui	guan	gun	guang	
k	kua	kuo	kuai	kui	kuan	kun	kuang	
h	hua	huo	huai	hui	huan	hun	huang	
	wa	wo	wai	wei	wan	wen	wang	weng

课堂常用语 Common Classroom Phrases

_____ yòng Hànyǔ zěnme shuō?   How to say _____ in Chinese?
(For example: "Apple" yòng Hànyǔ zěnme shuō?)

练习 Exercises

1. 朗读 Read aloud

（1）Tā shì nǎ guó rén?　　　　（2）Nǐ shì Zhōngguórén ma?

（3）A: Nǐ qù nǎr? 　　　　（4）A: Nǐ yǒu wèntí ma?
　　 B: Wǒ qù jiàoshì. 　　　　　　B: Wǒ méiyǒu wèntí.
（5）Tā shì shéi? 　　　　　（6）Nǐ zhù nǎr?

2. 以下韵母自成音节时怎么写？ How would you write the following finals when they form a syllable alone?

　　ua _____　　　uo _____　　　uai _____　　　uei _____

　　uan _____　　　uen _____　　　uang _____　　　ueng _____

3. 回答问题 Answer questions

　（1）A: Nǐ shì nǎ guó rén?　　　（2）A: Nǐ qù nǎr?
　　　B: _____　　　B: _____
　（3）A: Nǐ měi tiān zuò shénme?
　　　B: _____

4. 认读汉字 Read the following characters

　　那　　哪　　哪天　　每天

　　她是中国人　　你去哪儿　　你在哪儿

　　你住哪儿　　他们每天学习汉语

5. 根据拼音写汉字 Write the characters for the following *pinyin*

Nǐ	shì	nǎ	guó	rén?

Nǐ	zhù	nǎr?

汉字小知识：笔画 (3) Strokes (3)

	笔画名称	笔画形态	书写方向	例字
1	竖横	ㄴ	ㄴ	忙 山
2	横竖钩	丁	丁	们 门 习 师 哪
3	竖横竖钩	与	与	马 吗 妈 写
4	横撇	フ	フ	没 对
5	横折弯钩	乙	乙	几 九
6	提	ノ	ノ	我
7	斜钩	乀	乀	我

第一课 你叫什么名字？

课文 Text

（一）

（在教室）

Jīn Hào, Mínghé: 金浩、明河：	Lǎoshī nín hǎo! 老师 您 好！
Zhāng lǎoshī: 张 老师：	Nǐmen hǎo! （问明河）Nǐ shì nǎ guó rén? 你们 好！（问明河）你 是 哪 国 人？
Mínghé: 明河：	Wǒmen dōu shì Hánguórén. 我们 都 是 韩国人。
Zhāng lǎoshī: 张 老师：	（问金浩）Nǐ xìng shénme? （问金浩）你 姓 什么？
Jīn Hào: 金浩：	Wǒ xìng Jīn, jiào Jīn Hào. Tā jiào Lǐ Mínghé. Lǎoshī, nín shì Běijīngrén ma? 我 姓 金，叫 金浩。她 叫 李 明河。老师，您 是 北京人 吗？
Zhāng lǎoshī: 张 老师：	Wǒ bú shì Běijīngrén. 我 不 是 北京人。

说姓名
Telling one's name

（二）

Bái lǎoshī: Nǐ jiào shénme míngzi?
白 老师: 你 叫 什么 名字？

Dàwèi: Wǒ jiào Dàwèi.
大卫: 我 叫 大卫。

Bái lǎoshī: Nǐ shì nǎ guó rén?
白 老师: 你 是 哪 国 人？

> 问国籍
> Asking about nationality

Dàwèi: Wǒ shì Yīngguórén. Lǎoshī nín guìxìng?
大卫: 我 是 英国人。老师 您 贵姓？

Bái lǎoshī: Wǒ xìng Bái.
白 老师: 我 姓 白。

Dàwèi: Bái lǎoshī, rènshi nín hěn gāoxìng.
大卫: 白 老师, 认识 您 很 高兴。

词语 New Words and Phrases

1. 您	（代）	nín	you (polite form of addressing one person)
2. 都	（副）	dōu	all
3. 姓	（动）	xìng	to be surnamed
4. 叫	（动）	jiào	to call (my name is ...)
5. 名字	（名）	míngzi	name
6. 贵姓		guìxìng	*the respectful way to ask family name*
7. 认识	（动）	rènshi	to be acquainted with; to recognize
8. 高兴	（形）	gāoxìng	happy

专名 Proper Nouns

1. 金浩		Jīn Hào	name of a person
2. 明河		Mínghé	name of a person
3. 张		Zhāng	a surname
4. 韩国		Hánguó	Korea

5. 金	Jīn	a surname
6. 李	Lǐ	a surname
7. 北京	Běijīng	capital of China
8. 白	Bái	a surname
9. 大卫	Dàwèi	name of a person
10. 英国	Yīngguó	the United Kingdom

补充词语 Additional Vocabulary

教室	（名）	jiàoshì	classroom

注释 Notes

1. 中国人的姓名 Names of the Chinese People

中国人的姓在前，名在后。姓一般是一个字，也有两个字的复姓。(The family names of the Chinese people precede their given names. Most family names are only one character while a few are two characters.)

2. 问姓名的方法 Ways to Ask Name

（1）问名字时可以说"你叫什么名字"。(Asking given name: What's your name?)

（2）问"姓"时，可以说"你姓什么"。询问长辈、老人、老师的姓氏时应该说"您贵姓"，表示尊敬。(Asking family name: What's your given name? The respectful way to ask family names of elders, seniors or teachers is 您贵姓, meaning "what's your honorable name".)

汉字小知识：汉字的结构（1）Character Structure (1)

由一个部件构成的汉字，叫独体字。例如："马""大""山"。(A character which is comprised of only one radical is called "Single-component character", such as 马, 大 and 山.)

由两个或两个以上的部件组成的汉字是"合体字"。例如："好""很""男"。(A compound character is composed of two or more radicals, such as 好, 很 and 男.)

左右结构 Left-right Structure："好"字是左右结构，它的左边是"女"，右边是"子"。(The character 好 is a compound character of the left-right structure. The left radical is 女 while the right one is 子.)

上下结构 Upper-lower Structure：上下结构的字由上下两个部件组成，比如：男，爸。(The upper-lower structure is composed of two radicals with one on top of another. For example, 男, 爸.)

包围结构 Surrounding Structure：四、国

任务与活动 Tasks / Activities

全班活动：你叫什么名字？　　Class Activity: What's Your Name?
(本活动相关补充内容详见配套教师手册)

第二课 你家有什么人?

课文 Text

(一)

（在教室）

问家庭情况
Asking about family

Lín Píng: Nǐ jiā yǒu shénme rén?
林平：你家有什么人?

Lǐ Yáng: Bàba, māma, nǎinai hé wǒ.
李阳：爸爸、妈妈、奶奶和我。

Lín Píng: Nǐ bàba māma máng ma?
林平：你爸爸妈妈忙吗?

Lǐ Yáng: Tāmen měi tiān gōngzuò, dōu hěn máng.
李阳：他们每天工作，都很忙。

(二)

Wǒ jiā yǒu sì kǒu rén. Zhè shì wǒ bàba, tā sìshíjiǔ suì. Zhè shì wǒ māma, tā sìshíqī suì. Zhè shì wǒ nǎinai, tā qīshí suì. Zhè shì wǒ. Zhè shì wǒ de gǒu Xiǎohuáng, tā sān suì. Wǒmen dōu hěn xǐhuan tā. Bàba māma měi tiān gōngzuò, hěn máng. Wǒ měi tiān xuéxí, yě hěn máng. Nǎinai bù máng, měi tiān zài jiā.

我家有四口人。这是我爸爸，他四十九岁。这是我妈妈，她四十七岁。这是我奶奶，她七十岁。这是我。这是我的狗——小黄，它三岁。我们都很喜欢它。爸爸妈妈每天工作，很忙。我每天学习，也很忙。奶奶不忙，每天在家。

词语 New Words and Phrases

1.	家	(名)	jiā	family
2.	奶奶	(名)	nǎinai	grandmother
3.	和	(连/介)	hé	and; with
4.	工作	(动/名)	gōngzuò	to work; job
5.	口	(名/量)	kǒu	mouth; *measure word for number of family members*
6.	岁	(名)	suì	year (of age)
7.	的	(助)	de	*a structural particle*
8.	狗	(名)	gǒu	dog
9.	它	(代)	tā	it
10.	喜欢	(动)	xǐhuan	to like

专名 Proper Nouns

1.	林平	Lín Píng	name of a person
2.	李阳	Lǐ Yáng	name of a person
3.	小黄	Xiǎohuáng	name of a dog

注释 Notes

1. "这是我的狗。"

"的"可以表示领属关系，如：老师的书、我的狗。当人称代词作定语或表示家庭成员的词语作中心语时，常常不用"的"，如：我们家、我妈妈。(的 is used to indicate belonging. For example 老师的书，我的狗. But we don't use 的 for family members, such as 我们家，我妈妈.)

2. 一百以内数字的表达 Ways to Express Numbers within 100

0—10：零、一、二、三、四、五、六、七、八、九、十
11—20：十一、十二、十三、十四、十五、十六、十七、十八、十九、二十
21—100：二十一、二十二、二十三……二十九、三十，四十，五十……
九十，一百

句型替换 Pattern Drills

（1）这是 <u>我爸爸</u>。
　　　　我妈妈
　　　　她奶奶
　　　　李阳的狗
　　　　大卫的书

（2）<u>　我　</u> 二十一 岁。
　　　李阳　　20
　　　大卫　　21
　　　我爸爸　59
　　　她妈妈　36

（3）<u>　我　</u> 每天 <u>　学习　</u>。
　　　我们　　　　学习汉语
　　　大卫　　　　写汉字
　　　爸爸　　　　工作
　　　奶奶和狗　　在家

汉字小知识：汉字的结构（2）Character Structure (2)

半包围结构 Semi-surrounding Structure：问、床（chuáng, bed）

左中右结构 Left-middle-right Structure：哪、树（shù, tree）

复合结构 Compound Structure：这是一种多层的结构，由两种结构类型互相嵌套组成，如语、努。（This is a multiple structure combining two kinds of structures. For example 语，努.）

任务与活动 Tasks / Activities

1. **全班活动　Class Activity**
   （本活动相关补充内容详见配套教师手册）

   给大家看你的家庭照片，向大家介绍你的家人。(Show a family picture to your classmates, and introduce your family members.)

2. **全班活动："4"和"7"的倍数　Class Activity: Multiples of 4 & 7**
   （本活动相关补充内容详见配套教师手册）

   大家依次报数，但是说到"4"和"7"的倍数的同学不能说话，只能拍手。(Count off one by one. If your number is a multiple of 4 or 7, just keep silent and clap.)

第三课 她是谁?

课文 Text

（山田和明河在教室外边聊天，小云来了）

Shāntián: Tā shì shéi? Shì liúxuéshēng ma?
山田： 她是谁？是留学生吗？

Mínghé: Tā bú shì liúxuéshēng. Tā jiào Xiǎoyún,
明河： 她不是留学生。她叫小云，
shì wǒ de Zhōngguó péngyou.
是我的中国朋友。

Xiǎoyún: Mínghé, nǐ hǎo!
小云： 明河，你好！

Mínghé: Xiǎoyún, nǐ hǎo! Wǒ jièshào yíxiàr
明河： 小云，你好！我介绍一下儿，
zhè shì Shāntián Liàng, wǒ de tóngxué.
这是山田亮，我的同学。

Shāntián, zhè shì Xiǎoyún.
山田，这是小云。

介绍
Introducing

Xiǎoyún: Nǐ hǎo!
小云： 你好！

Shāntián: Nǐ hǎo! Hěn gāoxìng rènshi nǐ. Wǒ jièshào yíxiàr wǒ zìjǐ. Wǒ shì
山田： 你好！很高兴认识你。我介绍一下儿我自己。我是
Rìběnrén, shì liúxuéshēng, jīnnián Bāyuè lái Zhōngguó. Wǒ shì Mínghé de
日本人，是留学生，今年八月来中国。我是明河的
tóngxué, yě shì Mínghé de péngyou. Wǒ xǐhuan kàn shū, xǐhuan xuéxí Hànyǔ.
同学，也是明河的朋友。我喜欢看书，喜欢学习汉语。

词语 New Words and Phrases

1.	谁	（代）	shéi	who; whom
2.	留学生	（名）	liúxuéshēng	a student studying abroad
3.	朋友	（名）	péngyou	friend
4.	介绍	（动）	jièshào	to introduce
5.	一下(儿)		yíxià(r)	for a while; once; one time
6.	同学	（名）	tóngxué	classmate
7.	自己	（代）	zìjǐ	oneself
8.	今年	（名）	jīnnián	this year
	明年	（名）	míngnián	next year
	去年	（名）	qùnián	last year
9.	看	（动）	kàn	to look, to watch

专名 Proper Nouns

1.	小云	Xiǎoyún	name of a person
2.	山田亮	Shāntián Liàng	name of a person
3.	日本	Rìběn	Japan

补充词语 Additional Vocabulary

1.	外边	（名）	wàibian	outside
2.	聊天		liáo tiān	to chat

注释 Notes

"我介绍一下儿……"

"一下儿"可以用在动词之后,表示动作经历的时间短或一种轻松随便的语气。(一下儿 means that an action will be of short duration or something will be done in a casual way.)

语法和句式 Grammar and Sentence Patterns

"是"字句 Sentences with 是

S +(不)是 + N
我　　　是　学生。
他　　　是　我的同学。
我　不　是　老师。

句型替换 Pattern Drills

(1) ___她___ 是谁？　(2) 你是 ___老师___ 吗？　(3) 我是／不是 ___日本人___ 。
　　你　　　　　　　　　　学生　　　　　　　　　　　　　　　老师
　　他　　　　　　　　　　北京人　　　　　　　　　　　　　　中国学生
　　他们　　　　　　　　　韩国人　　　　　　　　　　　　　　韩国人
　　那个人　　　　　　　　大卫　　　　　　　　　　　　　　　李明河

汉字小知识：形声字 (1) Pictophonetic Characters (1)

有一类汉字由两个部件组成,其中一个部件与整字有意义上的联系,另一个部件与整字有读音上的联系,这样的汉字叫"形声字",汉字中80%以上的字是形声字。(A category of the Chinese characters are composed of two components, one indicating the general meaning of the character while the other indicating the pronunciation. Characters made in this way are called pictophonetic characters. Most of the Chinese characters were made in this way, counting over 80% of all.)

"妈"是一个形声字,它的形旁是"女",表示这个字的意义与女性有关;声旁是"马(mǎ)",它的读音与整字的读音"mā"接近。(For example, 妈 is a pictophonetic character. Its meaning radical 女 indicates the character has something to do with woman while the pronunciation of the sound radical 马 is close to the pronunciation of the character 妈.)

下面是一些常见的形旁:(The common ones are listed as follows:)

亻:"人"出现在汉字的左边时,通常写成"亻",我们叫它"单人旁"。"亻"表示该字的意义与"人"相关,比如"你""他""们"。(This radical, meaning a person, if written on the left side of a character, is called "single-person radical", indicating the character has something to do with people. For example 你 , 他 , 们 .)

氵:这个形旁表示与"水"有关的意义,多出现在汉字左边。比如"洗"(xǐ, wash)。(This radical mostly appearing on the left side of a character, indicates the character has something to do with water. For example 洗 .)

任务与活动 Tasks / Activities

全班活动:灵魂转移   Class Activity: Spirits Transferring
(本活动相关补充内容详见配套教师手册)

因为某些神秘力量,你的灵魂转移到同学的身体里了!老师会给你一张卡片,卡片上有你的真实身份。请向大家介绍你自己。(For some mystical power, your spirit has been transferred to your classmate's body. Your teacher will give you a card which indicate your true identity. Please tell the class who you really are.)

> 我介绍一下我自己,我叫_____,
> 我是_____人。

听同学的自我介绍,记住他们的新身份,然后将几位同学(至少三个)介绍给大家。(Listen to your classmates' introduction and memorize their new identities, then introduce more than three people to the class.)

> 我介绍一下,这是_____,她/他
> 是_____,她/他是_____人。

第四课 苹果多少钱一斤？

课文 Text

（一）

（李阳的奶奶在市场买东西）

问价钱
Asking the price

Vendor： Nín mǎi shénme?
您买 什么？

Lǐ Yáng nǎinai： Mǎi píngguǒ. Duōshao qián yì jīn?
李阳 奶奶： 买 苹果。多少 钱 一斤？

Vendor： Wǔ kuài bā.
五 块 八。

Lǐ Yáng nǎinai： Tài guì le! Zhè zhǒng lí duōshao qián yì jīn?
李阳 奶奶： 太 贵了！这 种 梨 多少 钱 一斤？

Vendor： Lí hěn piányi, yí kuài qī yì jīn.
梨 很 便宜，一 块 七 一 斤。

（奶奶买十个梨，四个苹果）

Lǐ Yáng nǎinai： Yígòng duōshao qián?
李阳 奶奶： 一共 多少 钱？

Vendor： Yígòng shíwǔ kuài liù máo qián.
一共 十五 块 六 毛 钱。

（二）

（小云和小静在超市买东西）

Xiǎoyún： Nǐ mǎi píngguǒ ma?
小云： 你买 苹果 吗？

Xiǎojìng： Bù mǎi, bā kuài qián yì jīn, tài guì le!
小静： 不买，八块 钱一斤，太贵了！

Xiǎoyún： Nǐ kàn, lí hěn piányi, yí kuài jiǔ yì jīn!
小云： 你看，梨很 便宜，一块 九一斤！

Xiǎojìng： Wǒ mǎi lí!
小静： 我 买 梨！

词语 New Words and Phrases

1.	买	(动)	mǎi	to buy
2.	东西	(名)	dōngxi	thing
3.	苹果	(名)	píngguǒ	apple
4.	多少	(代)	duōshao	how much; how many
5.	钱	(名)	qián	money
6.	斤	(量)	jīn	*a unit of weight equal to half kilogram*
7.	块	(量)	kuài	RMB "Yuan"
8.	太	(副)	tài	too
9.	贵	(形)	guì	expensive
10.	梨	(名)	lí	pear
11.	便宜	(形)	piányi	cheap
12.	一共	(副)	yígòng	altogether, in all
13.	毛	(量)	máo	RMB 10 cents
14.	超市	(名)	chāoshì	supermarket

专名 Proper Nouns

	小静	Xiǎojìng	name of a person

补充词语 Additional Vocabulary

1.	市场	(名)	shìchǎng	market
2.	种	(量)	zhǒng	kind

注释 Notes

1. 钱数的表达 Money Expressions

人民币的单位是"元（yuán）""角（jiǎo）""分（fēn）"，但在口语中常说"块""毛""分"。"分"现在很少用。(The units for Renminbi are 元，角 and 分, but in daily conversations people say 块，毛 and 分. Nowadays 分 is getting obsolete.)

10 分＝一毛　　10 毛＝一块
0.05 元＝五分　　0.46 元＝四毛六（分）　　1.11 元＝一块一毛一（分）
0.30 元＝三毛　　2.20 元＝两块二（毛）　　100.50＝一百块零五毛

2. 量词 Measure Word

在汉语中，数词、指示代词一般不能直接用在名词前边，名词前要加上量词。例如：一个朋友、一斤苹果、这本书等。(In Chinese, numbers and pronouns can not be followed immediately by nouns; in this case, measure words should be used, for example, 一个朋友，一斤苹果，这本书.)

语法和句式 Grammar and Sentence Patterns

问价钱（1）Asking Price (1)

1. N ＋ 多少钱 ＋ 一 ＋ Measure Word ?
   苹果　多少钱　一　　　斤?

2. 这种 ＋ N ＋ 多少钱 ＋ 一 ＋ Measure Word ?
   这种　苹果　多少钱　一　　　斤?

3. 一 ＋ Measure Word ＋ N ＋ 多少钱?
   一　　斤　　　苹果　多少钱?

句型替换 Pattern Drills

（1） <u>苹果</u> 多少钱一 <u>斤</u> ？ 　　（2） <u>苹果</u> 　<u>六块钱</u>　 一 <u>斤</u> 。
　　　本子　　　　　个　　　　　　　　本子　一块二　　　个
　　　书　　　　　　本　　　　　　　　茶　　一百块　　　斤
　　　梨　　　　　　斤　　　　　　　　书　　三十八块　　本

（3）A：这种 <u>梨</u> 多少钱一 <u>斤</u> ？
　　　　　苹果　　　　　　斤
　　　　　本子　　　　　　个
　　　　　茶　　　　　　　斤

　　　B：这种 <u>梨</u> 　<u>三块钱</u>　 一 <u>斤</u> 。
　　　　　苹果　　四块五　　　　斤
　　　　　本子　　一块二　　　　个
　　　　　茶　　　九十八块钱　　斤

汉字小知识：形声字 (2) Pictophonetic Characters (2)

木(木)：这个形旁表示与"树木"有关的意义。当它出现在汉字左边时，最后一笔的"捺"要变成"点"。比如"楼"（lóu, building）"树"（shù, tree）。有时候"木"也出现在汉字的下边，此时形态不发生改变，比如"床"（chuáng, bed）。(This radical indicates the character has something to do with trees. Be aware that the last stroke of the radical becomes a dot instead of a right slash if it appears on the left side of a character. For example 楼, 树. When it appears, sometimes, on the bottom of a character, it keeps the original form. For example 床.)

钅(金)：出现在汉字左边的"钅"是"金"的变体。这个形旁表示跟"金属"相关的意义。比如"银"（yín, silver）"钱"（古代的钱币是用金属做成的）。(This radical, actually the variation of the character 金, indicates the character has something to do with metal. For example 银，钱，because all coins were made of metal in the ancient time.)

任务与活动 Tasks / Activities

小组活动　Group Work
（本活动相关补充内容详见配套教师手册）

大家一起做日用品的价格表，然后把你们小组完成的价格表贴在布告栏里，供大家参考。(Make a price list together! Then post the list on the bulletin board for everybody's reference.)

食物 & 日用品（Foods & Commodities）			
什么？	多少钱？	Measure Word	在哪儿？

第五课 你吃什么？

课文 Text

（一）

（在食堂，小云请朋友们吃早饭）

Xiǎoyún: Nǐmen chī shénme?
小云： 你们 吃 什么？

Mínghé: Wǒ chī bāozi.
明河： 我 吃 包子。

Shāntián: Wǒ yě chī bāozi.
山田： 我 也 吃 包子。

Xiǎoyún: Nǐmen dōu chī bāozi ma?
小云： 你们 都 吃 包子 吗？

Dàwèi chī shénme?
大卫 吃 什么？

Dàwèi: Wǒ bù chī bāozi, wǒ yào miànbāo.
大卫： 我 不 吃 包子，我 要 面包。

Mínghé: Wǒ hái yào yì bēi dòujiāng.
明河： 我 还 要 一 杯 豆浆。

Shāntián: Wǒ yě yào yì bēi dòujiāng.
山田： 我 也 要 一 杯 豆浆。

Dàwèi: Wǒ bú yào dòujiāng, wǒ yào yì bēi niúnǎi.
大卫： 我 不 要 豆浆，我 要 一 杯 牛奶。

选择食物
Choosing food

（二）

Lín Píng zài shítáng chī zǎofàn. Yí ge bāozi wǔ máo qián, yí ge jīdàn bā
林平 在 食堂 吃 早饭。 一 个 包子 五 毛 钱， 一 个 鸡蛋 八
máo qián, yì bēi niúnǎi yí kuài wǔ. Tā yào sì ge bāozi, liǎng gè jīdàn, hái yào yì
毛 钱， 一 杯 牛奶 一 块 五。 他 要 四 个 包子， 两 个 鸡蛋， 还 要 一
bēi niúnǎi, yígòng wǔ kuài yī máo qián.
杯 牛奶， 一共 五 块 一 毛 钱。

词语 New Words and Phrases

1. 请	（动）	qǐng	to invite; please
2. 早饭	（名）	zǎofàn	breakfast
午饭	（名）	wǔfàn	lunch
晚饭	（名）	wǎnfàn	dinner
3. 包子	（名）	bāozi	steamed stuffed bun
4. 要	（动/能愿动词）	yào	to want; would like
5. 面包	（名）	miànbāo	bread
6. 还	（副）	hái	still; more
7. 杯	（量）	bēi	cup, glass, measure word for liquid filled in cups or glasses
8. 豆浆	（名）	dòujiāng	soybean milk
9. 牛奶	（名）	niúnǎi	milk
10. 鸡蛋	（名）	jīdàn	egg
11. 两	（数）	liǎng	two

补充词语 Additional Vocabulary

| 食堂 | （名） | shítáng | dining hall, canteen |

语法和句式 Grammar and Sentence Patterns

1. 汉语的基本语序 Chinese Basic Word Order

S + V + O　　　　否定式：　S + 不 + V + O
我　吃　　面包。　（Negation:）　她　不　　要　牛奶。
她　要　一杯牛奶。　　　　　　我妈妈　不　　去　北京。
我　去　　中国。　　　　　　　他　　不　　吃　鸡蛋。

2. 副词的位置(1) Position of Adverbs (1)

汉语中的副词一般出现在主语后边，动词前边。(Adverbs mostly are positioned after the subject and before the verb.)

```
S  +  Adv  +  V  +  O
我     也     买    苹果。
他     还     要    一杯牛奶。
他们   都     要    豆浆。
```

句型替换 Pattern Drills

(1) 我 吃 <u>面包</u>。
　　　　饺子
　　　　馒头
　　　　蛋糕

(2) 我要一 <u>杯</u> <u>牛奶</u>。
　　　　　个　　包子
　　　　　个　　鸡蛋
　　　　　杯　　豆浆

(3) 我们 <u>都</u> <u>买</u> <u>苹果</u>。
　　　　也　　去　　韩国
　　　　还　　买　　梨
　　　　都　　认识　她

饺子　jiǎozi, dumpling
馒头　mántou, steamed bun
蛋糕　dàngāo, cake

汉字小知识：形声字 (3) Pictophonetic Characters (3)

口：这个形旁表示跟"口"有关的动作、行为或器官、事物，多出现在汉字的左边，比如："吃""叫"。带有这个形旁的汉字，还有一部分是语气词、感叹词或者拟声词。比如："吗"。(This radical indicates the character has something to do with the action of mouth or the organ of mouth. It usually appears on the left side of a character. For example 吃, 叫. Some of the characters with this radical are words of intonation, exclamation or sound-imitation. For example 吗.)

讠(言)：这个形旁跟语言、说话有关, 常出现在汉字的左边, 写作"讠"，比如："说"(shuō, to speak, to talk)"语"。(This radical indicates that the character has something to do with language or speech. It usually appears on the left side of a character. For example 说, 语.)

饣(食)："食"出现在汉字左边时写作"饣"。这个形旁表示与食品、饮食相关的意义。比如："饭"。(This radical, becoming 饣 on the left side of a character, indicates the character has something to do with food, eating or drinking. For example 饭.)

任务与活动 Tasks / Activities

全班活动：小调查 Class Activity: Survey

请了解一下你的同学早饭经常吃什么，根据了解到的情况做一个柱状图。(Ask your classmates what they usually have for breakfast. Make a bar chart like this, and share your findings with the class.)

早饭吃什么？

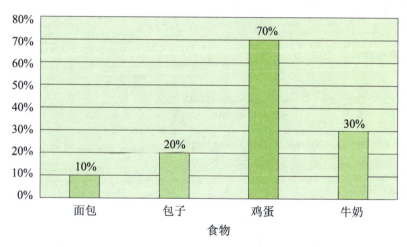

第六课 这件衣服很漂亮

课文 Text

（一）

（明河来小云和小静的宿舍玩儿）

Xiǎojìng: Yòu mǎi xīn yīfu le? Zhè tiáo qúnzi hěn piàoliang!
小静：又买新衣服了？这条裙子很漂亮！

Mínghé: Xièxie! Nǐ de yīfu yě hěn piàoliang.
明河：谢谢！你的衣服也很漂亮。

Xiǎojìng: Shì ma? Zhè jiàn yīfu hěn piányi.
小静：是吗？这件衣服很便宜。

Mínghé: Duōshao qián?
明河：多少钱？

Xiǎojìng: Yìbǎi kuài qián. Nǐ de qúnzi duōshao qián?
小静：一百块钱。你的裙子多少钱？

Mínghé: Zhè tiáo qúnzi bù piányi, sìbǎi kuài qián.
明河：这条裙子不便宜，四百块钱。

Xiǎojìng: Sìbǎi kuài? Tài guì le!
小静：四百块？太贵了！

称赞
Praising

问价钱
Asking the price

(二)

Jīn Hào hé bàba zài Guǎngzhōu, tā māma hé mèimei zài Hánguó. Jīn Hào zài
金浩和爸爸在 广州,他 妈妈和 妹妹 在 韩国。金 浩 在
Zhōngshān Dàxué xuéxí Hànyǔ, tā bàba zài yí ge gōngsī gōngzuò. Jīn Hào gàosu
中山 大学 学习 汉语,他 爸爸 在 一 个 公司 工作。金浩告诉
māma, Zhōngshān Dàxué hěn dà, hěn piàoliang. Zhōngshān Dàxué de liúxuéshēng
妈妈, 中山 大学 很 大, 很 漂亮。 中山 大学 的 留学生
hěn duō, tóngxuémen dōu hěn nǔlì. Tā měi tiān shàng hěn duō kè, hěn máng,
很 多, 同学们 都 很 努力。 他 每 天 上 很多 课, 很 忙,
kěshì hěn gāoxìng.
可是 很 高兴。

词语 New Words and Phrases

1. 又	(副)	yòu	again
2. 新	(形)	xīn	new
3. 衣服	(名)	yīfu	clothes
4. 条	(量)	tiáo	measure word for long and soft objects (skirt, trousers, river, etc.)
5. 裙子	(名)	qúnzi	skirt
6. 漂亮	(形)	piàoliang	beautiful
7. 谢谢	(动)	xièxie	to thank
8. 件	(量)	jiàn	measure word for coats, jackets, shirts, gifts, etc.
9. 百	(数)	bǎi	hundred
10. 妹妹	(名)	mèimei	younger sister
11. 大学	(名)	dàxué	university, college
12. 公司	(名)	gōngsī	company
13. 告诉	(动)	gàosu	to tell
14. 多	(形)	duō	many
15. 课	(名)	kè	class

上课		shàng kè	to attend class; to go to class; give a lesson
下课		xià kè	to finish class
16. 可是	（连）	kěshì	but

专名 Proper Nouns

1. 广州		Guǎngzhōu	name of a Chinese city
2. 中山大学		Zhōngshān Dàxué	Sun Yat-sen University

补充词语 Additional Vocabulary

1. 宿舍	（名）	sùshè	dormitory
2. 玩儿	（动）	wánr	to play

注释 Notes

"是吗？"

中国人面对别人的称赞时，常见的反应有"是吗""真的吗""哪里"等，有的人也说"谢谢"。(The usual ways to respond to compliments from other people are 是吗, 真的吗, 哪里, some people would say 谢谢 instead.)

语法和句式 Grammar and Sentence Patterns

1. 形容词谓语句 Adjectiveal Predicates Sentences

肯定式：　　　　S ＋ 很 ＋ Adj
(Affirmation:) 这条裙子 很 漂亮。
　　　　　　　他　 很　忙。

否定式：   S ＋ 不 ＋ Adj
(Negation:)   这件衣服　不　便宜。
                留学生　　不　多。

2. 副词的位置(2) Position of Adverbs (2)

S ＋ Adv ＋ Adj
同学们　都很　努力。
她　　也很　漂亮。

句型替换 Pattern Drills

（1） <u>　苹果　</u> 很 <u>　贵　</u>。
     中山大学　　　大
     留学生　　　　努力
     我妈妈　　　　忙
     小云　　　　　高兴

（2） <u>　鸡蛋　</u> 不 <u>　贵　</u>。
     梨　　　　　　便宜
     学生　　　　　多
     爸爸　　　　　忙
     他　　　　　　努力

（3） <u>　我们　</u> 都很 <u>　高兴　</u>。
     她们　　　　　漂亮
     我和他　　　　忙
     电脑　　　　　便宜
     她的衣服　　　贵

任务与活动 Tasks / Activities

全班活动　Class Activity
(本活动相关补充内容详见配套教师手册)

用老师展示的词语描述一个人或一件东西。(Use the words that your teacher shows you to describe someone or something.)

努力　贵　便宜　多　少　漂亮
大　忙　白　小　高(gāo, tall)

第七课 今天几月几号?

课文 Text

(一)

Xiǎoyún: Jīntiān xīngqī jǐ?
小云： 今天 星期 几？

问星期 Asking the day of the week

Xiǎojìng: Xīngqīsì.
小静： 星期四。

Xiǎoyún: Jǐ yuè jǐ hào?
小云： 几 月 几 号？

问日期 Asking the date

Xiǎojìng: Jiǔ yuè sānshí hào.
小静： 九 月 三十 号。

Xiǎoyún: Ā, míngtiān shì wǒ māma de shēngrì!
小云： 啊，明天 是我 妈妈 的 生日！

Xiǎojìng: Nǐ māma de shēngrì shì Guóqìng Jié a! Nǐ de shēngrì shì jǐ yuè jǐ hào?
小静： 你 妈妈 的 生日 是 国庆 节 啊！你 的 生日 是 几月 几号？

Xiǎoyún: Wǒ de shēngrì shì Yīyuè èrshíliù hào, shì jīnnián de Chūn Jié!
小云： 我 的 生日 是 一月 二十六 号，是 今年 的 春 节！

(二)

(小云的日记)

Míngtiān shì māma de shēngrì. Mǎi shénme
明天 是 妈妈 的 生日。买 什么

lǐwù? Rúguǒ mǎi yīfu, tā yídìng shuō tài guì.
礼物？如果 买 衣服，她 一定 说 太 贵。

Mǎi shēngrì dàngāo? Wǒ xǐhuan chī dàngāo, kěshì
买 生日 蛋糕？我 喜欢 吃 蛋糕，可是

tā bù xǐhuan chī. Duì le, māma xǐhuan huā, wǒ
她 不 喜欢 吃。对 了，妈妈 喜欢 花，我

yào qù mǎi hěn duō huā, gěi māma.
要 去 买 很 多 花，给 妈妈。

62

词语 New Words and Phrases

1.	今天	(名)	jīntiān	today
	明天	(名)	míngtiān	tomorrow
	昨天	(名)	zuótiān	yesterday
	前天	(名)	qiántiān	the day before yesterday
	后天	(名)	hòutiān	the day after tomorrow
2.	星期	(名)	xīngqī	week
3.	号	(名)	hào	day
4.	啊	(叹/助)	ā/a	ah; *a modal particle usually used at the end of the sentence*
5.	生日	(名)	shēngrì	birthday
6.	礼物	(名)	lǐwù	gift
7.	如果	(连)	rúguǒ	if
8.	一定	(副)	yídìng	must
9.	说	(动)	shuō	to speak, to talk, to say
10.	蛋糕	(名)	dàngāo	cake
11.	对了		duì le	by the way
12.	花	(名)	huā	flower
13.	给	(动/介)	gěi	to give; for

专名 Proper Nouns

1.	国庆节	Guóqìng Jié	National Day
2.	春节	Chūn Jié	Spring Festival

补充词语 Additional Vocabulary

日记　　（名）　　　　rìjì　　　　　　diary

注释 Notes

1. 中国的节日 Chinese Festivals

春节是中国农历中每年的第一天，是中国最重要的传统节日。在中国，其他的重要节日还有元旦（1月1日）、清明节（4月4/5/6日中的一天）、端午节（农历五月初五）、中秋节（农历八月十五日）、国庆节（10月1日）等。
Spring Festival, on the first day of the lunar calendar, is the most important festival in China. The other important festivals include New Year's Day (1st January), *Qingming* (Tomb-sweeping Day, 4th—6th April), *Duanwu* (Dragon Boat Festival, the 5th day of the 5th lunar month), Mid-autumn Festival (15th day of the eighth lunar month), and National Day (1st October).

2. 年、月、日的表示法 Date Format

（1）在汉语中，时间词语的排列顺序是"年——月——日——星期"。(The order for date is "year—month—day—weekday".)

二〇〇九年七月十日（号），星期五

（2）汉语中"年"的读法是直接读出每个数字。(The way to read a year is to read every figure.)

一九三五年　二〇一五年

（3）汉语里十二个月的名称分别为：(The names for the twelve months of the year in China are:)

一月、二月、三月、四月……十月、十一月、十二月

（4）表示日期的格式是在数字1—31后边加"日"或者"号"。(We add 日 or 号 after the days in a month.)

1号　2号　3号　10号　27号　30号　31号

（5）一个星期中的七天的名称分别为：(The names for the seven days in a week are:)

星期一、星期二、星期三……星期六、星期天／日

3. 星期、日期的表达 Expressing the Day of the Week and Date

(1) 星期的表达：(Expressing the day of the week:)
　　　今天星期四。　　　　今天是星期四。
(2) 日期的表达：(Expressing the date:)
　　　前天30号。　　　　前天是30号。

句型替换 Pattern Drills

(1) A：<u>　你的生日　</u>是几月几号？　　(2) <u>　她　</u>一定<u>　说太贵　</u>。
　　　　你妈妈的生日　　　　　　　　　　　　他　　　　　是韩国人
　　　　中国的国庆节　　　　　　　　　　　　妈妈　　　喜欢这件礼物
　　　　　后天　　　　　　　　　　　　　　　你　　　　喜欢这本书
　　　　　明天
　　B：<u>　我的生日　</u>是<u>　8月20号　</u>。
　　　　我妈妈的生日　　12.12
　　　　中国的国庆节　　10.01
　　　　　后天　　　　　01.26
　　　　　明天　　　　　06.23

任务与活动 Tasks / Activities

小组活动　Group Work
（本活动相关补充内容详见配套教师手册）

　　采访至少四个同学，完成下表。Ask your classmates (no less than four) their birthdays and the National Days of their countries.

姓名	生日	哪国人	他（她）们国家的国庆日

复习（一）

课文 Text

Wǒ jièshào yíxiàr wǒ zìjǐ. Wǒ jiào Dàwèi, shì Yīngguórén, zài Zhōngguó xuéxí Hànyǔ. Wǒ yǒu liǎng ge Zhōngguó péngyou, yí ge jiào Lín Píng, yí ge jiào Lǐ Yáng. Lín Píng èrshíwǔ suì, shì zhōngwénxì de yánjiūshēng. Tā hěn gāo, bǐjiào pàng, xǐhuan kàn shū, lǚxíng, hē chá. Tā yǒu hěn duō hǎo chá. Lǐ Yáng èrshí suì, shì Guǎngzhōurén, tā bú tài gāo, yě bú pàng. Tā xuéxí jīngjì, xǐhuan dǎ wǎngqiú, yóu yǒng, kàn diànyǐng, hái xǐhuan kāi chē. Tā Yīngyǔ hěn hǎo. Tā měi tiān dōu hěn máng, měi tiān dōu hěn gāoxìng.

我介绍一下儿我自己。我叫大卫，是英国人，在中国学习汉语。我有两个中国朋友，一个叫林平，一个叫李阳。林平二十五岁，是中文系的研究生。他很高，比较胖，喜欢看书、旅行、喝茶。他有很多好茶。李阳二十岁，是广州人，他不太高，也不胖。他学习经济，喜欢打网球、游泳、看电影，还喜欢开车。他英语很好。他每天都很忙，每天都很高兴。

词语 New Words and Phrases

1.	中文	（名）	Zhōngwén	Chinese
2.	系	（名）	xì	a college department
3.	高	（形）	gāo	tall, high
4.	比较	（副/动）	bǐjiào	comparatively; to compare
5.	胖	（形）	pàng	fat, plump
6.	旅行	（动）	lǚxíng	to travel
7.	茶	（名）	chá	tea
8.	经济	（名）	jīngjì	economics
9.	网球	（名）	wǎngqiú	tennis
10.	游泳		yóu yǒng	to swim

11. 电影	（名）	diànyǐng	movie
12. 开	（动）	kāi	to drive; (of train, ship or car, etc.) to leave; to open, to turn on
13. 车	（名）	chē	vehicle
14. 英语	（名）	Yīngyǔ	English
英文	（名）	Yīngwén	English

补充词语 Additional Vocabulary

1. 研究生	（名）	yánjiūshēng	postgraduate
2. 喝	（动）	hē	to drink
3. 打	（动）	dǎ	to play

注释 Notes

"他每天都很忙，每天都很高兴。"

"都"在这里强调每天的情况都一样。在汉语中，"每"常常和"都"同时出现，表示没有例外。(都 , in this case, emphasizes that the routine happens every day. In Chinese, 每 is often used with 都 , implies without exception.)

(1) 每个人都很高兴。
(2) 每个大学都很好。
(3) 他每天都吃苹果。

语法索引 Summary of Grammar

语法	例句	课号
1. 一般疑问句：……吗？	你来吗？	拼音2
2."有"字句：S +（没）有 + O	我有哥哥。	拼音4

(续表)

语法	例句	课号
3."的"表示领属	这是我的狗。	第2课
4."是"字句：S +（不）是 + O	他是留学生。	第3课
5. 汉语的基本语序：S + V + O	我吃面包。	第5课
6. 副词的位置（1）：S + Adv + V（+ O）	我们都学习汉语。	第5课
7. 形容词谓语句：S + Adv + Adj	我们很高兴。	第6课
8. 副词的位置（2）	我们都很努力。	第6课

功能总结 Summary of Functions

功能		例句	课号
1. 说姓名		我姓金，叫金浩。	第1课
2. 询问	问名字	你叫什么名字？	第1课
	问国籍	你是哪国人？	第1课
	问家庭情况	你家有什么人？	第2课
	问价钱	多少钱一斤？ 这种梨多少钱一斤？/你的裙子多少钱？	第4课 第6课
	问日期	今天几月几号？	第7课
	问星期	今天星期几？	第7课
3. 介绍		我介绍一下儿我自己。	第3课
4. 称赞		这条裙子很漂亮！	第6课
5. 选择食物		我不吃包子，我要面包。	第5课

第八课 你的电话号码是多少？

课文 Text

（一）

（下课以后）

Dàwèi: Xīngqītiān wǒmen bān qù gōngyuán wánr. Nǐ qù ma?
大卫：星期天 我们 班去 公园 玩儿。你去吗？

Jīn Hào: Wǒ kěnéng méi shíjiān…… Xīngqīwǔ wǒ gěi nǐ dǎ diànhuà, gàosu nǐ.
金浩：我 可能 没时间……星期五我给你打 电话，告诉你。

Dàwèi: Nǐ zhīdào wǒ de diànhuà hàomǎ ma?
大卫：你知道 我的 电话 号码 吗？

> 问电话
> Asking for phone numbers

Jīn Hào: Bù zhīdào. Nǐ de diànhuà shì duōshao?
金浩：不知道。你的 电话是 多少？

Dàwèi: Yāo sān jiǔ sān liù yāo yāo bā èr wǔ liù.
大卫： 1 3 9 3 6 1 1 8 2 5 6。

（二）

（小静买了一本漫画书，小松觉得她的漫画书太多了）

> 问数量
> Asking about quantity

Xiǎosōng: Kànkan nǐ de shūjià, nǐ yǒu duōshao běn mànhuà shū? Nǐ zhīdào ma?
小松： 看看 你的书架，你有 多少 本 漫画 书？你知道 吗？

Xiǎojìng: Wǒ zhīdào, sānshíwǔ běn. Nǐ kàn,
小静： 我知道，三十五 本。你看，

wǒ yòu mǎile yì běn, zhè shì dì
我 又 买了 一本，这是第

sānshíliù běn!
三十六 本！

Xiǎosōng: Tài duō le ba?
小松： 太 多了吧？

Xiǎojìng: Gēge, kànkan nǐ de jià, nǐ yǒu duōshao zhāng ?
小静： 哥哥，看看你的CD架，你有 多少 张CD？

Xiǎosōng: Jiǔshíliù zhāng. Nǐ kàn, wǒ yòu mǎile yì zhāng. Zhè shì dì jiǔshíqī zhāng!
小松： 九十六张。你看，我 又 买了一张。这是第 九十七 张！

词语 New Words and Phrases

1. 以后　　（名）　　yǐhòu　　after; later
   以前　　（名）　　yǐqián　　before
2. 班　　　（名）　　bān　　　class
3. 公园　　（名）　　gōngyuán　park
4. 玩儿　　（动）　　wánr　　to play
5. 可能　　（能愿动词/形）　kěnéng　maybe; possible
6. 时间　　（名）　　shíjiān　time
7. 打　　　（动）　　dǎ　　　to make (a telephone call); to hit; to beat; to play
8. 电话　　（名）　　diànhuà　telephone
9. 知道　　（动）　　zhīdào　to know
10. 号码　（名）　　hàomǎ　number
11. 本　　（量）　　běn　　*a measure word for book*
12. 漫画　（名）　　mànhuà　cartoon, comic book
13. 觉得　（动）　　juéde　to feel; to think
14. 书架　（名）　　shūjià　book-shelf
15. 第　　（词头）　　dì　　*a prefix indicating the ordinel number*
16. 张　　（量）　　zhāng　*measure word for flat objects (paper, picture, bed, etc.)*

专名 Proper Nouns

小松　　　Xiǎosōng　　　name of a person

注释 Notes

1. "星期天我们班去公园玩儿。"

   人称代词后的中心语是表示集体的名词（如班、学院、家、学校等）时，一般不说"我的"，而说"我们"，如不说"我的班"，而说"我们班"。(When a personal pronoun is followed by a collective noun, like 班，学院，家，学校, 我们 is often used instead of 我的. For example, we say 我们班 instead of 我的班.)

2. "几"和"多少"的区别 The Difference Between 几 and 多少

   一般来说，估计数字在十以下时，用"几"提问；估计数字在十以上时，用"多少"提问。(Differences between 几 and 多少: Usually, 几 is used when the number is supposed to be less than ten, and 多少 is used when the number is supposed to be more than ten.)

   (1) 你吃几个苹果？　　(2) 你有多少本书？

句型替换 Pattern Drills

（1）__你__的电话号码是多少？　　（2）晚上我给__你__打电话。
　　图书馆　　　　　　　　　　　　　　她
　　林老师　　　　　　　　　　　　　　妈妈
　　你宿舍　　　　　　　　　　　　　　张老师

（3）__你__有多少__本__　__漫画书__？
　　小松　　　　张　　　CD
　　小云　　　　条　　　裙子
　　他　　　　　个　　　朋友

任务与活动 Tasks / Activities

1. **小组活动**　Group Work

   找一些有用的电话，将它们告诉你的同学。(Find some useful telephone number, and tell your classmates.)

   > McDonald's 的电话号码是……
   > 学校办公室的电话号码是……
   > 公安局（Police office）的电话号码是……

2. **全班活动**　Class Activity

   用上一活动中找到的电话号码做一个小黄页，贴在布告栏中给大家参考。
   (Make a Yellow Page. Post it on the bulletin board for everybody's reference.)

第九课 哪张最漂亮？

课文 Text

（一）

（小静和小云看电脑上的照片）

Xiǎojìng: Tāmen shì shéi? Shì nǐ de xīn péngyou ma?
小静： 他们是谁？是你的新朋友吗？

Xiǎoyún: Duì, shì yìxiē wàiguó péngyou, Rìběnrén, Hánguórén...
小云： 对，是一些外国朋友，日本人，韩国人……

Xiǎojìng: Nǎxiē shì Hánguórén?
小静： 哪些是韩国人？

Xiǎoyún: Zhèxiē shì Hánguórén.
小云： 这些是韩国人。

Xiǎojìng: Nǎ ge shì Mínghé?
小静： 哪个是明河？

Xiǎoyún: Zhè shì tā de màozi, zhè shì tā de shǒu.
小云： 这是她的帽子，这是她的手。

Xiǎojìng: Tā ne?
小静： 她呢？

Xiǎoyún: Tā zài hòubian a!
小云： 她在后边啊！

（二）

Shāntián: Zhè shì Yúnnán de zhàopiàn ma? Tài piàoliang le!
山田： 这是云南的照片吗？太漂亮了！

Liú Xīng: Nǎ zhāng zuì piàoliang?
刘星： 哪张最漂亮？

赞美
Praising

Shāntián: Wǒ juéde dì yī zhāng zuì piàoliang, háiyǒu zhè zhāng! Dōu fēicháng piàoliang!
山田： 我觉得第一张最漂亮，还有这张！都非常漂亮！

Liú Xīng: Zhè shì yìxiē xiǎo lǐwù, nǐ xǐhuan nǎ ge?
刘星： 这是一些小礼物，你喜欢哪个？

Shāntián: Nǐ shì wèn "xǐhuan nǎxiē" ma? Wǒ xǐhuan zhèxiē!
山田： 你是问"喜欢哪些"吗？我 喜欢这些！

Dōu gěi wǒ, kěyǐ ma?
都 给我，可以吗？

请求允许
Asking for permition

Liú Xīng: Bù xíng a.
刘星： 不行啊。

Shāntián: Wèi shénme?
山田： 为 什么？

Liú Xīng: Wǒ hái yào gěi biéde péngyou.
刘星： 我 还要 给别的 朋友。

词语 New Words and Phrases

1.	电脑	（名）	diànnǎo	computer
2.	照片	（名）	zhàopiàn	photograph
3.	(一)些	（量）	(yì) xiē	some
4.	外国	（名）	wàiguó	foreign
5.	帽子	（名）	màozi	hat
6.	手	（名）	shǒu	hand
7.	呢	（助）	ne	*a modal particle*
8.	后边	（名）	hòubian	the back; behind
9.	最	（副）	zuì	most (a superlative degree), -est
10.	非常	（副）	fēicháng	unusual; extraordinary
11.	可以	（能愿动词）	kěyǐ	can, may; all right
12.	行	（动）	xíng	OK, all right
13.	为什么		wèi shénme	why
14.	别的	（代）	biéde	other

专名 Proper Nouns

云南　　　　　　　　Yúnnán　　　　　　a Chinese province

补充词语 Additional Vocabulary

上　　（名）　　　　shang　　　　　　　above, on top of

语法和句式 Grammar and Sentence Patterns

用"哪"提问 Questions with 哪

1. 哪 + Measure Word + (O) + (Adv) + Adj?
   哪　　张　　（照片）　最　漂亮？

2. 哪 + Measure Word + (O) + V + (O)?
   哪　　个　　（人）　是　明河？

3. S + V + 哪 + Measure Word + (O)?
   你 喜欢 哪　　张　　（照片）？
   你 要 哪　　个？

句型替换 Pattern Drills

（1）哪　<u>张</u>　<u>照片</u>　<u>最漂亮</u>？　（2）你　<u>喜欢</u>　哪　<u>张</u>　<u>照片</u>？
　　　　条　裙子　最便宜　　　　　　　　买　　　　本　　书
　　　　本　书　　最好　　　　　　　　　喜欢　　　件　　礼物
　　　　种　花　　最贵　　　　　　　　　去　　　　个　　大学

任务与活动 Tasks / Activities

双人活动：我们班的"最" Pair Work: Talk about 最 in Our Class

最漂亮		最高	
最小		中国朋友最多	
最喜欢吃		最_____	
最_____		最_____	

第十课 现在打八折

课文 Text

(小云在商店买衣服)

Xiǎoyún: 小云：	Zhè tiáo kùzi duōshao qián? 这条裤子多少钱？	
Salesclerk：	Yìbǎibā. 一百八。	
Xiǎoyún: 小云：	Tài guì le, piányi yìdiǎnr ba. 太贵了，便宜一点儿吧。	
Salesclerk：	Xiànzài dǎ bā zhé. 现在打八折。	
Xiǎoyún: 小云：	Bā zhé duōshao qián? 八折多少钱？	
Salesclerk：	Yìbǎi sìshísì kuài qián. 一百四十四块钱。	

讲价 Bargaining

(小云去二楼，继续看衣服)

Xiǎoyún: 小云：	Zhè jiàn shàngyī duōshao qián? 这件上衣多少钱？
Salesclerk：	Yìbǎi èrshí kuài qián. 一百二十块钱。
Xiǎoyún: 小云：	Dǎ zhé ma? 打折吗？
Salesclerk：	Yě dǎ bā zhé. 也打八折。
Xiǎoyún: 小云：	Kěyǐ shì ma? 可以试吗？
Salesclerk：	Kěyǐ. 可以。

同意 Permit

(小云试了衣服和裤子，觉得非常满意，她决定买)

Xiǎoyún: Wǒ mǎi zhè tiáo kùzi hé zhè jiàn yīfu, yígòng liǎngbǎi kuài, kěyǐ ma?
小云：我买这条裤子和这件衣服，一共两百块，可以吗？

Salesclerk: Bù xíng…… Zuì shǎo liǎngbǎisān.
不行……最少两百三。

Xiǎoyún: Liǎngbǎi.
小云：两百。

Salesclerk: Liǎngbǎi'èr.
两百二。

Xiǎoyún: Tài guì le, wǒ bù mǎi le.
小云：太贵了，我不买了。

Salesclerk: Liǎngbǎiyī.
两百一。

Xiǎoyún: Nǐ kàn, wǒ zhǐ yǒu liǎngbǎi kuài!
小云：你看，我只有两百块！

Salesclerk: Hǎo ba, gěi nǐ.
好吧，给你。

词语 New Words and Phrases

1.	商店	(名)	shāngdiàn	shop
2.	裤子	(名)	kùzi	trousers, pants
3.	一点儿	(数量)	yìdiǎnr	a little bit
4.	吧	(助)	ba	*a modal particle*
5.	现在	(名)	xiànzài	now
6.	打折		dǎ zhé	to discount
7.	楼	(名)	lóu	building; floor
8.	继续	(动)	jìxù	to go on, to continue
9.	上衣	(名)	shàngyī	upper outer garment
10.	试	(动)	shì	to try
11.	满意	(形)	mǎnyì	satisfied
12.	决定	(动)	juédìng	to decide

| 13. 少 | （形） | shǎo | few, little |
| 14. 只 | （副） | zhǐ | only; just |

注释 Notes

1. "现在打八折。"

    商品"打八折"之后的价格是原价的80%。(打八折 means a 20% discount off the usual price.)

2. "好吧，给你。"

    "好吧"表示同意。(好吧 means OK.)

语法和句式 Grammar and Sentence Patterns

问价钱 (2) Asking Price (2)

1. 这/那 + Measure Word + N + 多少钱？

    这　　　件　　　衣服 多少钱？
    这　　　本　　　书　多少钱？

2. (这/那 + Measure Word) + N + 打几折？

    这　　　条　　　裙子 打几折？
    　　　　　　　　上衣　打几折？

句型替换 Pattern Drills

（1）这 条 裙子 多少钱？
　　　　件　衣服
　　　　本　书
　　　　个　蛋糕
　　　　个　面包

（2）我 可以 试 这条裙子 吗？
　　　他　　　　去　别的班
　　　你　　介绍一下　自己
　　　我　　　　试　这件上衣
　　　我　　　　问　一个问题

（3）这 <u>件</u> <u>衣服</u> 打几折？　　（4）打 <u>八</u> 折以后多少钱？
　　　　条　　裙子　　　　　　　　　　九
　　　　条　　裤子　　　　　　　　　　七
　　　　个　　电脑　　　　　　　　　　八五

任务与活动 Tasks / Activities

全班活动：10 分钟跳蚤市场　Class Activity: A 10 Minutes Flea Market
（本活动相关补充内容详见配套教师手册）

请把一些有趣的或有用的东西带到教室里来，在课间休息时办一个跳蚤市场。
(Bring some interesting or useful stuffs and sell them during the break between classes.)

全新　quánxīn, brand new
二手　èrshǒu, second-hand

第十一课 现在几点?

课文 Text

(一)

问时间
Asking about the time

(小静和小云在图书馆看书)

Xiǎoyún: Xiànzài jǐ diǎn?
小云： 现在 几 点?

Xiǎojìng: Wǔ diǎn líng wǔ.
小静： 五 点 零 五。

Xiǎoyún: Wǒ tài lèi le...
小云： 我 太 累 了……

(十五分钟以后)

Xiǎoyún: Xiànzài jǐ diǎn?
小云： 现在 几 点?

Xiǎojìng: Wǔ diǎn èrshí.
小静： 五 点 二十。

Xiǎoyún: Ā, wǒ juéde bù shūfu...
小云： 啊，我 觉得 不 舒服……

(朋友给小云打电话)

Péngyou: Nǐ zài nǎr?
朋友： 你 在 哪儿?

Xiǎoyún: Wǒ zài túshūguǎn.
小云： 我 在 图书馆。

Péngyou: Wǎnshang wǒmen qù kàn diànyǐng, nǐ qù ma?
朋友： 晚上 我们 去 看 电影，你 去 吗?

Xiǎoyún: Diànyǐng jǐ diǎn kāishǐ?
小云： 电影 几 点 开始?

相约
Inviting

Péngyou: Qī diǎn bàn.
朋友： 七 点 半。

Xiǎoyún: Wǒ qù wǒ qù! Qī diǎn yí kè wǒ qù zhǎo nǐ...
小云： 我 去 我 去! 七 点 一 刻 我 去 找 你……

（二）

Wǎnshang bā diǎn, Xiǎoyún tāmen kàn
晚上 八点，小云 她们 看
diànyǐng, Dàwèi tāmen dǎ wǎngqiú.
电影， 大卫 他们 打 网球。

Chà wǔ fēn shíyī diǎn, Xiǎoyún shuì jiào,
差 五分 十一点，小云 睡觉，
Dàwèi tāmen hē jiǔ.
大卫 他们 喝 酒。

Shíyī diǎn yí kè, Xiǎojìng shuì jiào,
十一 点 一 刻，小静 睡 觉，
Dàwèi tāmen jìxù hē jiǔ.
大卫 他们 继续 喝 酒。

Zǎoshang liù diǎn bàn, Xiǎoyún qǐ chuáng, Dàwèi tāmen shuì jiào. xīn de yì tiān
早上 六点 半，小云 起 床，大卫 他们 睡 觉。新 的 一 天
kāishǐ le!
开 始 了！

词语 New Words and Phrases

1.	图书馆	（名）	túshūguǎn	library
2.	点(钟)	（量）	diǎn(zhōng)	o'clock
3.	累	（形）	lèi	tired
4.	舒服	（形）	shūfu	comfortable
5.	晚上	（名）	wǎnshang	evening
6.	开始	（动）	kāishǐ	to start, to begin
7.	半	（数）	bàn	half
8.	刻	（量）	kè	quarter of an hour
9.	找	（动）	zhǎo	to look for
10.	差	（动）	chà	to lack, to be short of
11.	分	（量）	fēn	minute of an hour
12.	睡觉		shuì jiào	to sleep

13. 酒	（名）	jiǔ		liquor; wine, alcoholic drinks
14. 早上	（名）	zǎoshang		morning
15. 起床		qǐ chuáng		to get up

补充词语 Additional Vocabulary

1. 零	（数）	líng		zero
2. 分钟	（名）	fēnzhōng		minute

注释 Notes

时间的表达 Time Format

8：00　八点　　　　　　　　　　2：25　两点二十五(分)
12：05　十二点零五(分)　　　　　12：15　十二点十五(分) / 十二点一刻
1：10　一点十分　　　　　　　　8：30　八点三十(分) / 八点半
9：45　九点四十五(分) / 九点三刻 / 差一刻十点 / 十点差一刻
3：50　三点五十(分) / 差十分四点 / 四点差十分

语法和句式 Grammar and Sentence Patterns

S ＋ 时间 ＋ V ＋ O　　或者：(Or:)　　时间 ＋ S ＋ V ＋ O
我　　七点　　吃　早饭。　　　　　早上七点半　小云　起床。
他们　　上午　　上　课。　　　　　明天　　他　去　北京。

句型替换 Pattern Drills

A：你几点　去　　公司　？　　　　B：我　　十点　　去　。
　　　　　吃　　早饭　　　　　　　　　早上七点半　吃
　　　　　去　　图书馆　　　　　　　　九点　　　　去
　　　　　睡　　觉　　　　　　　　　　十一点半　　睡

任务与活动 Tasks/Activities

双人活动：时差　Pair Work: Time Difference

我		我的_____(someone)	
在中国		在_____(a country)	
时间	干什么	时间	干什么
早上 9:00	上课		
中午 12:30	吃饭		
下午 2:25			
下午 6:10			
晚上 8:45			
晚上 10:30			

> 我在中国，妈妈在韩国。中国早上7点，是韩国早上8点。我起床，我妈妈吃早饭。
> 我在中国，爸爸在法国。中国中午的12点，是法国早上5点。我吃午饭，我爸爸睡觉。

第十二课 我不想喝咖啡

课文 Text

（一）

（在林平的宿舍）

Lín Píng: Nǐmen hē kāfēi ma?
林平：你们喝咖啡吗？

Jīn Hào: Wǒ hē kāfēi.
金浩：我喝咖啡。

Dàwèi: Wǒ bù xiǎng hē kāfēi. Yǒu chá ma? Wǒ xiǎng hē chá.
大卫：我不想喝咖啡。有茶吗？我想喝茶。

Lín Píng: Wǒ yǒu yì zhǒng lǜchá, hěn búcuò.
林平：我有一种绿茶，很不错。

Dàwèi: Wǒ yào hē, wǒ xǐhuan lǜchá!
大卫：我要喝，我喜欢绿茶！

Lín Píng: Duì le, wǒ hái yǒu jiǔ, nǐmen xiǎng hē ma?
林平：对了，我还有酒，你们想喝吗？

Jīn Hào: Wǒ yào hē, wǒ xǐhuan Zhōngguó de jiǔ!
金浩：我要喝，我喜欢中国的酒！

Dàwèi: Jīn Hào, búyào hē tài duō jiǔ, duì shēntǐ bù hǎo.
大卫：金浩，不要喝太多酒，对身体不好。

Jīn Hào: Wǒ zhīdào, kěshì...
金浩：我知道，可是……

Lín Píng: Kěshì nǐ fēicháng xǐhuan hē jiǔ, duì ma?
林平：可是你非常喜欢喝酒，对吗？

意愿 Desire

劝告 Persuading

（二）

Jīntiān Jīn Hào bù xiǎng xiě Hànzì, bù xiǎng zuò liànxí, yě bù xiǎng tīng lùyīn.
今天金浩不想写汉字，不想做练习，也不想听录音。

Tā xiǎng dǎ bǎolíngqiú, xiǎng kàn diànshì, xiǎng kàn diànyǐng, hái xiǎng hē jiǔ.
他想打保龄球，想看电视，想看电影，还想喝酒。

Wǎnshang qī diǎn, tā hé Lín Píng、Dàwèi qù kàn yí ge yǒu yìsi de diànyǐng.
晚上七点，他和林平、大卫去看一个有意思的电影。

Jiǔ diǎn, tāmen yìqǐ qù dǎ bǎolíngqiú. Shí diǎn, tāmen qù hē jiǔ.
九点，他们一起去打保龄球。十点，他们去喝酒。

词语 New Words and Phrases

1.	喝	（动）	hē	to drink
2.	咖啡	（名）	kāfēi	coffee
3.	想	（动/能愿动词）	xiǎng	to think; to want
4.	种	（量）	zhǒng	kind
5.	绿	（形）	lǜ	green
6.	不错	（形）	búcuò	not bad
7.	对	（介）	duì	to, for; to face
8.	身体	（名）	shēntǐ	body; health
9.	做	（动）	zuò	to do
10.	练习	（动/名）	liànxí	to practise; exercise
11.	听	（动）	tīng	to listen
12.	录音	（名/动）	lùyīn	tape recording; to record
13.	电视	（名）	diànshì	television
14.	有意思		yǒu yìsi	interesting
15.	一起	（副）	yìqǐ	together

补充词语 Additional Vocabulary

保龄球	（名）	bǎolíngqiú	bowling

注释 Notes

1. 中国的茶 Chinese Teas

茶是中国的传统饮料，中国茶一般分为红茶、绿茶、乌龙茶、黑茶、黄茶、白茶几种。(Tea is a traditional beverage in China. Chinese teas are classified into black tea, green tea, oolong tea, dark tea, yellow tea and white tea.)

2. 中国的酒 Chinese Liquors

中国酒有葡萄酒、黄酒、白酒等种类。著名的白酒有茅台酒、五粮液、汾酒等。(Chinese liquors are classified into grape wine, white spirits which is distillate spirits, and yellow wine which is glutinous rice wine, etc. The most famous white spirits are *Maotai*, *Wuliangye* and *Fenjiu*.)

语法和句式 Grammar and Sentence Patterns

S + 想/要 + V + (O)

我 要 喝 茶。
我 想 看 电视。

否定式：(Negation:)

S + 不想 + V + (O)

我 不想 喝 茶。
我 不想 看 电视。

注意，"don't want to do something" 是 "不想+V"，而 "不要+V" 用于告诉别人不做某事，主语一般是 "你/你们" 或省略主语。(Note that 不想+V denotes that one doesn't want to do something, while 不要+V is used to tell someone not to do something, the subject mostly is 你/你们 or omitted.)

你不要喝太多酒。

句型替换 Pattern Drills

（1）A：你要 喝咖啡 吗？　　　B：我不想 喝咖啡 。
　　　　　喝茶　　　　　　　　　　　喝茶
　　　　　买中国的酒　　　　　　　　买中国的酒
　　　　　吃蛋糕　　　　　　　　　　吃蛋糕
　　　　　看电视　　　　　　　　　　看电视

（2）你不要 喝 太多 酒 。　　　（3）他们一起 打 　 保龄球 。
　　　　　　吃　　　鸡蛋　　　　　　　　　　学习　　英语
　　　　　　喝　　　咖啡　　　　　　　　　　喝　　　酒
　　　　　　买　　　礼物　　　　　　　　　　看　　　照片

任务与活动 Tasks / Activities

1. 如果下星期不上课，你有什么安排？　What is your plan for a week-long holliday?

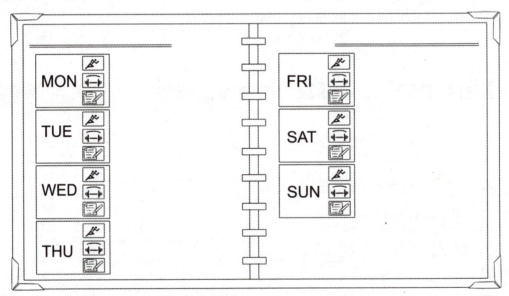

2. 全班活动　Class Activity
（本活动相关补充内容详见配套教师手册）

　　　写出你的一个心愿，把它贴在教室里的心愿树上。(Make a wish and post it on the Wish Tree.)

第十三课 我们买几个面包？

课文 Text

（一）

（小云他们明天去爬山，晚上他们一起去超市买一些东西）

Jīn Hào: Wǒmen mǎi jǐ ge miànbāo?
金浩：我们 买几个 面包？

问数量 Asking about quantity

Xiǎoyún: Sān ge ba.
小云：三个吧。

Jīn Hào: Sān ge kěnéng bú gòu ba? Zhè zhǒng miànbāo hěn hǎochī, mǎi liù ge ba.
金浩：三个可能不够吧？这 种 面包 很 好吃，买六个吧。

Mínghé: Hǎo ba. Mǎi jǐ píng shuǐ?
明河：好吧。买几瓶水？

Jīn Hào: Měi ge rén hē liǎng píng. Mǎi liù píng.
金浩：每个人喝 两 瓶。买六瓶。

建议 Suggest

Xiǎoyún: Mǎi shuǐguǒ ma?
小云：买 水果 吗？

Mínghé: Mǎi yìdiǎnr lí huòzhě píngguǒ ba.
明河：买一点儿梨 或者 苹果 吧。

Jīn Hào: Wǒ hái xiǎng mǎi niúnǎi, píjiǔ...
金浩：我 还 想 买牛奶、啤酒……

（二）

（在明河的宿舍）

Mínghé: Zhè shì shénme dìtú?
明河：这是 什么 地图？

Xiǎoyún: Guǎngzhōu dìtú.
小云：广州 地图。

Mínghé: Wǒ kànkan. Nǐ xiǎng qù shénme dìfang?
明河：我 看看。你 想 去 什么 地方？

Xiǎoyún:	小云：	Zhèr! Dòngwùyuán! 这儿！动物园！		
Mínghé:	明河：	Wǒ yě xiǎng qù! Nǐ zuì xǐhuan shénme dòngwù? 我也想去！你最喜欢什么动物？		
Xiǎoyún:	小云：	Hěn duō. Gǒu, lǎohǔ, xióngmāo, wǒ dōu bǐjiào xǐhuan. 很多。狗、老虎、熊猫，我都比较喜欢。		
Mínghé:	明河：	Jīntiān tiānqì zěnmeyàng? 今天天气怎么样？		
Xiǎoyún:	小云：	Búcuò, bù lěng yě bú rè, wǒmen qù ba! 不错，不冷也不热，我们去吧！		
Mínghé:	明河：	Hǎo a! Kěshì... chuān shénme yīfu? 好啊！可是……穿什么衣服？		

词语 New Words and Phrases

1.	爬	（动）	pá	to climb
2.	够	（动）	gòu	to be enough
3.	好吃	（形）	hǎochī	delicious
	好看	（形）	hǎokàn	good looking
	好喝	（形）	hǎohē	good to drink
	好听	（形）	hǎotīng	pleasing to listen
	好玩儿	（形）	hǎowánr	funny
4.	瓶	（量）	píng	bottle, measure word for liquid filled in bottles.
5.	水果	（名）	shuǐguǒ	fruit
6.	或者	（连）	huòzhě	or
7.	啤酒	（名）	píjiǔ	beer
8.	地图	（名）	dìtú	map
9.	地方	（名）	dìfang	place
10.	动物园	（名）	dòngwùyuán	zoo
	动物	（名）	dòngwù	animal

11. 天气	（名）	tiānqì	weather
12. 怎么样	（代）	zěnmeyàng	how (used in asking for an opinion)
13. 冷	（形）	lěng	cold
14. 热	（形）	rè	hot
15. 穿	（动）	chuān	to wear

补充词语 Additional Vocabulary

1. 老虎	（名）	lǎohǔ	tiger
2. 熊猫	（名）	xióngmāo	panda

注释 Notes

"我看看。"

动词重叠表示动作经历的时间短，也可表示尝试、随便等语气。(Verb repetition indicates that the action lasts for a short while, that the purpose of it is for a try, or that it is taken informally.)

看（一）看　问（一）问　介绍介绍

否定句中的动词不能重复。(In a negative form, repetition is not necessary.)

A：你想看看吗？
B：我不想看。

语法和句式 Grammar and Sentence Patterns

1. 用"几"询问数量 Asking Quantity with 几

S + V + 几 + Measure Word + O

我们　买　几　个　　　　面包？
你　　要　几　瓶　　　　水？

或者：(Or:)
几 + Measure Word + S + V + O
几　　个　　人　去　北京？

2. 用"什么"询问性质 Asking Quality with 什么

S + V + 什么 + O　　　　或者：(Or:)　　什么 + N + Adj
你　买　什么　书？　　　　　　　　　　什么　东西　便宜？
你　吃　什么　水果？　　　　　　　　　什么　水果　好吃？

句型替换 Pattern Drills

（1）你 <u>买</u> 几 <u>斤</u> <u>梨</u>？
　　　　吃　　个　苹果
　　　　有　　条　裙子
　　　　喝　　杯　豆浆
　　　　要　　碗　米饭

（2）你 <u>喜欢</u> 什么 <u>动物</u>？
　　　　看　　　　书
　　　　买　　　　衣服
　　　　喝　　　　茶
　　　　用　　　　词典

（3）A：<u>今天天气</u> 怎么样？　　B：<u>不冷也不热</u>。
　　　　语法　　　　　　　　　　　比较难
　　　　这件衣服　　　　　　　　　太大了
　　　　那个大学　　　　　　　　　很不错

碗　　wǎn, bow
米饭　mǐfàn, rice
词典　cídiǎn, dictionary
语法　yǔfǎ, grammar
难　　nán, difficult

任务与活动 Tasks / Activities

1. 小组活动　Group Work

　　这个周末有一个聚会，请你们讨论出聚会中要做的菜，确定应该买什么原料，分别买多少，列出一个购物清单。(You will have a party this weekend. Please discuss the dishes and shopping list with your partner.)

2. 双人活动　Pair Work

（本活动相关补充内容详见配套教师手册）

根据下列问题采访一位同学，记录他 / 她的答案。(Ask each other the following questions and write down his or her answers.)

(1) 你有什么书？
(2) 你今天有什么课？
(3) 你觉得什么课容易？
(4) 你觉得什么课难？
(5) 你想去什么地方旅行？
(6) 你喜欢吃什么水果？

容易　róngyì, easy

第十四课 你习惯不习惯这里的天气？

课文 Text

（一）

（金浩去李阳家做客）

李阳：欢迎，欢迎！请进！（李阳的奶奶来了）这是我奶奶。

金浩：奶奶好！

（三个人开始聊天）

金浩：您是不是广州人？

奶奶：不是，我是北方人。

金浩：北方夏天热不热？

李阳：不热，很凉快！

金浩：那您习惯不习惯这里的天气？

谈习惯
Talking about habit

奶奶：不习惯，太热了！

金浩：（笑）我也不习惯。对了，我听说北方人习惯吃面食，南方人习惯吃米饭，对吗？

李阳：对。

金浩：你们爱不爱吃广东菜？

李阳：我爱吃，我最喜欢广州的点心和汤。

(二)

Nǎinai shì běifāngrén, suǒyǐ Lǐ Yáng jiā chángcháng chī běifāngcài, cháng chī jiǎozi. Māma shì Guǎngdōngrén, suǒyǐ tāmen yě chī Guǎngdōngcài. Rúguǒ bàba māma zài jiā, zhuōzi shang yǒu běifāngcài, yě yǒu Guǎngdōngcài. Lǐ Yáng xǐhuan chī jiǎozi, yě xǐhuan hē māma zuò de tāng. Tā shuō zìjǐ shì Guǎngdōngrén, yě shì běifāngrén.

奶奶是北方人,所以李阳家常常吃北方菜,常吃饺子。妈妈是广东人,所以他们也吃广东菜。如果爸爸妈妈在家,桌子上有北方菜,也有广东菜。李阳喜欢吃饺子,也喜欢喝妈妈做的汤。他说自己是广东人,也是北方人。

词语 New Words and Phrases

1.	欢迎	(动)	huānyíng	to welcome
2.	进	(动)	jìn	to enter
	出	(动)	chū	to go or come out, to exit
3.	北方	(名)	běifāng	north
4.	凉快	(形)	liángkuai	cool
5.	习惯	(动/名)	xíguàn	to be used to; habit
6.	这里(这儿)	(代)	zhèlǐ(zhèr)	here
	那里(那儿)	(代)	nàlǐ(nàr)	there
7.	听说	(动)	tīngshuō	to hear of
8.	南方	(名)	nánfāng	south
9.	米饭	(名)	mǐfàn	rice
10.	爱	(动)	ài	to love
11.	菜	(名)	cài	dish
12.	点心	(名)	diǎnxin	light refreshments, dessert
13.	汤	(名)	tāng	soup
14.	所以	(连)	suǒyǐ	therefore, so

| 15. 常(常) | （副） | cháng(cháng) | often, usually |
| 16. 桌子 | （名） | zhuōzi | desk, table |

专名 Proper Nouns

| 广东 | | Guǎngdōng | a Chinese province |

补充词语 Additional Vocabulary

1. 做客		zuò kè	to be a guest
2. 夏天	（名）	xiàtiān	summer
3. 笑	（动）	xiào	to smile
4. 面食	（名）	miànshí	flour food
5. 饺子	（名）	jiǎozi	dumpling

语法和句式 Grammar and Sentence Patterns

正反疑问句 Affirmative-negative Question

1. 含动词的正反疑问句：(Affirmative-negative Question with Verb:)

   S ＋ V ＋ 不 ＋ V　　(+O)
   你　　习惯　　不　　习惯　　这儿的天气？
   你　　想　　　不　　想　　　去超市？

2. 含形容词的正反疑问句：(Affirmative-negative Question with Adjective:)

   S ＋ Adj ＋ 不 ＋ Adj
   夏天　热　　不　热？
   他　　努(力)　不　努力？

句型替换 Pattern Drills

（1） <u>夏天</u>   <u>热</u>   不 <u>热</u> ？
      金浩   高   高
      天气   好   好
      你的钱   多   多

（2）你 <u>习不习惯</u>   <u>这里的天气</u> ？   （3）你想不想 <u>去</u>   <u>超市</u> ？
      喜不喜欢   这件礼物   吃   点心
      喝不喝   汤   喝   汤
      去不去   他家   打   保龄球
      穿不穿   新衣服   看   电影

任务与活动 Tasks / Activities

小组活动：猜猜问问   Group Work: Guess and Ask

看下面的表格，先猜一猜同学们可能怎样回答，然后进行采访并记录他们的答案。(Guess your classmates' answers first, circle the words, and then ask and answer questions to check your guesses.)

名字	国家		那里的天气	中国的天气	中国的饭菜
		我猜 My guesses	热 凉快 冷	习惯 不习惯 喜欢 不喜欢	习惯 不习惯 喜欢 不喜欢
		答案 His/her answers			
		我猜 My guesses	热 凉快 冷	习惯 不习惯 喜欢 不喜欢	习惯 不习惯 喜欢 不喜欢
		答案 His/her answers			
		我猜 My guesses	热 凉快 冷	习惯 不习惯 喜欢 不喜欢	习惯 不习惯 喜欢 不喜欢
		答案 His/her answers			

复习（二）

课文 Text

（一）

（张文给小松打电话）

Zhāng Wén: Wèi, nǐ hǎo! Qǐngwèn shì Wáng Xiǎosōng jiā ma?
张 文：喂，你好！请问是王小松家吗？

Xiǎojìng: Shì.
小静：是。

Zhāng Wén: Xiǎosōng zài ma?
张 文：小松在吗？

Xiǎojìng: Tā bú zài.
小静：他不在。

Zhāng Wén: Tā qù nǎr le?
张 文：他去哪儿了？

Xiǎojìng: Wǒ gēge qù duànliàn shēntǐ le. Qǐngwèn nǐ shì nǎ wèi?
小静：我哥哥去锻炼身体了。请问你是哪位？

Zhāng Wén: Wǒ shì tā de dàxué tóngxué, Zhāng Wén.
张 文：我是他的大学同学，张文。

Xiǎojìng: À, Zhāng Wén nǐ hǎo! Nǐ xiànzài zài Guǎngzhōu ma?
小静：啊，张文你好！你现在在广州吗？

Zhāng Wén: Wǒ gāng dào Guǎngzhōu, xiǎng qù kànkan Xiǎosōng.
张 文：我刚到广州，想去看看小松。

打电话
Making a phone

（二）

（小松给张文打电话）

Xiǎosōng: Zhāng Wén, nǐ zài nǎr?
小松：张文，你在哪儿？

Zhāng Wén: Wǒ zài bówùguǎn, qù nǐ nàlǐ zěnme zuò chē?
张 文：我在博物馆，去你那里怎么坐车？

Xiǎosōng:	Zuò dìtiě, huòzhě zuò yāoqībā lù chē.	
小松：	坐地铁，或者坐 178 路车。	
Zhāng Wén:	Shénme? Zuò jǐ lù chē?	
张 文：	什么？坐几路车？	
Xiǎosōng:	Yāoqībā lù!	
小松：	178 路！	
Zhāng Wén:	Zài nǎ yí zhàn xià chē?	
张 文：	在哪一站下车？	
Xiǎosōng:	Zài Dàxué Lù xià chē.	
小松：	在大学路下车。	
Zhāng Wén:	Yuǎn ma?	
张 文：	远 吗？	
Xiǎosōng:	Bù yuǎn, hěn jìn. Nǐ xià chē yǐhòu gěi wǒ dǎ diànhuà, wǒ qù jiē nǐ.	
小松：	不远，很近。你下车以后给我打电话，我去接你。	

词语 New Words and Phrases

1. 喂	（叹）	wèi	hello, hey
2. 请问	（动）	qǐngwèn	May I ask ...
3. 锻炼	（动）	duànliàn	to have physical training
4. 位	（量）	wèi	*measure word for persons to show politeness*
5. 刚	（副）	gāng	only a short while ago, just now
6. 到	（动）	dào	to arrive
7. 怎么	（代）	zěnme	how
8. 坐	（动）	zuò	to sit; to take (a bus)
9. 地铁	（名）	dìtiě	subway
10. 路	（名）	lù	road; bus number
11. 站	（动/名）	zhàn	to stand; station, stop
12. 远	（形）	yuǎn	far
13. 近	（形）	jìn	near, close
14. 接	（动）	jiē	to meet, to pick up

专名 Proper Nouns

| 张文 | Zhāng Wén | name of a person |

补充词语 Additional Vocabulary

| 博物馆 | (名) | bówùguǎn | museum |

注释 Notes

"去你那里怎么坐车？"

人称代词和指人的名词可以和"这里/这儿""那里/那儿"连用表示地点，如"大卫这里/这儿""他们那里/那儿""王老师那里/那儿"。"这里/这儿"表示近指，"那里/那儿"表示远指。(Pronouns and nouns of people can be used together with 这里/这儿 or 那里/那儿 to indicate the place. For example, 大卫这里/这儿, 他们那里/那儿, 王老师那里/那儿. 这里/这儿 is used to indicate the place in close proximity while 那里/那儿 for the place far away.)

语法索引 Summary of Grammar

语法	例句	课号
1. 使用疑问代词的疑问句	你喜欢哪个？／哪张最漂亮？	第9课
	这条裤子多少钱？	第10课
	你喝什么茶？	第13课
	我们买几个面包？	第13课
2. S+（不）+想／要＋V+（O）	我想喝咖啡。	第12课
3. 正反疑问句	你习惯不习惯这里的天气？	第14课

功能总结 Summary of Functions

功能		例句	课号
1. 询问	问电话	你的电话号码是多少？	第 8 课
	问数量	我们买几个面包？/ 你有多少张 CD ？	第 8、13 课
	问时间	现在几点？	第 11 课
	问怎么坐车	去你那里怎么坐车？ 坐几路车？/ 在哪一站下车？	复习（二）
2. 赞美		太漂亮了！	第 9 课
3. 请求允许		都给我，可以吗？	第 9 课
4. 讲价		太贵了，便宜一点儿吧。	第 10 课
5. 同意		可以。	第 10 课
6. 相约		晚上我们去看电影，你去吗？	第 11 课
7. 意愿		我不想喝咖啡。/ 我想喝茶。	第 12 课
8. 劝告		不要喝太多酒，对身体不好。	第 12 课
9. 建议		买一点儿梨或者苹果吧。	第 13 课
10. 习惯		北方人习惯吃面食。 你习惯不习惯这里的天气？	第 14 课
11. 打电话		喂，你好！请问是王小松家吗？	复习（二）

第十五课 大卫会打网球

课文 Text

（一）

有能力/无能力
Able/Unable to

Dàwèi huì dǎ wǎngqiú, huì huá bīng,
大卫会打网球，会滑冰，
hái hěn huì zuò fàn. Lín Píng huì dǎ Tàijíquán,
还很会做饭。林平会打太极拳，
huì xiū diànnǎo. Jīn Hào huì kāi chē, hái huì
会修电脑。金浩会开车，还会
chàng gē. Shāntián huì shénme? Tā huì
唱歌。山田会什么？他会
lǐ fà, yě xǐhuan lǐ fà, péngyoumen
理发，也喜欢理发，朋友们
chángcháng lái zhǎo tā lǐ fà. Lái Zhōngguó
常常来找他理发。来中国
yǐhòu, tā de Hànyǔ jìnbù bú dà kěshì
以后，他的汉语进步不大，可是
lǐ fà shuǐpíng tígāole hěn duō.
理发水平提高了很多。

（二）

选择
Asking about choices

Xiǎoyún: Jīntiān xuéxí yǔfǎ háishi zuò liànxí?
小云： 今天学习语法还是做练习？

Mínghé: Wǒ gāng duànliànle shēntǐ, hěn lèi, kànkan diànshì ba.
明河： 我刚锻炼了身体，很累，看看电视吧。

Xiǎoyún: Hǎo, nǐ xiǎng kàn shénme?
小云： 好，你想看什么？

Mínghé: Yǒu méiyǒu àiqíng gùshi?
明河： 有没有爱情故事？

Xiǎoyún: Yǒu a, zhè ge jiù shì. Nǐ kàn, liǎng ge nán háizi, xǐhuan yí ge nǚ háizi.
小云： 有啊，这个就是。你看，两个男孩子，喜欢一个女孩子。

Mínghé: Hǎo, jiù kàn zhè ge.
明河： 好，就看这个。

Xiǎoyún: Nǐ juéde zhè ge shuài háishi nà ge shuài?
小云： 你觉得这个帅还是那个帅？

Mínghé: Liǎng ge dōu hěn shuài.
明河： 两个都很帅。

Xiǎoyún: Nǐ cāicai, tā ài zhè ge háishi ài nà ge?
小云： 你猜猜，她爱这个还是爱那个？

Mínghé: Bù zhīdào... Míngtiān jìxù kàn!
明河： 不知道……明天继续看！

词语 New Words and Phrases

1. 会	（动/能愿动词）	huì	know how to; can
2. 做饭		zuò fàn	to cook
3. 修	（动）	xiū	to fix, to repair
4. 唱	（动）	chàng	to sing
5. 歌	（名）	gē	song
6. 理发		lǐ fà	to get / give a haircut
7. 进步	（名/动）	jìnbù	progress; to progress
8. 水平	（名）	shuǐpíng	standard, level
9. 提高	（动）	tígāo	to improve
10. 语法	（名）	yǔfǎ	grammar
11. 还是	（连）	háishi	or
12. 爱情	（名）	àiqíng	love (between man and woman)
13. 故事	（名）	gùshi	story
14. 孩子	（名）	háizi	child, kid
男孩子		nán háizi	boy
女孩子		nǚ háizi	girl

15. 就	（副）	jiù	just
16. 帅	（形）	shuài	handsome
17. 猜	（动）	cāi	to guess

补充词语 Additional Vocabulary

| 1. 滑冰 | huá bīng | to skate |
| 2. 太极拳 | Tàijíquán | Taijiquan, Chinese shadow boxing |

语法和句式 Grammar and Sentence Patterns

1. "会"

"S＋会＋V＋O"表示某人通过学习掌握了某种技能,此时"会"前可以加"很"。(会, when using as a volitive auxiliary, indicates the ability of certain technique after learning. We can say 很会 in this case.)

(1) 大卫会做饭。 (2) 大卫不会做饭。 (3) 山田很会理发。

2. "X 还是 Y"

在这种句子里,"还是"用来连接两个可能的答案,供回答问题的人进行选择。(In this kind of question, 还是 is used to link two possible answers.)

(1) 你看足球比赛还是看电视剧？ (2) 这个帅还是那个帅？
(3) 你是中国人还是日本人？

句型替换 Pattern Drills

(1) 我（不）会 说 汉语。 (2) 你 复习课文 还是 做练习 ？
　　林平　　　　修　电脑　　　　找工作　　　　继续学习
　　大卫　　　　滑　冰　　　　　坐地铁　　　　坐车
　　金浩　　　　唱　中国歌　　　看电视　　　　看电影
　　小云　　　　喝　酒　　　　　买上衣　　　　买裤子

（3） 你　是　中国人　还是　韩国人？
　　　他　　　中学生　　　大学生
　　　今天　　星期四　　　星期五
　　　那　　　中文系　　　经济系
　　　这　　　水　　　　　酒

任务与活动 Tasks / Activities

全班活动：谁是最有才能的人？　　Class Activity: Who's the Most Talented People?
(本活动相关补充内容详见配套教师手册)

班上谁会做以下这些事情？请把他们的名字记录下来。(Find someone who can do the following things. Write down their names.)

做饭　唱中国歌　开车　游泳　做中国菜　打篮球　滑冰　说英语

第十六课 这个手机是谁的？

课文 Text

（一）

Nǎinai: Zhè ge shǒujī shì shéi de?
奶奶：这个手机是谁的？

Lǐ Yáng: Wǒ de.
李阳：我的。

Nǎinai: Nà ge bái de shì shéi de?
奶奶：那个白的是谁的？

Lǐ Yáng: Yě shì wǒ de.
李阳：也是我的。

Nǎinai: Yángyang, nǐ yǒu yí ge shǒujī, wèi shénme hái mǎi?
奶奶：阳阳，你有一个手机，为什么还买？

Lǐ Yáng: Nǎinai, nín wèi shénme yǒu zhème duō wèntí? Niánqīngrén dōu xǐhuan yòng xīn shǒujī. Nín kàn, duō piàoliang a! Hái kěyǐ shàng wǎng.
李阳：奶奶，您为什么有这么多问题？年轻人都喜欢用新手机。您看，多漂亮啊！还可以上网。

Nǎinai: Zhēn làngfèi!
奶奶：真浪费！

Lǐ Yáng: Bú làngfèi, zhè ge jiù de gěi nín.
李阳：不浪费，这个旧的给您。

Nǎinai: Zhè shì jiù de ma? Wǒ bú yào, wǒ bú huì yòng.
奶奶：这是旧的吗？我不要，我不会用。

Lǐ Yáng: Hěn róngyì, wǒ jiāo nín.
李阳：很容易，我教您。

问东西的归属
Asking about ownership

感叹
Exclamation

(二)

这是李阳的家。大房间是爸爸妈妈的，不大不小的房间是奶奶的，旁边的这个小房间是李阳的，还有一间是书房。李阳家有很多书，有的是爸爸的，有的是李阳的。他家有三台电脑。小的是李阳的，那两台大的是爸爸妈妈的。李阳家还有一条狗，叫小黄。小黄是李阳的，也是奶奶的。

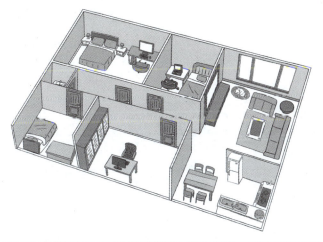

词语 New Words and Phrases

1.	手机	（名）	shǒujī	mobile
2.	这么	（代）	zhème	so
3.	问题	（名）	wèntí	question; problem
4.	年轻	（形）	niánqīng	young
5.	用	（动）	yòng	to use
6.	多	（副）	duō	how
7.	上网		shàng wǎng	to surf the internet
8.	真	（副）	zhēn	very

9. 浪费	(动)	làngfèi	to waste
10. 旧	(形)	jiù	old, used
11. 容易	(形)	róngyì	easy
难	(形)	nán	hard, difficult
12. 教	(动)	jiāo	to teach
13. 房间	(名)	fángjiān	room
14. 旁边	(名)	pángbiān	beside
15. 有的	(代)	yǒude	some
16. 台	(量)	tái	measure word for electrical appliances (television, computer, washing machine, etc.)

补充词语 Additional Vocabulary

书房	(名)	shūfáng	study

注释 Notes

"那个白的是谁的？" / "这个旧的给您。"

"Adj+的"相当于名词，可以作宾语或主语。(Adj+ 的 is used as noun, which can be the subject or object of the sentence.)

(1) 我想喝热的。　　(2) 我不要旧的。
(3) 白的(衣服)漂亮。　(4) 便宜的(东西)在那儿。

语法和句式 Grammar and Sentence Patterns

S ＋ 是 ＋ Sb. ＋ 的
这条狗　是　李阳　的。
这个手机　是　谁　的？

句型替换 Pattern Drills

（1）我想 <u>喝</u> <u>热</u> 的。　　（2）（手机） <u>白</u> 的比较好。
　　　　　用　新　　　　　　　　　　　　绿
　　　　　吃　大　　　　　　　　　　　　贵
　　　　　买　小　　　　　　　　　　　　新

（3）这 <u>个</u> <u>手机</u> 是谁的？　（4） <u>您</u> 为什么 <u>有</u> 这么多 <u>问题</u> ？
　　　　张　照片　　　　　　　　你　　　　买　　　　水果
　　　　台　电脑　　　　　　　　老师　　　问　　　　问题
　　　　杯　咖啡　　　　　　　　林平　　　吃　　　　饭
　　　　本　书

（5） <u>李阳家有很多书</u> ，有的 <u>是爸爸的</u> ，有的 <u>是李阳的</u> 。
　　　他有很多朋友　　　　　是中国人　　　　是外国人
　　　星期六同学们都很忙　　去图书馆学习　　去工作
　　　现在每个商店都打折　　打九折　　　　　打八折

任务与活动 Tasks / Activities

双人活动　Pair Work

　　找一件你和同伴都有的东西（如书、钱包、手机……），说一说它们有什么不同。
(Find something that both of you have, for example book, wallet, mobile phone, etc. and tell the differences.)

> 这两支笔，红的是我的，白的是他的。
> 他的书是新的，我的书是旧的。
> 贵的手机是他的，便宜的手机是我的。

第十七课 你们是好朋友吗?

课文 Text

(一)

(学校很大,山田的宿舍离教室很远,如果没有自行车,不太方便。山田有一辆自行车,可是最近他的自行车丢了)

山田:Shāntián: Wǒ xiǎng zài mǎi yí liàng zìxíngchē.
我 想 再买一辆 自行车。

刘星:Liú Xīng: Nǐ xiǎng mǎi xīn chē ma?
你想 买新车 吗?

山田:Shāntián: Xīn de jiù de dōu kěyǐ.
新的旧的都可以。

刘星:Liú Xīng: Wǒ de péngyou yǒu yí liàng bǐjiào xīn de
我的 朋友 有一辆 比较新的
chē. Tā Liùyuè bì yè, nǐ kěyǐ mǎi tā de.
车。他六月毕业,你可以买他的。

山田:Shāntián: Tài hǎo le! Nǐmen shì hǎo péngyou ma?
太好了!你们是 好 朋友 吗?

刘星:Liú Xīng: Shì hěn hǎo de péngyou.
是 很 好的 朋友。

山田:Shāntián: Nà yídìng kěyǐ piányi diǎnr, shì ma?
那一定可以便宜点儿,是吗?

推测
Conjecture

(二)

Yǐqián, Jīn Hào zhù de dìfang lí xuéxiào hěn yuǎn. Zuìjìn, tā zài xuéxiào fùjìn
以前,金浩住的地方离学校 很 远。最近,他在学校 附近
zūle yí ge bǐjiào xiǎo de fángzi, xià xīngqī bān jiā. Jīntiān Dàwèi hé tā yìqǐ
租了 一个比较 小 的 房子, 下 星期 搬 家。今天 大卫 和他 一起
qù mǎi jiājù. Bàba gěi tā bāqiān kuài, hái gàosu tā:"Búyào làngfèi!"
去买 家具。爸爸 给 他 八千 块, 还 告诉 他:"不要 浪费!"

第十七课 你们是好朋友吗？

Suǒyǐ Jīn Hào juédìng mǎi piányi de. Tā mǎile yì zhāng xiǎo zhuōzi, yì zhāng xiǎo chuáng, yí ge yīguì, yígòng sānqiān wǔbǎi kuài qián. Xiànzài tā hái yǒu hěn duō qián.
所以金浩决定买便宜的。他买了一张小桌子，一张小床，一个衣柜，一共三千五百块钱。现在他还有很多钱。

词语 New Words and Phrases

1.	学校	（名）	xuéxiào	school
2.	离	（介）	lí	away from
3.	自行车	（名）	zìxíngchē	bicycle
4.	方便	（形）	fāngbiàn	convenient
5.	辆	（量）	liàng	measure word for vehicles
6.	最近	（名）	zuìjìn	recently
7.	再	（副）	zài	again, once more
8.	毕业		bì yè	to graduate
9.	附近	（名）	fùjìn	nearby
10.	租	（动）	zū	to rent
11.	房子	（名）	fángzi	house; apartment
12.	下	（名）	xià	below, down; next
	上	（名）	shàng	up, above; last
13.	搬(家)	（动）	bān(jiā)	to move
14.	家具	（名）	jiājù	furniture
15.	千	（数）	qiān	thousand
16.	床	（名）	chuáng	bed

补充词语 Additional Vocabulary

1.	丢	（动）	diū	to lose
2.	衣柜	（名）	yīguì	wardrobe

第三单元

注释 Notes

1. 形容词定语和"的" Adjectival Attributive and 的

(1) 单音节形容词作定语时,其后一般不用"的";如果前边有"很""比较""不"等副词,就要用"的"。(When a single-syllable adjective is used as an attributive, 的 is usually not necessary. But when there are adverbs like 很,比较,不 before it, 的 is necessary.)

好学生　　　　　　不好的学生
大房间　　　　　　很大的房间
小床　　　　　　　很小的床

(2) 双音节的形容词作定语时,其后一般要用"的"。(When a double-syllable adjective is used as an attributive, it usually takes 的 after it.)

便宜的苹果　　　　努力的学生

2. 百以上的称数法 Numbers above a Hundred

4　3　9　8　5
万　千　百　十　个

43985：四万三千九百八十五

语法和句式 Grammar and Sentence Patterns

A　+　离　+　B　+　(很/不/不太)远/近

我家　离　教室　　　　很近。
宿舍　离　食堂　　　　不远。
学校　离　银行　　　　不太远。

句型替换 Pattern Drills

（1）<u>我</u> 有一<u>辆</u> <u>比较新</u>的<u>自行车</u>。　　（2）<u>她家</u> 离 <u>学校</u> <u>很远</u>。

　　小静　　本　不太新　　书　　　　　　飞机场　　学校　　非常远
　　他　　　个　很高　　　书架　　　　　教室　　　宿舍　　不远
　　林平　　个　很便宜　　手机　　　　　我家　　　火车站　不太远
　　小云　　条　很漂亮　　裙子　　　　　银行　　　食堂　　很近

> 飞机场　fēijīchǎng, airport
> 火车站　huǒchēzhàn, railway station

任务与活动 Tasks / Activities

1. 双人活动　Pair Work

　　看地图，用"离"说句子。(Use 离 to describe a map.)

2. 双人活动　Pair Work

　　找一些热门的商品，在不同的购物网站中分别搜寻其价格信息，然后填写下表。(Find some popular stuffs, for example Iphone, books, laptops, etc., and check their prices in different shopping websites. Share your informations with your partner.)

	_____	_____	_____
www.ebay.com			
www.amazon.com			
_____			
_____			

第十八课 坐火车去北京

课文 Text

（一）

（早上，大卫和林平一起锻炼身体）

Dàwèi: Xiàwǔ lái dǎ lánqiú ma?
大卫：下午来打篮球吗？

Lín Píng: Kěnéng méi shíjiān, míngtiān wǒ qù Běijīng kàn nǚ péngyou, xiàwǔ yào qù mǎi yìdiǎnr dōngxi.
林平：可能没时间，明天我去北京看女朋友，下午要去买一点儿东西。

Dàwèi: Qù Běijīng ma? Zěnme qù?
大卫：去北京吗？怎么去？

Lín Píng: Zuò huǒchē qù.
林平：坐火车去。

Dàwèi: Wèi shénme bú zuò fēijī qù?
大卫：为什么不坐飞机去？

Lín Píng: Yīnwèi fēijīpiào tài guì le.
林平：因为飞机票太贵了。

Dàwèi: Fēijīpiào guì, yīnwèi fēijī kuài. Huǒchē duō màn a!
大卫：飞机票贵，因为飞机快。火车多慢啊！

Lín Píng: Huǒchē màn, kěshì yílùshang kěyǐ kàn fēngjǐng.
林平：火车慢，可是一路上可以看风景。

说明原因
Explaining

（二）

Lín Píng xǐhuan zuò huǒchē lǚxíng. Huǒchē shang chángcháng yǒu hěn duō yǒu yìsi de rén, tā kěyǐ hé tāmen liáo tiān, kěyǐ kàn fēngjǐng. Suǒyǐ tā zhè cì zuò huǒchē
林平喜欢坐火车旅行。火车上常常有很多有意思的人，他可以和他们聊天，可以看风景。所以他这次坐火车

qù Běijīng, bú zuò fēijī qù.
去 北京，不 坐 飞机 去。
　　Zhè shì tā dì yī cì qù Běijīng. Yílùshang fēngjǐng hěn piàoliang. Tā yǒushí kàn
　　这 是 他 第 一 次 去 北京。一路上 风景 很 漂亮。他 有时 看
shù, kàn shān, yǒushí hé biérén liáo tiān, juéde hěn yúkuài. Tā gěi Xiǎohuá dǎ diànhuà,
树、看 山，有时 和 别人 聊天，觉得 很 愉快。他 给 小华 打 电话，
Xiǎohuá shuō, míngtiān zǎoshang, tā qù huǒchēzhàn jiē tā.
小华 说，明天 早上，她 去 火车站 接 他。

词语 New Words and Phrases

1.	篮球	（名）	lánqiú	basketball
2.	火车	（名）	huǒchē	train
3.	飞机	（名）	fēijī	plane
4.	因为	（连）	yīnwèi	because
5.	票	（名）	piào	ticket
6.	快	（形）	kuài	fast
7.	慢	（形）	màn	slow
8.	一路上		yílùshang	all the way, on the road
9.	风景	（名）	fēngjǐng	scenery
10.	聊天		liáo tiān	to chat
11.	次	（量）	cì	*time(s), measure word for frequency or experience*
12.	有时	（副）	yǒushí	sometimes
13.	树	（名）	shù	tree
14.	别人	（代）	biérén	other people
15.	愉快	（形）	yúkuài	happy, joyful

语法和句式 Grammar and Sentence Patterns

连动句 Series-verb Sentence

1. 表示目的：(Series-verb sentence indicating purpose:)

   S ＋ 来/去 ＋ 地方 ＋ V (O)

   他　来/去　　　　　打球。

   林平　去　　北京　看女朋友。

2. 表示方式与工具：(Series-verb sentence indicating method or tool:)

   S ＋ V₁ ＋ O₁ ＋ V₂(O₂)

   他　坐　火车　去北京。

   他们　用　汉语　聊天。

句型替换 Pattern Drills

（1）林平 <u>去北京</u> <u>看他女朋友</u>。
　　　　来公司　　工作
　　　　去商店　　买本子
　　　　去火车站　接朋友

（2）<u>他们</u> <u>用</u> <u>汉语</u> <u>聊天</u>。
　　　奶奶　　手机　打电话
　　　她　　　MP3　听录音
　　　我　　　筷子　吃饭

（3）他坐 <u>火车</u> 去 <u>北京</u>，不坐 <u>飞机</u> 去。
　　　　火车　　　云南　　　　飞机
　　　　地铁　　　公司　　　　出租车
　　　　飞机　　　广州　　　　火车

（4）你 <u>来不来</u> <u>教室</u> <u>上课</u>？
　　　　去不去　　　　　　爬山
　　　　去不去　　他家　　玩儿
　　　　来不来　　中国　　学习汉语

> 筷子　kuàizi, chopsticks
> 出租车　chūzūchē, taxi

任务与活动 Tasks / Activities

双人活动：怎么去香港？　Pair Work: How to Go to Hong Kong?

（本活动相关补充内容详见配套教师手册）

第十九课 他花的钱很多

课文 Text

(一)

Xiǎoyún: Lái kànkan wǒ mǎi de dōngxi.
小云：来看看我买的东西。

Xiǎojìng: Shénme dōngxi?
小静：什么东西？

Xiǎoyún: Chī de dōngxi, yòng de dōngxi.
小云：吃的东西，用的东西。

Xiǎojìng: Zhè tiáo lán máojīn búcuò, yánsè
小静：这条蓝毛巾不错，颜色

hěn hǎokàn. Zhè zhǒng suānnǎi
很好看。这种酸奶

duōshao qián yì bēi?
多少钱一杯？

Xiǎoyún: Wǔ kuài qián yì bēi.
小云：五块钱一杯。

感叹
Exclamation

Xiǎojìng: Zhème guì! Wǒ fāxiàn nǐ hē de suānnǎi hěn guì, nǐ chuān de yīfu yě hěn
小静：这么贵！我发现你喝的酸奶很贵，你穿的衣服也很

guì, kěshì nǐ yòng de dōngxi hěn piányi, nǐ qí de zìxíngchē hěn jiù.
贵，可是你用的东西很便宜，你骑的自行车很旧。

Xiǎoyún: Yīnwèi wǒ juéde chī hé chuān zuì zhòngyào, biéde bú tài zhòngyào.
小云：因为我觉得吃和穿最重要，别的不太重要。

(二)

Zuìjìn, Jīn Hào huā de qián hěn duō. Tā mǎi de jiājù hěn piányi, kěshì tā mǎi
最近，金浩花的钱很多。他买的家具很便宜，可是他买

de yīfu hé xié hěn guì. Tā zhù de dìfang bú dà, kěshì tā mǎi de diànshì hěn dà,
的衣服和鞋很贵。他住的地方不大，可是他买的电视很大，

yīnwèi tā ài kàn diànshì. Mínghé shuō: "Nǐ yīnggāi měi tiān duànliàn,
因为他爱看 电视。明河 说:"你 应该 每天 锻炼,
búyào měi tiān kàn diànshì, duì yǎnjing bù hǎo." Tīngshuō xià xīngqī
不要 每天 看 电视,对 眼睛 不好。"听说 下 星期
yǒu páiqiú bǐsài, Jīn Hào yě xiǎng cānjiā. Tā shuō: "Yǐqián wǒ shì
有排球比赛,金浩也 想 参加。他说:"以前我是
ài kàn diànshì de rén, xiànzài wǒ yào zuò yí ge ài yùndòng de rén."
爱看 电视的人,现在我要做一个爱 运动 的人。"

建议
Suggesting

词语 New Words and Phrases

1. 蓝	（形）	lán	blue
2. 毛巾	（名）	máojīn	towel
3. 颜色	（名）	yánsè	color
黑	（形）	hēi	black
红	（形）	hóng	red
4. 酸奶	（名）	suānnǎi	yoghurt
5. 发现	（动）	fāxiàn	to find, to discover
6. 骑	（动）	qí	to ride
7. 重要	（形）	zhòngyào	important
8. 花	（动）	huā	to spend
9. 鞋	（名）	xié	shoes
10. 应该	（能愿动词）	yīnggāi	should
11. 眼睛	（名）	yǎnjing	eye
12. 排球	（名）	páiqiú	volleyball
13. 比赛	（名/动）	bǐsài	competition; to compete
14. 参加	（动）	cānjiā	to attend, to join in, to take part in
15. 运动	（名）	yùndòng	sport
运动会	（名）	yùndònghuì	sports meet

第十九课 他花的钱很多

语法和句式 Grammar and Sentence Patterns

动词性定语和"的" Verbal Attributive and 的

动词性定语（即修饰名词的动词或动词短语）要放在中心语前边，并且定语和中心语之间必须加"的"。(The verbal attributive, i.e. a verb or verbal phrase modifying a noun, must stand before the qualified word, and 的 must be used in between.)

1. V ＋ 的 ＋ N
   吃　的　东西

   例如：(For example:)
   我要买一点儿吃的东西。

2. S ＋ V ＋ 的 ＋ N
   她　喝　的　酸奶
   他　买　的　东西

   例如：(For example:)
   她喝的酸奶很贵。
   他买的东西很便宜。

3. V ＋ O ＋ 的 ＋ N
   教　听力课　的　老师
   爱　运动　　的　人

   例如：(For example:)
   教听力课的老师姓张。
   他是一个爱运动的人。

句型替换 Pattern Drills

（1）<u>小云</u> <u>买</u> 的 <u>东西</u> 很 <u>多</u>。　　（2）<u>金浩</u> 是爱 <u>看电视</u> 的人。
　　　金浩　买　　家具　便宜　　　　　　　小静　　　看电影
　　　金浩　穿　　鞋　　贵　　　　　　　　大卫　　　运动
　　　小云　买　　毛巾　漂亮　　　　　　　李阳　　　睡觉
　　　她　　用　　书　　旧　　　　　　　　林平　　　上网

（3）<u>参加</u>　<u>比赛</u>的<u>同学</u>多吗？
　　　爱　　运动　　同学
　　　坐　　火车　　人
　　　买　　衣服　　人

任务与活动 Tasks / Activities

双人活动　Pair Work

学生 A 看下面的图片，学生 B 看练习册中的图片。两人分别用语言描述看到的内容，找出两幅图片的不同。(Student A look at the following pictures, Student B look at the pictures in our workbook. Please describe the difference of these two pictures.)

第二十课 我可以问你一个问题吗？

课文 Text

（一）

（小云和小静在一起聊天）

Xiǎoyún: Gàosu nǐ yí ge mìmì, yǐqián wǒ xiǎng dāng diànyǐng míngxīng.
小云：告诉你一个秘密，以前我想当电影明星。

Xiǎojìng: Zhēn de ma? Xiànzài ne?
小静：真的吗？现在呢？

希望 Hoping

Xiǎoyún: Xiànzài xiǎng dāng lǎobǎn. Wǒ xīwàng yǐhòu yǒu hěn duō qián!
小云：现在想当老板。我希望以后有很多钱！

Xiǎojìng: Wǒ kěyǐ wèn nǐ yí ge wèntí ma? Xiànzài
小静：我可以问你一个问题吗？现在
nǐ bàba māma gěi nǐ qián ma?
你爸爸妈妈给你钱吗？

Xiǎoyún: Tāmen gěi wǒ yìxiē, yǒushí wǒ zìjǐ
小云：他们给我一些，有时我自己
zhèng yìxiē. Nǐ ne?
挣一些。你呢？

Xiǎojìng: Bàba māma gěi wǒ qián, yǒushí wǒ gēge
小静：爸爸妈妈给我钱，有时我哥哥
yě gěi wǒ yìdiǎnr qián.
也给我一点儿钱。

Xiǎoyún: Wǒ wèi shénme méiyǒu gēge!
小云：我为什么没有哥哥！

（二）

Xiǎojìng: Gēge, wǒ xiǎng yòngyong nǐ de xiàngjī.
小静：哥哥，我想用用你的相机。

Xiǎosōng: Gěi.
小松：　　给。

Xiǎojìng: Gēge, gěi wǒ yìdiǎnr qián, kě bu kěyǐ?
小静：　　哥哥，给我一点儿钱，可不可以？

Xiǎosōng: Kěyǐ a, búguò nǐ xiān gàosu wǒ, nǐ yào gàn shénme? Qù wánr,
小松：　　可以啊，不过你先告诉我，你要干什么？去玩儿，
duì bu duì?
对不对？

推测 Conjecture

Xiǎojìng: Duì, xiǎng qù wánr liǎng tiān.
小静：　　对，想去玩儿两天。

确认 Confirming

Xiǎosōng: Bú shàng kè ma? Gēn shéi yìqǐ qù? Qù nǎr?
小松：　　不上课吗？跟谁一起去？去哪儿？

Xiǎojìng: Zhème duō wèntí! Nǐ bù xiǎng gěi wǒ qián, shì bu shì?
小静：　　这么多问题！你不想给我钱，是不是？

Xiǎosōng: Dāngrán bú shì. Wèn nǐ shì yīnwèi guānxīn nǐ. Gěi, sānbǎi, gòu bu gòu?
小松：　　当然不是。问你是因为关心你。给，三百，够不够？

Xiǎojìng: Zài gěi yìbǎi ba! （小松又给了小静一百块钱）Gēge nǐ zhēn hǎo! Búyào
小静：　　再给一百吧！（小松又给了小静一百块钱）哥哥你真好！不要
gàosu bàba māma, xíng ma?
告诉爸爸妈妈，行吗？

Xiǎosōng: Xíng, wǒ bú huì gàosu tāmen, búguò nǐ bìxū gàosu wǒ...
小松：　　行，我不会告诉他们，不过你必须告诉我……

词语 New Words and Phrases

1.	秘密	（名）	mìmì	secret
2.	当	（动）	dāng	to be
3.	明星	（名）	míngxīng	(movie) star
4.	真的		zhēn de	really
5.	老板	（名）	lǎobǎn	boss
6.	希望	（动/名）	xīwàng	to hope; hope
7.	挣	（动）	zhèng	to earn
8.	(照)相机	（名）	(zhào)xiàngjī	camera
	照相		zhào xiàng	to take photo

9. 不过	（连）	búguò	but
10. 先	（副）	xiān	first
11. 干	（动）	gàn	to do
12. 跟	（介）	gēn	with, and
13. 当然	（副）	dāngrán	of course, certainly
14. 关心	（动）	guānxīn	to care about
15. 必须	（能愿动词）	bìxū	must

注释 Notes

1. "去玩儿，对不对？" / "你不想给我钱，是不是？"

   用"……，是吗？／对吗？／是不是？／对不对？"提问表示问话人对某事已经有了比较肯定的估计，但是需要得到证实。(Questions asked in this way indicate that the speaker has made a rather affirmative estimation and asks for a confirmation.)

2. "给我一点儿钱，可不可以？" / "不要告诉爸爸妈妈，行吗？"

   "……，行吗？／可以吗？／好吗？／行不行？／可以不可以？／好不好？"表示请求对方允许，征求对方意见或者跟对方商量。否定的回答一般都是"不行"。(Questions asked in this way indicate that the speaker ask for permission or for the viewpoint or opinion of the other side. The usual negative form of the answer is 不行.)

3. "我不会告诉他们。"

   "会"可表示推测将来发生的事情，表示某种可能性。(会 indicats the possibility in the future.)

   (1) 十年以后我会有三个孩子。　　(2) 今天会下雨吗？

语法和句式 Grammar and Sentence Patterns

S +	V	+ O₁（人）	+ O₂（东西）
他	告诉	我	一个秘密。
我	问	你	一个问题。
他们	给	我	钱。
李老师	教	他们	英语。

句型替换 Pattern Drills

（1）我 <u>告诉 他 一个秘密</u>。
　　　给　明河　一条蓝毛巾
　　　问　老师　两个问题
　　　教　留学生　汉语

（2）<u>去玩儿</u>，是吗？/ 对吗？
　　　你去跑步
　　　她喜欢狗
　　　他是金浩

（3）<u>给我一点儿钱</u>，可不可以？/ 行不行？
　　　打六折
　　　你们先去
　　　我骑骑你的自行车

任务与活动 Tasks / Activities

全班活动　Class Activity

在右边的话题中任选其一做一个小调查，然后统计答案，列出被提及次数最多的五项。(Choose one of the questions to ask your classmates, and make a top 5 ranking list.)

礼物排行榜（Top5 Ranking List）
1.
2.
3.
4.
5.

（1）你给女朋友什么礼物？
（2）你给男朋友什么礼物？
（3）你给爸爸什么礼物？
（4）你给妈妈什么礼物？

第二十一课 我在食堂吃饭

课文 Text

(一)

(刘星在校园里遇到山田)

Liú Xīng: Shāntián, nǐ qù nǎr?
刘星：山田，你去哪儿？

Shāntián: Qù pǎo bù, nǐ ne?
山田：去跑步，你呢？

话题转换
Changing topic

Liú Xīng: Wǒ huí jiā. Duì le, gāngcái wǒ péngyou shuō tā jīntiān yǒu shíjiān, wǒmen kěyǐ qù mǎi tā de zìxíngchē.
刘星：我回家。对了，刚才我朋友说他今天有时间，我们可以去买他的自行车。

询问意见
Asking for opinion

Shāntián: Shénme shíhou qù?
山田：什么时候去？

Liú Xīng: Wǎnfàn yǐhòu qù, zěnmeyàng?
刘星：晚饭以后去，怎么样？

Shāntián: Hǎo, nǐ zài nǎr chī wǎnfàn?
山田：好，你在哪儿吃晚饭？

Liú Xīng: Jiù zài xuéxiào shítáng chī, wǒmen liù diǎn bàn zài shítáng ménkǒu jiàn miàn ba.
刘星：就在学校食堂吃，我们六点半在食堂门口见面吧。

Shāntián: Xíng.
山田：行。

(二)

Xiǎoyún: Nǐ píngshí gēn bu gēn bàba māma liáo tiān?
小云：你平时跟不跟爸爸妈妈聊天？

Xiǎojìng: Bù gēn bàba liáo, yǒushí gēn māma liáo yíhuìr. Nǐ ne?
小静：不跟爸爸聊，有时跟妈妈聊一会儿。你呢？

Xiǎoyún: Wǒ cháng gēn bàba māma liáo tiān.
小云：我常跟爸爸妈妈聊天。

Xiǎojìng: Wǒ bàba tèbié máng.
小静：我爸爸特别忙。

Xiǎoyún: Wǒ bàba yě hěn máng, cháng chū chāi. Búguò tā chū chāi de shíhou cháng gěi wǒ mǎi yìxiē xiǎo lǐwù.
小云：我爸爸也很忙，常出差。不过他出差的时候常给我买一些小礼物。

Xiǎojìng: Nǐ guò shēngrì de shíhou, tāmen gěi bu gěi nǐ mǎi lǐwù?
小静：你过生日的时候，他们给不给你买礼物？

Xiǎoyún: Yǒushí tāmen gěi wǒ mǎi lǐwù, yǒushí wǒmen yìqǐ qù cāntīng chī fàn, yǒushí tāmen gěi wǒ xiě xìn.
小云：有时他们给我买礼物，有时我们一起去餐厅吃饭，有时他们给我写信。

Xiǎojìng: Gěi nǐ xiě xìn ma? Zhè zhēn shì tèbié de lǐwù!
小静：给你写信吗？这真是特别的礼物！

感叹 Exclamation

词语 New Words and Phrases

1. 校园	（名）	xiàoyuán	school, campus
2. 里(边)	（名）	lǐ (bian)	inside
3. 跑步		pǎo bù	running
4. 回	（动）	huí	to return, to go or come back
5. 刚才	（名）	gāngcái	just now
6. 时候	（名）	shíhou	time, moment
7. 食堂	（名）	shítáng	dining hall
8. 门口	（名）	ménkǒu	doorway, entrance
9. 见面		jiàn miàn	to meet up, to meet with

10. 平时	（名）	píngshí	at ordinary times
11. 一会儿	（数量）	yíhuìr	a moment, a while
12. 特别	（形/副）	tèbié	special, particular; especially
13. 出差		chū chāi	to be on a business trip
14. 过	（动）	guò	(of time) to pass; to celebrate (festivities)
15. 餐厅	（名）	cāntīng	restaurant, dining-room
16. 信	（名）	xìn	letter

补充词语 Additional Vocabulary

遇到	（动）	yùdào	to run into

注释 Notes

1. "晚饭以后去，怎么样？"

在"句子+怎么样"这样的表达中，"怎么样"的作用是在提出建议后询问对方的意见。(The pattern "sentence +怎么样" is very common in request of other's opinion after a suggestion is presented.)

(1) 去吃日本菜，怎么样？

(2) 坐地铁去，怎么样？

2. "不过他出差的时候……" / "你过生日的时候，……"

"……的时候"是常用的表示时间的词组，"时候"前边的定语可以由动词（词组）、主谓词组等充当。(……的时候 is a common expression of time. The attributives before 时候 can be verbs, verbal phrases or subject-predicate phrases.)

出发的时候　　上课的时候　　吃饭的时候　　我来的时候

语法和句式 Grammar and Sentence Patterns

介词词组 Prepositional Construction

介词"在""给""跟"常跟名词一起构成介词词组,这样的词组常常出现在动词前边,作状语。(A prepositional phrase, forming with prepositions like 在, 给 or 跟 and nouns, is usually used as adverbial before the verb.)

S （Adv）+ 在/给/跟 + N + V + (O)

她		给	妈妈	买	礼物。
他们	(常常)	在	图书馆	学习。
我	(不)	跟	他们	一起去。

正反疑问句形式为：(The affirmative-negative question:)

S + 在不在/给不给/跟不跟 + N + V + (O)

你	跟不跟	爸爸妈妈	聊	天?
你	在不在	家	吃	饭?
你	给不给	他	买	礼物?

句型替换 Pattern Drills

(1) <u>她</u> <u>常常</u> <u>在</u> <u>图书馆</u> <u>学习</u>。
　　大卫　也　　　运动场　跑步
　　小云　想　　　宿舍　　睡觉
　　金浩　一定　　房间　　上网
　　他们　都　　　家　　　吃饭

(2) <u>我</u> <u>给</u> <u>你们</u> <u>写信</u>。
　　奶奶　　我们　做饭
　　妈妈　　他　　买衣服
　　哥哥　　我　　买票
　　我　　　朋友　买礼物

(3) <u>我</u> <u>跟</u> <u>你们</u> <u>一起</u> <u>去</u>。
　　他　　我们　　玩儿
　　小云　明河　　吃晚饭
　　我　　他们　　学汉语

任务与活动 Tasks / Activities

双人活动　Pair Work

用下面的问题互相提问并记录答案。(Ask each other the following questions and write down his or her answers.)

(1) 下课以后,你跟谁一起去吃饭?
(2) 在家里,谁给家里人做饭?
(3) 你常常给谁打电话?

复习（三）

课文 Text

Xīngqīliù Dàwèi guò shēngrì, zhōngwǔ, tā qǐng péngyoumen chī fàn. Dàjiā gěi tā
星期六大卫过生日，中午，他请朋友们吃饭。大家给他
mǎile hěn duō lǐwù, měi ge rén dōu duì tā shuō: "Zhù nǐ shēngrì kuàilè!"
买了很多礼物，每个人都对他说："祝你生日快乐！"

Wǔfàn yǐhòu, tāmen zài xiàoyuán li sàn bù. Xiǎoyún gěi tāmen dāng dǎoyóu,
午饭以后，他们在校园里散步。小云给他们当导游，
gěi tāmen jièshào xuéxiào de lìshǐ. Tāmen de xuéxiào shì yí ge fēngjǐng měilì de
给他们介绍学校的历史。他们的学校是一个风景美丽的
dìfang, yǒu hěn duō hǎokàn de jiù lóu, hái yǒu gè zhǒng yánsè de huā, hěn piàoliang.
地方，有很多好看的旧楼，还有各种颜色的花，很漂亮。
Tāmen yìqǐ liáo tiān, zhào xiàng, kāi wánxiào, jiǎng gùshi, měi ge rén dōu hěn gāoxìng.
他们一起聊天，照相，开玩笑，讲故事，每个人都很高兴。

Dàwèi shuō: "Wǒ xīwàng Xīngqīyī fàng jià!" Shāntián shuō: "Wǒ xīwàng měi tiān
大卫说："我希望星期一放假！"山田说："我希望每天
dōu fàng jià, bú shàng kè!" Xiǎoyún pīpíng tāmen: "Bú shàng kè de xuésheng bú
都放假，不上课！"小云批评他们："不上课的学生不
shì hǎo xuésheng!" Lǐ Yáng shuō: "Wǒ yě bù xiǎng dāng hǎo xuésheng!" Dàjiā dōu
是好学生！"李阳说："我也不想当好学生！"大家都
xiào le.
笑了。

Míngtiān tāmen yào qù cānguān bówùguǎn. Dàwèi xīwàng Zhōngguó péngyou
明天他们要去参观博物馆。大卫希望中国朋友
gēn tāmen yìqǐ qù, gěi tāmen dāng fānyì. Tāmen míngtiān zǎoshang zài xuéxiào
跟他们一起去，给他们当翻译。他们明天早上在学校
ménkǒu jiàn miàn, bā diǎn bàn chūfā.
门口见面，八点半出发。

词语 New Words and Phrases

1. 大家 （代） dàjiā everybody, all
2. 祝 （动） zhù to wish
3. 快乐 （形） kuàilè happy, glad
4. 散步 sàn bù to take a walk
5. 导游 （名） dǎoyóu tour guide
6. 历史 （名） lìshǐ history
7. 美丽 （形） měilì beautiful
8. 各 （代） gè each, every
9. 开玩笑 kāi wánxiào to crack a joke, to make a joke about
10. 讲 （动） jiǎng to tell; to speak; to explain, to make clear
11. 放假 fàng jià to have a holiday or vacation
12. 笑 （动） xiào to smile, to laugh
13. 参观 （动） cānguān to visit (a place)
14. 翻译 （名/动） fānyì translator; to translate
15. 出发 （动） chūfā to leave

补充词语 Additional Vocabulary

批评 （动） pīpíng to criticize

语法索引 Summary of Grammar

	语法	例句	课号
1. 定语	数量词组作定语	一辆自行车	第17课 第19课
	名词作定语（表示性质）	我买汉语书。	
	名词或人称代词作定语（表示所属关系）	金浩的爸爸	
	形容词作定语	我们是很好的朋友。	
	动词词组或主谓词组作定语	我去买吃的东西。 金浩花的钱很多。	
2. 状语	"也、都、还、常（常）、一共、很、比较"等副词作状语	我还要一个面包。	
	"要""想""可以""会"等能愿动词作状语	我想喝牛奶。/ 大卫会做饭。	第12、15课
	时间词作状语	他们晚饭以后去买自行车。	第11课
	介词短语作状语	他们给不给你买礼物？	第21课
3. 选择疑问句：X 还是 Y		这个帅还是那个帅？	第15课
4. S + 是 + Sb. + 的		这个手机是谁的？	第16课
5. 连动句		你来不来上课？ 他们用汉语聊天。	第18课
6. 双宾语句：S + V + O$_1$ + O$_2$		他告诉我一个秘密。	第20课

功能总结 Summary of Functions

功能	例句	课号
1. 有能力 / 无能力	大卫会打网球。	第15课
2. 选择	今天学习语法还是做练习？	第15课
3. 问物品的归属	这个手机是谁的？	第16课

(续表)

功能	例句	课号
4. 感叹	多漂亮啊！／这么贵！ 这真是特别的礼物！	第16、19、21课
5. 推测	那一定可以便宜点儿，是吗？ 去玩儿，对不对？	第17、20课
6. 说明原因	飞机票贵，因为飞机快。	第18课
7. 建议	你应该每天锻炼。	第19课
8. 希望	我希望以后有很多钱！	第20课
9. 确认	你不想给我钱，是不是？	第20课
10. 话题转换	对了，……	第21课
11. 询问意见	晚饭以后去，怎么样？	第21课

第二十二课 我不能翻译

课文 Text

（一）

（在教室里）

山田：丽达，你好！我朋友用英语给我发短信，我英语不好，你可以帮我翻译一下儿吗？

丽达：我看看……不好意思，我不能翻译，我的汉语不好。

请求 Requesting

山田：大卫，今天中午你能陪我去买鞋吗？

大卫：我不能陪你，中午我有别的安排。你问问别人吧。

拒绝 Refusing

山田：明河，我的包可以放在这儿吗？

明河：不行，这是金浩的座位。

山田：小林，我可以坐在你旁边吗？

小林：老师说一个国家的学生不能坐在一起。

山田：今天运气真不好！

抱怨 Complaining

今天运气真不好！

Shāntián: Lìdá, nǐ hǎo! Wǒ péngyou yòng Yīngyǔ gěi wǒ fā duǎnxìn, wǒ Yīngyǔ bù hǎo, nǐ kěyǐ bāng wǒ fānyì yíxiàr ma?

Lìdá: Wǒ kànkan... Bù hǎoyìsi, wǒ bù néng fānyì, wǒ de Hànyǔ bù hǎo.

Shāntián: Dàwèi, jīntiān zhōngwǔ nǐ néng péi wǒ qù mǎi xié ma?

Dàwèi: Wǒ bù néng péi nǐ, zhōngwǔ wǒ yǒu biéde ānpái. Nǐ wènwen biérén ba.

Shāntián: Mínghé, wǒ de bāo kěyǐ fàng zài zhèr ma?

Mínghé: Bù xíng, zhè shì Jīn Hào de zuòwèi.
Shāntián: Xiǎolín, wǒ kěyǐ zuò zài nǐ pángbiān ma?
Xiǎolín: Lǎoshī shuō yí ge guójiā de xuésheng bù néng zuò zài yìqǐ.
Shāntián: Jīntiān yùnqi zhēn bù hǎo!

(二)

(金浩的话) 我可以很晚睡觉，不过不能很早起床。我可以说汉语，可是不能说很多。我可以告诉爸爸很多事情，可是不能告诉他我的成绩。

(妈妈的话) 你可以去餐厅，可是不能去非常贵的餐厅。你可以喝酒，可是不能每天喝。你可以交朋友，可是不能交不好的朋友。

允许 Permit

Wǒ kěyǐ hěn wǎn shuì jiào, búguò bù néng hěn zǎo qǐ chuáng. Wǒ kěyǐ shuō Hànyǔ, kěshì bù néng shuō hěn duō. Wǒ kěyǐ gàosu bàba hěn duō shìqing, kěshì bù néng gàosu tā wǒ de chéngjì.

Nǐ kěyǐ qù cāntīng, kěshì bù néng qù fēicháng guì de cāntīng. Nǐ kěyǐ hē jiǔ, kěshì bù néng měi tiān hē. Nǐ kěyǐ jiāo péngyou, kěshì bù néng jiāo bù hǎo de péngyou.

词语 New Words and Phrases

1.	发	（动）	fā	to send
2.	短信	（名）	duǎnxìn	short message
3.	帮	（动）	bāng	to help
4.	能	（能愿动词）	néng	can, be able to
5.	陪	（动）	péi	to accompany with
6.	安排	（名/动）	ānpái	arrangement; to arrange
7.	包	（名）	bāo	bag
8.	放	（动）	fàng	to put

9. 座位	（名）	zuòwèi	seat
10. 国家	（名）	guójiā	country
11. 运气	（名）	yùnqi	fortune, luck
12. 话	（名）	huà	words
13. 晚	（形）	wǎn	late
14. 早	（形）	zǎo	early
15. 事情	（名）	shìqing	affair, matter, business
16. 成绩	（名）	chéngjì	mark, result of exam
17. 交	（动）	jiāo	to make (friends with)

专名 Proper Nouns

| 1. 丽达 | Lìdá | name of a person |
| 2. 小林 | Xiǎolín | name of a person |

注释 Notes

"不好意思，我不能翻译。"

"不好意思"是日常对话中常用的表示歉意的方式，它比"对不起"要委婉。另外，它还有一个意思是"害羞"。(不好意思 is a common expression in everyday conversations to express apology. It's more euphemious than the expression 对不起. The other meaning of this expression is "feel shy, be ashamed of".)

语法和句式 Grammar and Sentence Patterns

1. 能愿动词"可以"和"能" Optative Verb 可以 and 能

（1）"可以+V"和"能+V"都表示有能力或有条件做某事。(Both optative verb 能 and 可以 mean having the ability or conditions to do something.)

我可以说汉语。 我能说汉语。

它们的否定形式是"不能 +V"。(The negative form is 不能 +V.)

　　A：你可以翻译吗？
　　B：我可以 / 能翻译。或者：(Or:) 我不能翻译。

　　A：你能翻译吗？
　　B：我可以 / 能翻译。或者：(Or:) 我不能翻译。

(2) "可以"和"能"都有"请求允许"的意思。这时候，进行肯定的回答时都要用"可以"，进行否定回答时用"不能 +V"或者"不行"。(Both 可以 and 能 are also used to indicate a request for permission. In this case, 可以 is used for an affirmative answer while 不能 is used for a negative answer.)

　　A：我可以试试吗？　　　　　　　A：我能试试吗？
　　B：你可以试。/ 你不能试。/ 不行。　B：你可以试。/ 你不能试。/ 不行。

2. 能愿动词"会"和"能" Optative Verb 会 and 能

表示具备某种能力时，"会"和"能"可以互换。(When indicating certain ability, they are interchangeable.)

　　(1) 他会唱中国歌。　　　　　　　(2) 他能唱中国歌。

此外"能"还表示允许，可能。"会"没有这种用法。(能 can also indicate permission or possibility. 会 is not used in this case.)

　　(1) 我能看看这本书吗？　　　　　(2) 我能去二班学习吗？

3. S + V + 在 + 地点

这一句式表示动词前边的人或事物，通过某种动作到达某处所。(This pattern indicates the location of the person or thing after the action of the verb is taken.)

　　(1) 这两本书放在书包里吧。　　　(2) 你坐在这儿吧。

句型替换 Pattern Drills

(1) 我可以 / 不能 ___说汉语___ 。　　(2) 你可以 / 不能 ___喝酒___ 。
　　　　告诉你这个秘密　　　　　　　　　　参加比赛
　　　　教你写汉字　　　　　　　　　　　　坐在这儿
　　　　翻译这个短信　　　　　　　　　　　去别的国家旅行
　　　　陪你去买东西　　　　　　　　　　　用我的照相机

（3）我可以 / 能 __喝__　　__这瓶水__ 吗？
　　　　　　　　　去　　　别的班
　　　　　　　　　试试　　这双鞋
　　　　　　　　　用用　　你的词典
　　　　　　　　　尝尝　　你做的饭

（4）__你的包__　　__放__ 在 __这儿吧__ 。
　　　电话号码　　写　　这儿
　　　钱　　　　　放　　钱包里吧
　　　小宝　　　　坐　　桌子上

任务与活动 Tasks / Activities

全班活动　Class Activity

按照下面的模式做句子接龙的游戏。(Refer to the following chart, and say sentences one by one.)

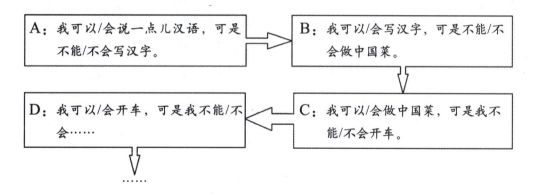

137　第四单元

第二十三课 图书馆前边有一片草地

课文 Text

（一）

（在教室里）

大卫：金浩，好久不见！
金浩：好久不见！我可以坐在你旁边吗？
大卫：当然可以，坐吧。
金浩：明河左边是谁？
大卫：她是咱们班的新同学，叫丽达。
金浩：她的声音真好听！你前边是谁？
大卫：是小林啊！
金浩：小林右边呢？
大卫：是山田啊！你不认识他们吗？金浩，你要每天来上课啊！
金浩：我以后每天都来上课。
大卫：你的书呢？
金浩：在书包里……哎呀，不对，在家里！

打招呼 Greeting

要求 Requesting

Dàwèi: Jīn Hào, hǎojiǔ bú jiàn!
Jīn Hào: Hǎojiǔ bú jiàn! Wǒ kěyǐ zuò zài nǐ pángbiān ma?
Dàwèi: Dāngrán kěyǐ, zuò ba.
Jīn Hào: Mínghé zuǒbian shì shéi?
Dàwèi: Tā shì zánmen bān de xīn tóngxué, jiào Lìdá.
Jīn Hào: Tā de shēngyīn zhēn hǎotīng! Nǐ qiánbian shì shéi?
Dàwèi: Shì Xiǎolín a!
Jīn Hào: Xiǎolín yòubian ne?

Dàwèi: Shì Shāntián a! Nǐ bú rènshi tāmen ma? Jīn Hào, nǐ yào měi tiān lái shàng kè a!
Jīn Hào: Wǒ yǐhòu měi tiān dōu lái shàng kè.
Dàwèi: Nǐ de shū ne?
Jīn Hào: Zài shūbāo li ... Āiyā, bú duì, zài jiā li!

（二）

这是学校的图书馆，图书馆前边有一片草地，草地上有很多人，有的聊天，有的休息，有的散步。草地旁边有很多大树，两个老人在树下打太极拳。图书馆后边有一片树林，树林里有很多美丽的花，有很多小楼。白老师就住这儿，她说这是校园里最好的地方。

Zhè shì xuéxiào de túshūguǎn, túshūguǎn qiánbian yǒu yí piàn cǎo dì, cǎodì shang yǒu hěn duō rén, yǒude liáo tiān, yǒude xiūxi, yǒude sàn bù. Cǎodì pángbiān yǒu hěn duō dà shù, liǎng ge lǎo rén zài shù xià dǎ tàijíquán. Túshūguǎn hòubian yǒu yí piàn shùlín, shùlín li yǒu hěn duō měilì de huā, yǒu hěn duō xiǎo lóu. Bái lǎoshī jiù zhù zhèr, tā shuō zhè shì xiàoyuán li zuì hǎo de dìfang.

词语 New Words and Phrases

1. 好久	（形）	hǎojiǔ	long time
2. 见	（动）	jiàn	to see
3. 左(边)	（名）	zuǒ(bian)	left
右(边)	（名）	yòu(bian)	right
上(边)	（名）	shàng(bian)	above, on top of

下(边)	(名)	xià(bian)	below, under
前(边)	(名)	qián(bian)	the front, ahead
外(边)	(名)	wài(bian)	outside
4. 咱们	(代)	zánmen	we
5. 声音	(名)	shēngyīn	voice, sound
6. 书包	(名)	shūbāo	schoolbag; bag
7. 哎呀	(叹)	āiyā	Oh!
8. 片	(量)	piàn	measure word for flat, small and thin objects (pill, leaf, etc.); measure word for large areas of scenery (buildings, woods, grass fields, etc.)
9. 草地	(名)	cǎodì	grass, lawn
10. 休息	(动)	xiūxi	to have a rest
11. 老	(形)	lǎo	old
12. 树林	(名)	shùlín	forest

语法和句式 Grammar and Sentence Patterns

存现句 Sentence Expressing Existence

"有 / 是" 可以表示在某处存在某人或某物。(Sentences with 有 or 是 is used to indicate something exists in some place.)

S (phrase indicating location)	V "有" / "是"	O (phrase indicating persons or things that exist)
图书馆前边	有	一片草地。
图书馆后边	是	英语系。
明河左边	是	谁？

注意：(Attention:)
  银行旁边有 / 是一个超市。（√）
  银行旁边是百佳超市。（√）
  银行旁边有百佳超市。（×）

句型替换 Pattern Drills

（1）　图书馆旁边　有　很多大树　。
   楼前边　　　　很多人
   教室里　　　　一些学生
   桌子上　　　　一本书
   草地上　　　　一条狗

（2）　图书馆旁边　是　中文系　。
   超市旁边　　　中国银行
   中文系后边　　历史系
   宿舍前边　　　食堂
   麦当劳旁边　　地铁站

（3）　两个老人　在　大树　下边　打太极拳　。
   学生们　　　宿舍　前边　打排球
   我们　　　　山　　上　　玩儿
   奶奶　　　　房间　里　　睡觉
   他们　　　　教室　外边　聊天

任务与活动 Tasks / Activities

1. **全班活动：贴鼻子**　Class Activity: Put up A Nose
（本活动补充内容详见配套教师手册）

2. **根据下列短文画一张地图** Draw a Picture According to the Following Text
  我家后边有一个公园，公园里有一个小山，山上有很多树。小山旁边是草地，星期六和星期天的时候，很多孩子在草地上玩儿。我家前边是学校，学校旁边是麦当劳。下课以后，学生们都喜欢去麦当劳吃饭。

3. **双人活动**　Pair Work
  画一张你家附近的地图（最少能看见三条路和两个商店），并用语言进行描述。（你也可以用 Google Earth 把你家的位置找出来）(Draw a map of your neighborhood which shows the location of your home, at least 3 streets and 2 shops. Describe the map to your partner. You can use Google Earth to search the picture instead.)

第二十四课 不用换车

课文 Text

（一）

（放假了，小云和明河要去大卫家玩儿）

小云：去他那儿，要换车吗？

需要 Needing

明河：大卫说坐地铁要换车，坐公共汽车不用换。你打算坐地铁还是坐公共汽车？

推测 Conjecture

小云：平时我习惯坐地铁，可是今天是周末，坐地铁的人肯定特别多。

明河：那咱们坐公共汽车去吧，车站离学校很近，很方便。

小云：好。我们要不要带一些吃的东西？

明河：大卫说不用带，他准备吃的东西。

小云：下车以后怎么走？要不要问问他？

明河：不用问，我有大卫画的地图。

Xiǎoyún: Qù tā nàr, yào huàn chē ma?

Mínghé: Dàwèi shuō zuò dìtiě yào huàn chē, zuò gōnggòng qìchē bú yòng huàn. Nǐ dǎsuàn zuò dìtiě háishi zuò gōnggòng qìchē?

Xiǎoyún: Píngshí wǒ xíguàn zuò dìtiě, kěshì jīntiān shì zhōumò, zuò dìtiě de rén kěndìng tèbié duō.

Mínghé: Nà zánmen zuò gōnggòng qìchē qù ba, chēzhàn lí xuéxiào hěn jìn, hěn fāngbiàn.

Xiǎoyún: Hǎo. Wǒmen yào bu yào dài yìxiē chī de dōngxi?

Mínghé: Dàwèi shuō bú yòng dài, tā zhǔnbèi chī de dōngxi.

Xiǎoyún: Xià chē yǐhòu zěnme zǒu? Yào bu yào wènwen tā?

Mínghé: Bú yòng wèn, wǒ yǒu Dàwèi huà de dìtú.

（二）

山田：去不去看表演？

明河：什么表演？

山田：京剧表演，听说很有名，不过名字我忘了。

明河：啊，我喜欢京剧，我要去买票！

山田：不用买，我有票。

小云：去哪儿看？

山田：学校里边的电影院。

小云：学校里边的电影院……不太好吧？

山田：外边的电影院当然好……

明河：可是没有京剧表演！我看看票，中间的座位，太好了！

山田：中间的座位当然是最好的！

Shāntián: Qù bu qù kàn biǎoyǎn?

Mínghé: Shénme biǎoyǎn?

Shāntián: Jīngjù biǎoyǎn, tīngshuō hěn yǒumíng, búguò míngzi wǒ wàng le.

Mínghé: Ā, wǒ xǐhuan jīngjù, wǒ yào qù mǎi piào!

Shāntián: Bú yòng mǎi, wǒ yǒu piào.

Xiǎoyún: Qù nǎr kàn?

Shāntián: Xuéxiào lǐbian de diànyǐngyuàn.

Xiǎoyún: Xuéxiào lǐbian de diànyǐngyuàn ... Bú tài hǎo ba?

Shāntián: Wàibian de diànyǐngyuàn dāngrán hǎo ...

Mínghé: Kěshì méiyǒu jīngjù biǎoyǎn! Wǒ kànkan piào, zhōngjiān de zuòwèi, tài hǎo le!

Shāntián: Zhōngjiān de zuòwèi dāngrán shì zuì hǎo de!

词语 New Words and Phrases

| 1. 换 | （动） | huàn | to change, to exchange |
| 2. 公共汽车 | | gōnggòng qìchē | bus |

3. 打算	（动/名）	dǎsuàn	to plan; plan
4. 周末	（名）	zhōumò	weekend
5. 肯定	（形/副）	kěndìng	definite; certainly, definitely
6. 带	（动）	dài	to bring, to take
7. 准备	（动）	zhǔnbèi	to prepare
8. 走	（动）	zǒu	to walk, to go somewhere
9. 画	（动）	huà	to draw
10. 表演	（动/名）	biǎoyǎn	to perform; performance
11. 京剧	（名）	jīngjù	Beijing opera
12. 有名	（形）	yǒumíng	famous
13. 忘	（动）	wàng	to forget
14. 电影院	（名）	diànyǐngyuàn	cinema
15. 中间	（名）	zhōngjiān	middle

语法和句式 Grammar and Sentence Patterns

1. "要 + V" 和 "不用 + V" 要 + V and 不用 + V

能愿动词"要"除了"want"的意思外，还有"需要""应该"的意思，其否定形式为"不用"。(Optative verb 要, besides meaning "want", can also mean "need" or "should". The negative form is 不用.)

A：去他那儿，要换车吗？
B：坐地铁要换车，坐公共汽车不用换车。

"要 + V"正反疑问句的形式是"要不要 + V"。(The affirmative and negative question is 要不要 + V.)

要不要问问他？

另外，"要 + V"还有计划做某事的意思。(In addition, the volitive auxiliary 要 can also indicate a plan to do something.)

(1) 明天我不能来上课，我要去北京。
(2) 七点半我要去看电影。

2. 方位词作定语 Position Word as Attributive

方位词作定语的时候，后边一定要用"的"。(When a position word is used as an attributive, it must be followed by 的.)

(1) 中间的座位是最好的。　　　　(2) 我喜欢后边的座位。

句型替换 Pattern Drills

(1) <u>去大卫家</u>要<u>换车</u>吗？　　　(2) <u>中间</u>的<u>座位</u><u>最好</u>。
　　去散步　　　背包　　　　　　　　外边　　电影院　　很不错
　　去找小云　　先打电话　　　　　　旁边　　桌子　　　很干净
　　搬家　　　　找搬家公司　　　　　上边　　教室　　　非常大

(3) <u>下课以后</u>，我要<u>去图书馆</u>。(4) 我<u>喜欢</u><u>后边</u>的<u>座位</u>。
　　下个星期　　　　去北京　　　　　　去　　外边　　餐厅
　　明天　　　　　　回家　　　　　　　住　　里边　　房间
　　下午　　　　　　吃韩国菜　　　　　在　　旁边　　教室
　　12月5号　　　　参加HSK考试　　　　要　　上边　　英文书

任务与活动 Tasks / Activities

1. 你的朋友要来中国旅行，请用"要、不用、不要"给他/她一些建议。(Your friend will visit China soon. Please give him/her some suggestions, using 要，不用，不要.)

　(1)_____

　(2)_____

　(3)_____

2. **全班活动：你最喜欢哪个座位?**

Class Activity：Which Is Your Favourite Seat in the Classroom?

采访你的同学,看他们分别喜欢哪个座位,然后统计大家的答案,找出最受欢迎的座位。(Ask your classmates questions, and use percentages to fill in the chart.)

第二十五课 你怎么了?

课文 Text

（一）

(在明河的房间里)

小云：你怎么了? 不舒服吗?

关心
Showing concern

明河：我病了，头疼，发烧。

小云：是吗? 你去医院了吗?

明河：去了，医生说是感冒，给我开药了。

小云：你吃药了没有?

明河：还没吃呢。

小云：现在吃吧。最近天气不好，你一定要注意身体。

明河：我知道。我今天不想学习，我们看看电视吧。

小云：好。那个爱情故事结束了没有?

明河：已经结束了，我们看别的吧。

Xiǎoyún: Nǐ zěnme le? Bù shūfu ma?
Mínghé: Wǒ bìng le, tóu téng, fā shāo.
Xiǎoyún: Shì ma? Nǐ qù yīyuàn le ma?
Mínghé: Qù le, yīshēng shuō shì gǎnmào, gěi wǒ kāi yào le.
Xiǎoyún: Nǐ chī yào le méiyǒu?
Mínghé: Hái méi chī ne.
Xiǎoyún: Xiànzài chī ba. Zuìjìn tiānqì bù hǎo, nǐ yídìng yào zhùyì shēntǐ.
Mínghé: Wǒ zhīdào. Wǒ jīntiān bù xiǎng xuéxí, wǒmen kànkan diànshì ba.
Xiǎoyún: Hǎo. Nà ge àiqíng gùshi jiéshù le méiyǒu?
Mínghé: Yǐjīng jiéshù le, wǒmen kàn biéde ba.

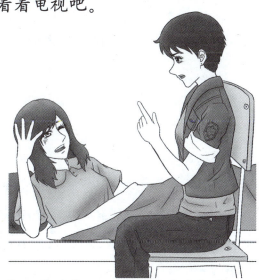

（二）

刘星的爸爸是公司经理。上个月他去北京开会了。走的时候，刘星妈妈告诉他买一只北京烤鸭。他回广州以后，刘星的妈妈问他："在北京做什么了？去没去长城？"他说："去长城了。可是时间不够，没有去故宫，真遗憾。""买烤鸭了没有？""哎呀，没买，忘了。"刘星的妈妈说："我知道你肯定忘了。我最了解你！"

Liú Xīng de bàba shì gōngsī jīnglǐ. Shàng ge yuè tā qù Běijīng kāi huì le. Zǒu de shíhou, Liú Xīng māma gàosu tā mǎi yì zhī Běijīng kǎoyā. Tā huí Guǎngzhōu yǐhòu, Liú Xīng de māma wèn tā: "Zài Běijīng zuò shénme le? Qù méi qù Chángchéng?" Tā shuō: "Qù Chángchéng le. Kěshì shíjiān bú gòu, méiyǒu qù Gùgōng, zhēn yíhàn." "Mǎi kǎoyā le méiyǒu?" "Āiyā, méi mǎi, wàng le." Liú Xīng de māma shuō: "Wǒ zhīdào nǐ kěndìng wàng le. Wǒ zuì liǎojiě nǐ!"

词语 New Words and Phrases

1.	病	（动/名）	bìng	to get ill; illness, disease
2.	头	（名）	tóu	head
3.	疼	（形）	téng	ache, pain
4.	发烧		fā shāo	to have a temperature, fever
5.	医院	（名）	yīyuàn	hospital
6.	医生	（名）	yīshēng	doctor
7.	感冒	（动/名）	gǎnmào	to catch cold; cold
8.	开(药)	（动）	kāi (yào)	to prescribe
9.	药	（名）	yào	drug, medicine
10.	注意	（动）	zhùyì	to pay attention to
11.	已经	（副）	yǐjīng	already
12.	结束	（动）	jiéshù	to finish

13. 经理	（名）	jīnglǐ	manager
14. 开会		kāi huì	to have a meeting
15. 只	（量）	zhī	measure word for one of a pair; measure word for most of the animals, birds, insects and other objects
16. 遗憾	（形）	yíhàn	pity
17. 了解	（动）	liǎojiě	to know, to understand

专名 Proper Nouns

| 1. 长城 | Chángchéng | the Great Wall |
| 2. 故宫 | Gùgōng | the Palace Museum |

补充词语 Additional Vocabulary

| 烤鸭 | （名） | kǎoyā | toast duck |

注释 Notes

"你一定要注意身体。"

"一定要"的主语是"我"时，可以表示说话人的决心，主语是"你"时，表示叮嘱或要求。(When the subject is 我, it indicates resolution; but it indicates exhorting or request when the subject is 你.)

（1）我一定要参加比赛。　　（2）你一定要努力学习。

语法和句式 Grammar and Sentence Patterns

1. 句尾的"了" 了 Used at the End of the Sentence

"了"用在句尾，表示某件事情或某种情况已经发生。(When a 了 is used at the end of the sentence, it indicates that something has happened.)

```
S  +  V  +  (O)  +  了
他    吃   （早饭）   了。
我    起   床        了。
```

否定式：(Negation:)

```
S  +  没(有)  +  V  +  (O)
明河    没有      看     电影。
我      没        买     书。
```

有"了"的句子的正反疑问句为：(The affirmative-negative question form of the sentence with 了:)

```
S + V +(O) + 了没有
你  去（医院）了没有？
你  看  电影  了没有？
```

或者：(Or:)

```
S  +     V没V      +  (O)
你      看没看          （电影）？
大卫    参加没参加(参没参加)？
```

2. "还没（有）……（呢）"

"还没（有）……（呢）"表示动作现在没有发生，但必然会发生或完成。(This pattern indicates that the action has not yet happened but will happen or complete at the end.)

```
S  +  还没(有)  +  V  +  (O)  +  (呢)
电影    还没(有)     开始。
明河    还没(有)     吃    药    呢。
```

第二十五课 你怎么了？

句型替换 Pattern Drills

(1) 昨天<u>你</u> <u>去</u> <u>商店</u>了吗？
　　金浩　喝　　酒
　　你们　买　　礼物
　　大卫　参加　排球比赛

(2) <u>我</u>没（有）<u>吃</u> <u>早饭</u>。
　　爸爸　　　去　故宫
　　他　　　　去　商店
　　妈妈　　　看　电影

(3) <u>电影</u>还没（有）<u>开始</u>呢。
　　林平　　　　毕业
　　比赛　　　　结束
　　火车　　　　开
　　他　　　　　来

(4) 你<u>去</u> <u>医院</u>了没有？
　　看　电影
　　问　经理
　　买　衣服

任务与活动 Tasks / Activities

小组活动　Group Work
（本活动相关补充内容详见配套教师手册）

做一份个人的"大事记"，然后跟大家一起分享一下。(Make a time line of big events in your life. Share it with your classmates.)

时间	重要的事情
XX年X月	我出生了。

第二十六课 金浩跑得很快

课文 Text

(一)

李阳：昨天晚上有法国队和意大利队的足球比赛，你看了吗？

金浩：没看，法国队踢得怎么样？

李阳：他们踢得还可以，不过运气不好，输了；意大利队踢得不太好，可是他们赢了。 评价 Evaluating

金浩：太遗憾了，我喜欢法国队。对了，听说你会说法语？

李阳：会说，不过说得不太流利。

金浩：教我几句怎么样？我很想去法国旅行！

李阳：好啊，咱们一起去！ 赞成 Agreeing

Lǐ Yáng: Zuótiān wǎnshang yǒu Fǎguóduì hé Yìdàlìduì de zúqiú bǐsài, nǐ kànle ma?

Jīn Hào: Méi kàn, Fǎguóduì tī de zěnmeyàng?

Lǐ Yáng: Tāmen tī de hái kěyǐ, búguò yùnqì bù hǎo, shū le; Yìdàlìduì tī de bú tài hǎo, kěshì tāmen yíng le.

Jīn Hào: Tài yíhàn le, wǒ xǐhuan Fǎguóduì. Duì le, tīngshuō nǐ huì shuō Fǎyǔ?

Lǐ Yáng: Huì shuō, búguò shuō de bú tài liúlì.

Jīn Hào: Jiāo wǒ jǐ jù zěnmeyàng? Wǒ hěn xiǎng qù Fǎguó lǚxíng!

Lǐ Yáng: Hǎo a, zánmen yìqǐ qù!

(二)

最近学校要举行很多活动,很多同学想参加。金浩跑得很快,他想参加运动会的100米比赛。山田毛笔字写得非常棒,他打算参加书法比赛。他希望可以得第一名。小云唱歌唱得非常好听,她想参加中文系举行的卡拉OK比赛,唱一首英文歌。比赛以前,她准备得不错,每天练习。可是比赛那天,她感冒了,嗓子疼,不能说话,所以,只能听别人唱……

Zuìjìn xuéxiào yào jǔxíng hěn duō huódòng, hěn duō tóngxué xiǎng cānjiā. Jīn Hào pǎo de hěn kuài, tā xiǎng cānjiā yùndònghuì de yìbǎi mǐ bǐsài. Shāntián máobǐzì xiě de fēicháng bàng, tā dǎsuàn cānjiā shūfǎ bǐsài. Tā xīwàng kěyǐ dé dì yī míng. Xiǎoyún chàng gē chàng de fēicháng hǎotīng, tā xiǎng cānjiā zhōngwénxì jǔxíng de kǎlā OK bǐsài, chàng yì shǒu Yīngwén gē. Bǐsài yǐqián, tā zhǔnbèi de búcuò, měi tiān liànxí. Kěshì bǐsài nà tiān, tā gǎnmào le, sǎngzi téng, bù néng shuō huà, suǒyǐ, zhǐ néng tīng biérén chàng...

词语 New Words and Phrases

1.	队	(名)	duì	team
2.	足球	(名)	zúqiú	football
3.	踢	(动)	tī	to kick
4.	得	(助)	de	structural particle
5.	输	(动)	shū	to lose, to be defeated
6.	赢	(动)	yíng	to win
7.	流利	(形)	liúlì	fluent
8.	句	(量)	jù	a measure word used for words
9.	法语	(名)	Fǎyǔ	French
10.	举行	(动)	jǔxíng	to hold (a competition, etc.)
11.	活动	(名)	huódòng	activity
12.	跑	(动)	pǎo	to run

13. 米	(量)	mǐ	meter	
14. 棒	(形)	bàng	excellent	
15. 书法	(名)	shūfǎ	penmanship, calligraphy	
16. 得	(动)	dé	to gain, to obtain, to win	
17. 名	(量)	míng	measure word (followed by occupations) for persons ("第 N. 名" is used to show ranking)	
18. 首	(量)	shǒu	measure word for songs and poems	

专名 Proper Nouns

1. 法国		Fǎguó	France
2. 意大利		Yìdàlì	Italy

补充词语 Additional Vocabulary

1. 毛笔	(名)	máobǐ	writing brush
2. 卡拉OK		kǎlā OK	Cara OK
3. 嗓子	(名)	sǎngzi	throat

注释 Notes

"他们踢得还可以。"

"还可以"的意思是"不坏,比较好",有时也说"还行"。(还可以 means not bad. Sometimes we may say 还行.)

语法和句式 Grammar and Sentence Patterns

V + 得 + Adj

动词后加"得"及形容词表示对动作的评价。(In a verbal-predicate sentence, 得 plus adjective indicates an evaluation of action.)

S + V + 得 + Adv + Adj
他　　跑　得　　很　　　快。
她　　准备　得　　很　　　好。
他　　跑　得　　不　　　快。

问句的基本形式为：(It's question is in the form of:)
(1) S + V + 得 + 怎么样？
　　法国队　踢　得　怎么样？
(2) S + V + 得 + Adj 不 Adj？
　　大卫　说　得　流利不流利？

如果句子中的动词带有宾语，则使用以下句式：(When the verb takes an object, the structure takes the following forms:)

S + (V) + O + V + 得 + Adv + Adj
他　（打）　篮球　打　得　很　　好。
我　（唱）　歌　　唱　得　很　　不错。

句型替换 Pattern Drills

(1) 大卫　<u>跑</u> 得 <u>很快</u>。
　　　　　唱　　很好
　　　　　说　　不流利
　　　　　准备　不太好

(2) <u>山田</u>　<u>写</u> 得怎么样？
　　　你　　说
　　　她　　准备
　　　他们　表演

(3) 金浩　<u>说</u> 得 <u>流利</u> 不 <u>流利</u>？
　　　　　跑　　快　　　快
　　　　　猜　　对　　　对
　　　　　准备　好　　　好

(4) 明河 <u>说</u> <u>汉语</u> <u>说</u> 得 <u>很流利</u>。
　　　　唱　歌　　唱　　很好听
　　　　做　饭　　做　　很慢
　　　　踢　球　　踢　　不错

任务与活动 Tasks / Activities

双人活动　Pair Work

用"V + 得"的形式互相提问,把同伴的情况填入下表,然后向全班介绍。(介绍时要求使用"S + (V) + O + V + 得 + Adv + Adj"句式) (Ask each other how well he or she does the following activities. Then share the answers with the class.)

说英语　唱歌　游泳　打羽毛球　打排球　打篮球　踢足球

姓名	会 + V	V 得怎么样?

> 你会说英语吗?
> 你唱歌唱得怎么样?

第二十七课 奶奶做了一个广东菜

第四单元

课文 Text

（一）

（小云回宿舍以后，发现宿舍里很干净）

> 感叹
> Exclamation

小云：啊，好干净！小静，你打扫房间了吗？

小静：对啊，我今天干了很多活儿。拖了房间和洗手间的地板，擦了两张桌子，还洗了四件衣服！

小云：辛苦了辛苦了！吃个冰淇淋吧。

> 感谢
> Expressing thanks

小静：很好吃！对了，刚才你去哪儿了？

小云：我去图书馆了。

小静：你写作业了吗？

小云：写了！我写了一篇文章，还看了一个电影！

Xiǎoyún: Ā, hǎo gānjìng! Xiǎojìng, nǐ dǎsǎo fángjiān le ma?

Xiǎojìng: Duì a, wǒ jīntiān gànle hěn duō huór. Tuōle fángjiān hé xǐshǒujiān de dìbǎn, cāle liǎng zhāng zhuōzi, hái xǐle sì jiàn yīfu!

Xiǎoyún: Xīnkǔ le xīnkǔ le! Chī ge bīngqílín ba.

Xiǎojìng: Hěn hǎochī! Duì le, gāngcái nǐ qù nǎr le?

Xiǎoyún: Wǒ qù túshūguǎn le.

Xiǎojìng: Nǐ xiě zuòyè le ma?

Xiǎoyún: Xiě le! Wǒ xiěle yì piān wénzhāng, hái kànle yí ge diànyǐng!

（二）

奶奶不太会做广东菜，可是她想试试。昨天跟别人聊天的时候，她问了很多做菜的问题。今天她买了一只鸡，做了一个广东菜。吃饭的时候，她问李阳："尝尝我做的广东菜，味道怎么样？"李阳尝了一口，说：

"没有味道。您放盐了吗?"奶奶说:"哎呀,我没放盐!只放了一点儿糖!"

Nǎinai bú tài huì zuò Guǎngdōngcài, kěshì tā xiǎng shìshi. Zuótiān gēn biérén liáo tiān de shíhou, tā wènle hěn duō zuò cài de wèntí. Jīntiān tā mǎile yì zhī jī, zuòle yí ge Guǎngdōngcài. Chī fàn de shíhou, tā wèn Lǐ Yáng: "Chángchang wǒ zuò de Guǎngdōngcài, wèidào zěnmeyàng?" Lǐ Yáng chángle yì kǒu, shuō: "Méiyǒu wèidào. Nín fàng yán le ma?" Nǎinai shuō: "Āiyā, wǒ méi fàng yán! Zhǐ fàngle yìdiǎnr táng!"

词语 New Words and Phrases

1. 干净	(形)	gānjìng	clean
2. 打扫	(动)	dǎsǎo	to sweep, to clean
3. 干活儿		gàn huór	manual labour, work on a job
4. 拖(地)	(动)	tuō(dì)	to mop
5. 擦	(动)	cā	to wipe, to scrub, to erase
6. 洗	(动)	xǐ	to wash
7. 辛苦	(形/动)	xīnkǔ	hard, toilsome; to work hard, to go through hardships
8. 作业	(名)	zuòyè	homework
9. 篇	(量)	piān	*measure word for writings*
10. 文章	(名)	wénzhāng	article
11. 鸡	(名)	jī	chicken

12. 尝	（动）	cháng	to taste
13. 味道	（名）	wèidào	flavour, smell, taste
14. 盐	（名）	yán	salt
15. 糖	（名）	táng	sugar, candy

补充词语 Additional Vocabulary

| 1. 地板 | （名） | dìbǎn | floor |
| 2. 冰淇淋 | （名） | bīngqílín | ice-cream |

注释 Notes

1. "啊，好干净！"

"好干净"的意思是"这么干净""很干净"。(好干净 means so clean.)

2. "辛苦了辛苦了！"

"辛苦了"可用来对对方的辛勤劳动表示感谢。(It means thanks for your hard working.)

（1）老师，您辛苦了！　　　（2）辛苦你了！

语法和句式 Grammar and Sentence Patterns

动词后的"了"（1） 了 Used after a Verb（1）

"了"在动词后边时表示动作的完成或实现，通常动词的宾语前边有数量词或其他定语。(When 了 is used after a verb, it indicates the action is completed or realized. In this case, a numeral or other attributives will be used before the object of the verb.)

```
S  +  V  +  了  +  Attribute  +  O
奶奶    做    了    一个        广东菜。
她      问    了    很多        问题。
他      参加  了    排球        比赛。
```

否定式： S ＋ 没（有） V ＋ O
(Negation:) 他 没 参加 排球比赛。
奶奶 没有 做 饭。

句型替换 Pattern Drills

（1）<u>小云</u> <u>买</u>了<u>一条</u> <u>裙子</u>。　　（2）<u>你</u>去哪儿了？
　　小宝　唱　　两首　歌　　　　　　他
　　山田　买　　三条　裤子　　　　　小静
　　她　　花　　很多　钱　　　　　　妈妈

任务与活动 Tasks / Activities

双人活动　Pair Work

说一说来中国以后，你买了什么东西。(Talk about the stuffs that you bought in China.)

第二十八课 你吃了药休息一下

课文 Text

(一)

(在医院里)

医生：你哪儿不舒服？
山田：我前天打篮球以后用冷水洗了一个澡，这两天一直头疼，发烧。
医生：昨天怎么没来？　　　　询问原因 Asking the reason
刘星：他来了，可是他来了以后没看病。
医生：为什么？
山田：我只会说简单的汉语，第一次来中国的医院，不知道要做什么。所以今天我请他陪我来。
医生：你感冒了，我给你开一点儿药，你吃了药休息一下。
山田：请问我去哪儿拿药？
医生：西药房，下了楼往左拐就是。

Yīshēng: Nǐ nǎr bù shūfu?
Shāntián: Wǒ qiántiān dǎ lánqiú yǐhòu yòng lěng shuǐ xǐle yí ge zǎo, zhè liǎng tiān yìzhí tóu téng, fā shāo.
Yīshēng: Zuótiān zěnme méi lái?
Liú Xīng: Tā lái le, kěshì tā láile yǐhòu méi kàn bìng.
Yīshēng: Wèi shénme?
Shāntián: Wǒ zhǐ huì shuō jiǎndān de Hànyǔ, dì yī cì lái Zhōngguó de yīyuàn, bù zhīdào yào zuò shénme. Suǒyǐ jīntiān wǒ qǐng tā péi wǒ lái.

Yīshēng: Nǐ gǎnmào le, wǒ gěi nǐ kāi yìdiǎnr yào, nǐ chīle yào xiūxi yíxià.
Shāntián: Qǐngwèn wǒ qù nǎr ná yào?
Yīshēng: Xīyàofáng, xiàle lóu wǎng zuǒ guǎi jiù shì.

（二）

明河：什么时候去小静家？

小云：吃了饭就去。你还记得怎么走吗？

明河：记得！坐157，在大学路下车。下了车一直往前走，到了路口往右拐，走一会儿，再往左拐，可以看见一个特别漂亮的花园，花园旁边有一个小区，小静家就在那儿。

小云：不错啊，你很厉害！

（小云一边走一边接电话，出了学校门口就往东拐）

明河：喂！

小云：怎么了？

明河：方向错了，车站在西边！

Mínghé: Shénme shíhou qù Xiǎojìng jiā?
Xiǎoyún: Chīle fàn jiù qù. Nǐ hái jìde zěnme zǒu ma?
Mínghé: Jìde! Zuò yāowǔqī, zài Dàxué Lù xià chē. Xiàle chē yìzhí wǎng qián zǒu, dàole lùkǒu wǎng yòu guǎi, zǒu yíhuìr, zài wǎng zuǒ guǎi, kěyǐ kànjiàn yí ge tèbié piàoliang de huāyuán, huāyuán pángbiān yǒu yí ge xiǎoqū, Xiǎojìng jiā jiù zài nàr.
Xiǎoyún: Búcuò a, nǐ hěn lìhai!
Mínghé: Wèi!
Xiǎoyún: Zěnme le?
Mínghé: Fāngxiàng cuò le, chēzhàn zài xībian!

词语 New Words and Phrases

1.	洗澡		xǐ zǎo	to bathe
2.	一直	(副)	yìzhí	always
3.	怎么	(代)	zěnme	why
4.	简单	(形)	jiǎndān	simple
5.	拿	(动)	ná	to take, to get
6.	往	(介)	wǎng	toward, to
7.	拐	(动)	guǎi	to turn
8.	记得	(动)	jìde	to remember
9.	路口	(名)	lùkǒu	crossing, intersection
10.	看见		kànjiàn	to see
11.	花园	(名)	huāyuán	garden
12.	厉害	(形)	lìhai	excellent; severe, formidable
13.	一边……一边……		yìbiān……yìbiān……	to do something while doing another thing
14.	方向	(名)	fāngxiàng	direction
15.	错	(形/名)	cuò	wrong; mistaken

补充词语 Additional Vocabulary

1.	西药房		xīyàofáng	dispensary of western medicine
2.	小区	(名)	xiǎoqū	residential quarters

语法和句式 Grammar and Sentence Patterns

动词后的"了"(2) 了 Used after a Verb (2)

S + V₁ + 了 + O₁ + (就) + V₂ + (O₂) + (了)

我	吃	了	早饭		去	学校	。
大卫	洗	了	澡	就	睡	觉	了。
我	吃	了	午饭	就	去	你那儿	。
他	毕	了	业	就	结	婚	了。

该句式表示一个动作/行为完成后,另一动作/行为出现、发生。(The structure indicates that something happens after an action is completed.)

句型替换 Pattern Drills

(1) 我 <u>打</u> 了 <u>篮球</u> 就 <u>去食堂</u>。
　　　吃　　晚饭　　　去教室
　　　吃　　午饭　　　去银行
　　　下　　课　　　　去图书馆
　　　买　　东西　　　回学校

(2) <u>他</u> <u>毕</u> 了 <u>业</u> 就 <u>结婚</u> 了。　　(3) 我们往 <u>前</u> <u>走</u>。
　　小静　下　　课　　　回家　　　　　　　　　　　左　　拐
　　爸爸　到　　韩国　　开始工作　　　　　　　　 东边　看
　　明河　吃　　晚饭　　睡觉　　　　　　　　　　 右边　跑

任务与活动 Tasks / Activities

双人活动　Pair Work

学生A看下边的地图,学生B看练习册中第78页的地图。B根据要求问A问题,A回答B的问题。(Student A look at the map below, student B look at the map on P78 of workbook. B will ask A some questions about directions, and A answer questions according to the map below.)

第二十八课 你吃了药休息一下

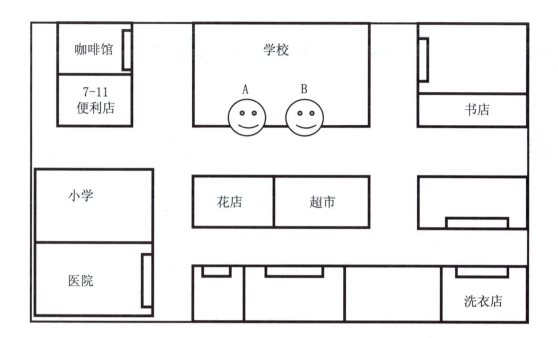

> 出了校门往……拐。
> 过了……往……拐。
> （一直）往前走。

复习（四）

课文 Text

　　在准备2008年奥运会的时候，画家苏坚为民工们画了一幅画儿，因为他觉得民工们为奥运会工作，奥运会也是他们的。

　　2007年8月，在奥林匹克公园附近的工地上，苏坚开始给四个民工画画儿。画画儿以前，民工们问："穿新衣服还是穿平时的衣服？穿不穿皮鞋？要不要先理发？""穿平时的衣服，不用穿皮鞋，也不用理发。"

　　画家每天吃了午饭就开始画。画家画画儿的时候，民工们不能随便动，所以大家都比较累。不过，画家常常给他们买饮料，还跟他们聊天，问他们："你们每天挣多少钱？孩子读书了没有？以后会去哪儿？"天气很热，可是这些民工不用去外边干活儿，还可以随便抽烟，所以他们都愿意做这个"工作"。

　　画儿完成以后，画家问他们："怎么样？画得好不好？"可是他们都不满意，觉得画儿里边的人太丑了。画家说，卖画儿的钱给他们，他们可以用这些钱在北京参观，看比赛。

　　这幅画儿的名字叫《他们》，32008元。

　　Zài zhǔnbèi èr líng líng bā nián Àoyùnhuì de shíhou, huàjiā Sū Jiān wèi míngōngmen huàle yì fú huàr, yīnwèi tā juéde míngōngmen wèi Àoyùnhuì gōngzuò, Àoyùnhuì yě shì tāmen de.

　　Èr líng líng qī nián Bāyuè, zài Àolínpǐkè gōngyuán fùjìn de gōngdì shang, Sū Jiān kāishǐ gěi sì ge míngōng huà huàr. Huà huàr yǐqián, míngōngmen wèn: "Chuān xīn yīfu háishi chuān píngshí de yīfu? Chuān bu chuān píxié? Yào bu yào xiān lǐ fà?" "Chuān píngshí de yīfu, bú yòng chuān píxié, yě bú yòng lǐ fà."

Huàjiā měi tiān chīle wǔfàn jiù kāishǐ huà. Huàjiā huà huàr de shíhou, míngōngmen bù néng suíbiàn dòng, suǒyǐ dàjiā dōu bǐjiào lèi. Búguò, huàjiā chángcháng gěi tāmen mǎi yǐnliào, hái gēn tāmen liáo tiān, wèn tāmen: "Nǐmen měi tiān zhèng duōshao qián? Háizi dú shū le méiyǒu? Yǐhòu huì qù nǎr?" Tiānqì hěn rè, kěshì zhèxiē míngōng bú yòng qù wàibian gàn huór, hái kěyǐ suíbiàn chōu yān, suǒyǐ tāmen dōu yuànyì zuò zhè ge "gōngzuò".

Huàr wánchéng yǐhòu, huàjiā wèn tāmen: "Zěnmeyàng? Huà de hǎo bu hǎo?" Kěshì tāmen dōu bù mǎnyì, juéde huàr lǐbian de rén tài chǒu le. Huàjiā shuō, mài huàr de qián gěi tāmen, tāmen kěyǐ yòng zhèxiē qián zài Běijīng cānguān, kàn bǐsài.

Zhè fú huàr de míngzi jiào《Tāmen》, sānwàn liǎngqiān líng bā yuán.

词语 New Words and Phrases

1. 画家	(名)	huàjiā	painter, artist
2. 为	(介)	wèi	for
3. 幅	(量)	fú	*measure word for painting, calligraphy, etc.*
4. 画(儿)	(名)	huà(r)	picture, painting
5. 皮鞋	(名)	píxié	leather shoes
6. 随便	(形)	suíbiàn	casually, at random
7. 动	(动)	dòng	to move
8. 饮料	(名)	yǐnliào	beverage, drink
9. 读	(动)	dú	to read
10. 抽烟		chōu yān	to smoke (a cigarette or a pipe)
11. 愿意	(能愿动词)	yuànyì	would like to, be willing to
12. 完成	(动)	wánchéng	to finish
13. 丑	(形)	chǒu	ugly
14. 卖	(动)	mài	to sell

专名 Proper Nouns

1. 奥运会	Àoyùnhuì	the Olympic Games
2. 奥林匹克	Àolínpǐkè	Olympic
3. 苏坚	Sū Jiān	name of a person

补充词语 Additional Vocabulary

1. 民工	（名）	míngōng	rural labourer
2. 工地	（名）	gōngdì	building site

注释 Notes

1. 奥运会

"奥运会"是"奥林匹克运动会"的简称。(奥运会 is the simplified form for 奥林匹克运动会.)

2. "孩子读书了没有？"

"读书"的意思是在学校学习。(读书 means study in school.)

语法索引 Summary of Grammar

语法	例句	课号
1. S + V +（O）+ 了 S + V +（O）+ 了没有？ S + V 没 V +（O）？	我吃饭了。 你吃饭了没有？ 你吃没吃饭？	第25课
2. S + V + 了 + Attribute + O	奶奶做了一个广东菜。	第27课
3. S + V_1 + 了 + O_1 +（就）+ V_2 +（O_2）+（了）	我们吃了饭就去。	第28课

（续表）

语法	例句	课号
4. "想"和"要"	我不想喝咖啡。 A：去他那儿要换车吗? B：坐公共汽车不用换车。	第12、24课
5. "能""可以""会"	你可以喝酒，可是不能每天喝。 你可以帮我翻译一下儿吗?	第22课
6. 用"有""是"表示处所	草地上有很多人。 明河左边是谁?	第23课
7. V + 得 + Adv + Adj	他们踢得不错。	第26课

功能总结 Summary of Functions

功能	例句	课号
1. 请求	你可以帮我翻译一下吗? 今天中午你能陪我去买鞋吗?	第22课
2. 拒绝	我不能陪你。	第22课
3. 抱怨	今天运气真不好!	第22课
4. 允许	你可以喝酒。	第22课
5. 打招呼	好久不见!	第23课
6. 要求	你要每天来上课啊! / 你一定要注意身体。	第23、25课
7. 需要	去他那儿，要换车吗?	第24课
8. 推测	坐地铁的人肯定特别多。	第24课
9. 关心	你怎么了?	第25课
10. 评价	意大利队踢得不太好。	第26课
11. 赞成	好啊，咱们一起去!	第26课
12. 感叹	好干净!	第27课
13. 感谢	辛苦了辛苦了!	第27课
14. 询问原因	昨天怎么没来?	第28课

第二十九课 他们正在拍广告

课文 Text

（一）

（小静在阳台上，小云在房间里）

小静：小云，快来！ （催促 Urging）

小云：等一下。

小静：快来啊！你在干什么？

小云：我在洗头！

（小云来了）

小云：你在看什么？

小静：你看，那儿有很多人，好像在拍电影。 （引起注意 Attracting notice）

小云：不对吧，他们好像在拍广告。

小静：拍什么广告？

小云：大概是饮料广告，你看，那个男孩子正在喝饮料呢！

Xiǎojìng: Xiǎo Yún, kuài lái!

Xiǎoyún: Děng yíxià.

Xiǎojìng: Kuài lái a! Nǐ zài gàn shénme?

Xiǎoyún: Wǒ zài xǐ tóu!

Xiǎoyún: Nǐ zài kàn shénme?

Xiǎojìng: Nǐ kàn, nàr yǒu hěn duō rén, hǎoxiàng zài pāi diànyǐng.

Xiǎoyún: Bú duì ba, tāmen hǎoxiàng zài pāi guǎnggào.

Xiǎojìng: Pāi shénme guǎnggào?

Xiǎoyún: Dàgài shì yǐnliào guǎnggào, nǐ kàn, nà ge nán háizi zhèngzài hē yǐnliào ne!

（二）

　　快乐有很多种。看这张照片，妈妈在看杂志，爸爸正在玩儿电脑，两个孩子在看爸爸玩儿电脑，他们有漂亮的房子和汽车，他们很快乐。

　　再看另一张照片：这个孩子正在吹口琴，他一边吹一边看旁边的两头小猪，它们也在看他，在听他吹，它们一定在想：多好听的音乐啊！这个孩子跟那两个孩子不一样，他很穷，可是他也很快乐。

　　Kuàilè yǒu hěn duō zhǒng. Kàn zhè zhāng zhàopiàn, māma zài kàn zázhì, bàba zhèngzài wánr diànnǎo, liǎng ge háizi zài kàn bàba wánr diànnǎo, tāmen yǒu piàoliang de fángzi hé qìchē, tāmen hěn kuàilè.

　　Zài kàn lìng yì zhāng zhàopiàn: zhè ge háizi zhèngzài chuī kǒuqín, tā yìbiān chuī yìbiān kàn pángbiān de liǎng tóu xiǎo zhū, tāmen yě zài kàn tā, zài tīng tā chuī, tāmen yídìng zài xiǎng: Duō hǎotīng de yīnyuè a! Zhè ge háizi gēn nà liǎng ge háizi bù yíyàng, tā hěn qióng, kěshì tā yě hěn kuàilè.

词语 New Words and Phrases

1. 阳台	（名）	yángtái	balcony
2. 等	（动）	děng	to wait
3. 好像	（动）	hǎoxiàng	it seems; to be like
4. 拍	（动）	pāi	to shoot
5. 广告	（名）	guǎnggào	advertisement
6. 大概	（形/副）	dàgài	approximate, probable; approximately, probably

7. 正	（副）	zhèng	just
8. 杂志	（名）	zázhì	magazine
9. 汽车	（名）	qìchē	automobile (bus, car etc.)
10. 另	（代）	lìng	another, other
11. 吹	（动）	chuī	to blow
12. 头	（量）	tóu	a measure word used for pig, cattle, elephant, etc.
13. 猪	（名）	zhū	pig
14. 音乐	（名）	yīnyuè	music
15. 一样	（形）	yíyàng	same
16. 穷	（形）	qióng	poor

补充词语 Additional Vocabulary

| 口琴 | （名） | kǒuqín | harmonica |

语法和句式 Grammar and Sentence Patterns

动作的进行 Action in Progress

S +（在 / 正在 / 正）+ V + O +（呢）

我　　　在 / 正在　　　洗　头　（呢）。
他们　　　正　　　拍　电影　呢。
她　　　　　　　睡　觉　呢。

否定式：(Negation:) S + 没（有）+ V + O

例如：A：你在上课吗？
　　　B：我没上课，我在看书。

句型替换 Pattern Drills

(1) 你在 <u>看</u> 什么？
　　　　干
　　　　想
　　　　写
　　　　吃

(2) <u>我</u>（正）在 <u>洗</u>　<u>头</u>。
　　他们　　　　拍　电影
　　金浩　　　　看　书
　　爸爸　　　　开　会
　　明河　　　　看　电视

(3) <u>他的书</u> 跟 <u>我的书</u> 不一样。
　　你　　　　他
　　中国菜　　日本菜
　　汉语语法　英语语法

任务与活动 Tasks / Activities

全班活动：他们在做什么？　　Class Activity: What Are They Doing?
(本活动相关补充内容详见配套教师手册)

第三十课 这是在哪儿照的?

课文 Text

(一)

(在网上聊天的时候,小华给林平发来一张自己的照片)

林平:很漂亮!在哪儿照的?
小华:清华大学。
林平:什么时候照的?
小华:昨天去清华玩儿的时候照的。你昨天干什么了?
林平:去机场接人了。
小华:接谁?
林平:一位研究电影的老先生。
小华:从哪儿来的?
林平:从上海来的。
小华:机场离学校远吗?你是怎么去的?
林平:我是坐机场大巴去的,路上只花了四十分钟。不过飞机晚点了,在那儿等了很长时间。

问距离 Asking distance

Lín Píng: Hěn piàoliang! Zài nǎr zhào de?
Xiǎohuá: Qīnghuá Dàxué.
Lín Píng: Shénme shíhou zhào de?
Xiǎohuá: Zuótiān qù Qīnghuá wánr de shíhou zhào de. Nǐ zuótiān gàn shénme le?
Lín Píng: Qù jīchǎng jiē rén le.
Xiǎohuá: Jiē shéi?
Lín Píng: Yí wèi yánjiū diànyǐng de lǎo xiānsheng.

Xiǎohuá: Cóng nǎr lái de?
Lín Píng: Cóng Shànghǎi lái de.
Xiǎohuá: Jīchǎng lí xuéxiào yuǎn ma? Nǐ shì zěnme qù de?
Lín Píng: Wǒ shì zuò jīchǎng dàbā qù de, lùshang zhǐ huāle sìshí fēnzhōng. Búguò fēijī wǎndiǎn le, zài nàr děngle hěn cháng shíjiān.

(二)

刘梅是在北京读书的时候认识她爱人的。他们是1999年结的婚，2004年买的房子。他们的房子在江边，不大，可是很舒服。家里的灯、窗帘，都是刘梅自己做的，很漂亮，最重要的是，跟别人的不一样。

2005年，小宝出生了。

有一个舒服的家，有爱自己的丈夫和可爱的孩子，对刘梅来说，这就是幸福。

Liú Méi shì zài Běijīng dú shū de shíhou rènshi tā àiren de. Tāmen shì yī jiǔ jiǔ jiǔ nián jié de hūn, èr líng líng sì nián mǎi de fángzi. Tāmen de fángzi zài jiāng biān, bú dà, kěshì hěn shūfu. Jiā li de dēng, chuānglián, dōu shì Liú Méi zìjǐ zuò de, hěn piàoliang, zuì zhòngyào de shì, gēn biérén de bù yíyàng.

Èr líng líng wǔ nián, Xiǎobǎo chūshēng le.

Yǒu yí ge shūfu de jiā, yǒu ài zìjǐ de zhàngfu hé kě'ài de háizi, duì Liú Méi lái shuō, zhè jiù shì xìngfú.

词语 New Words and Phrases

1.	机场	（名）	jīchǎng	airport
2.	研究	（动）	yánjiū	to research
3.	先生	（名）	xiānsheng	Mr.; Sir; gentleman
4.	从	（介）	cóng	from
5.	大巴	（名）	dàbā	(large) bus, coach

	机场大巴		jīchǎng dàbā	airport shuttle bus
6.	分钟	（名）	fēnzhōng	minute
7.	晚点	（动）	wǎndiǎn	to be behind schedule
8.	长	（形）	cháng	long
9.	爱人	（名）	àiren	spouse
10.	结婚		jié hūn	to get married
11.	江	（名）	jiāng	river
12.	边	（名）	biān	side
13.	灯	（名）	dēng	lamp, light
14.	出生	（动）	chūshēng	to be born
15.	丈夫	（名）	zhàngfu	husband
16.	幸福	（形/名）	xìngfú	happy; happiness

专名 Proper Nouns

1.	清华大学	Qīnghuá Dàxué	Tsinghua University
2.	刘梅		Liú Méi	name of a person

补充词语 Additional Vocabulary

窗帘	（名）	chuānglián	curtain

注释 Notes

1. "昨天去清华玩儿的时候照的。"

"清华"是"清华大学"的简称。(清华 is short for 清华大学.)

2. "对刘梅来说,这就是幸福。"

"对……来说"表示从某人或某事的角度来看。(对……来说 means to consider a person or a thing from a certain perspective.)

(1) 对我来说,身体最重要。

(2) 对日本学生来说,汉字比较容易。

(3) 这个工作对我来说是最好的。

语法和句式 Grammar and Sentence Patterns

"是……的"

"是……的"可以用来表示对已经发生的事情的时间、地点、方式等的强调或追问。"是"可以被省略。(This sentence structure is used to emphasize or question in detail time, place or method of what has happened. 是 can be omitted.)

S + (是) + X + V + 的

林平　(是)　下午两点　去　的。

大卫　是　坐飞机　来　的。

在这种句式中,针对时间、地点、方式的疑问句如下：(In this structure, questions about time, location, or method is as follows:)

(1) 你什么时候去的?

(2) 他是在哪儿吃的?

(3) 你是怎么来的?

否定式：(Negation:)

S + 不是 + X + V + 的

我　不是　坐飞机　去　的。

在以上结构中,X 为被强调的时间、地点、方式等。(X indicates time, location, or method to be emphasized.)

"是……的"句中,如果动词带有宾语,宾语可以在"的"后边,也可以在"的"前边。(When the verb takes an object, the object can be positioned after 的 or before 的.)

(1) 他们是2001年结的婚。　　(2) 大卫是在美国认识李阳的。

句型替换 Pattern Drills

(1) A：你（是）什么时候 去 的？　　B：我 是下午两点 去 的。
　　　 金浩　　　　　　睡　　　　　　他　　一点　　睡
　　　 你们　　　　　　到　　　　　　我们　下午　　到
　　　 电影　　　　　　结束　　　　　电影　十点　　结束

(2) A：你（是）怎么去的？　　　　B：我是坐机场大巴去的。
　　　　　　　　　　　　　　　　　　　　坐飞机
　　　　　　　　　　　　　　　　　　　　坐地铁
　　　　　　　　　　　　　　　　　　　　走路

(3) A：(这个电影)你（是）在哪儿 看 的？　B：是在 电影院 看 的。
　　　 你们　　　　　　　　　吃　　　　　　　食堂　　吃
　　　 照片　　　　　　　　　照　　　　　　　公园　　照
　　　 这件衣服　　　　　　　买　　　　　　　中国　　买

(4) 对 刘梅 来说， 这就是幸福 。
　　　 我　　　每天学一课太快了。
　　　 山田　　汉字比较容易。
　　　 小松　　工作是件快乐的事。

任务与活动 Tasks / Activities

1. 看照片，问问题。Look at the pictures and ask some questions.
(本活动相关补充内容详见配套教师手册)

2. 小组活动　Group Work
　　　谈谈上周末的活动，就其时间、地点、方式等方面提问（用"是……的"结构）。
(What did you do last weekend? Ask and answer questions and fill in the table. You must use 是……的.)

第三十课 这是在哪儿照的?

姓名	做什么了	什么时候	在哪儿	怎么做

A：你是什么时候去的？
B：我是下午两点去的。

第三十一课　苹果便宜了

课文 Text

(一)

(在小云的房间里)

明河：上午给你打电话的时候，怎么那么吵？

小云：一些高中生在操场开运动会。现在结束了，安静了。来，尝尝我买的苹果。

明河：多少钱一斤？

小云：现在苹果便宜了，上周大概五块一斤，现在四块五一斤。

明河：很甜，你在哪儿买的？

小云：菜市场。

明河：我觉得菜市场很脏。

小云：你很久没去了吧？现在干净了。好了，我们开始学习吧。

明河：啊，我不喜欢学习！以前语法很容易，现在语法难了，我觉得没有进步！

小云：不要着急，我帮你。　　安慰 Comforting

Mínghé:　Shàngwǔ gěi nǐ dǎ diànhuà de shíhou, zěnme nàme chǎo?

Xiǎoyún:　Yìxiē gāozhōngshēng zài cāochǎng kāi yùndònghuì. Xiànzài jiéshù le, ānjìng le. Lái, chángchang wǒ mǎi de píngguǒ.

Mínghé:　Duōshao qián yì jīn?

Xiǎoyún:　Xiànzài píngguǒ piànyi le, shàng zhōu dàgài wǔ kuài yì jīn, xiànzài sì kuài wǔ yì jīn.

Mínghé:　Hěn tián, nǐ zài nǎr mǎi de?

Xiǎoyún:　Cài shìchǎng.

Mínghé:　Wǒ juéde cài shìchǎng hěn zāng.

Xiǎoyún: Nǐ hěn jiǔ méi qù le ba? Xiànzài gānjìng le. Hǎo le, wǒmen kāishǐ xuéxí ba.
Mínghé: À, wǒ bù xǐhuan xuéxí! Yǐqián yǔfǎ hěn róngyì, xiànzài yǔfǎ nán le, wǒ juéde méiyǒu jìnbù!
Xiǎoyún: Búyào zháojí, wǒ bāng nǐ.

（二）

引起注意 Attracting notice

小云：我有一个好消息！
小静：什么好消息？
小云：汉语学院需要一个老师，我去面试，通过了，从下个月开始，我每个星期去上四节课，所以，现在我是老师了！
小静：我也有好消息。看，我有笔记本电脑了！
小云：新买的？
小静：不是，是我哥哥的，他新买了一台，旧的就是我的了。
小云：以后我如果有钱了，自己买一台笔记本电脑！

Xiǎoyún: Wǒ yǒu yí ge hǎo xiāoxi!
Xiǎojìng: Shénme hǎo xiāoxi?
Xiǎoyún: Hànyǔ xuéyuàn xūyào yí ge lǎoshī, wǒ qù miànshì, tōngguò le, cóng xià ge yuè kāishǐ, wǒ měi ge xīngqī qù shàng sì jié kè, suǒyǐ, xiànzài wǒ shì lǎoshī le!
Xiǎojìng: Wǒ yě yǒu hǎo xiāoxi. Kàn, wǒ yǒu bǐjìběn diànnǎo le!
Xiǎoyún: Xīn mǎi de?
Xiǎojìng: Bú shì, shì wǒ gēge de, tā xīn mǎile yì tái, jiù de jiù shì wǒ de le.
Xiǎoyún: Yǐhòu wǒ rúguǒ yǒu qián le, zìjǐ mǎi yì tái bǐjìběn diànnǎo!

词语 New Words and Phrases

1. 那么	（代）	nàme	so
2. 吵	（形）	chǎo	noisy
3. 高中	（名）	gāozhōng	senior high school
4. 操场	（名）	cāochǎng	sports ground, playground
5. 安静	（形）	ānjìng	quiet
6. 甜	（形）	tián	sweet
7. 市场	（名）	shìchǎng	market
菜市场		cài shìchǎng	vegetable / food market
8. 脏	（形）	zāng	dirty
9. 着急	（形）	zháojí	worry, anxious
10. 消息	（名）	xiāoxi	news
11. 学院	（名）	xuéyuàn	college; institute; school
12. 需要	（动）	xūyào	need
13. 面试	（名/动）	miànshì	interview; to interview
14. 通过	（动）	tōngguò	to pass
15. 节	（量）	jié	*section, joint, measure word for activities or objects which have sections or joints (classes, lessons, trains, etc.)*
16. 笔记本电脑		bǐjìběn diànnǎo	lap-top computer

语法和句式 Grammar and Sentence Patterns

表示情况变化的"了"(1) 了 Indicating Change of Situation (1)

1. S ＋（不）Adj ＋ 了

　苹果　　便宜　　了。（以前很贵，现在很便宜。）
　我　　　不忙　　了。（以前忙，现在不忙。）

2. S +（不）是 + O + 了
　　她　　不是　　老师　了。（以前是老师，现在不是老师。）
3. S +（没）有 + O + 了
　　我　　有　　手提电脑　了。（以前没有手提电脑，现在有。）
　　他　　没有　女朋友　　了。（以前有女朋友，现在没有。）

句型替换 Pattern Drills

（1）现在 苹果 便宜 了。
　　　　菜市场　干净
　　　　他　　满意
　　　　天气　冷
　　　　她　　着急

（2）我 不 忙 了。
　　　他　　高兴
　　　天气　热
　　　我　　着急
　　　她　　生气

（3）小云（不）是 老师 了。
　　　我弟弟　　高中生
　　　她　　　　明星
　　　我　　　　经理
　　　他们　　　朋友

（4）她（没）有 手机 了。
　　　我　　　　工作
　　　她　　　　中国朋友
　　　她　　　　男朋友
　　　河边　　　树
　　　小静　　　钱

任务与活动 Tasks / Activities

小组活动　Group Work

用带"了"的句子描述下面的图片。(Use 了 to describe the pictures.)

三年前　　现在　　　　

两年前　　现在　　　　十年前　　现在

第三十二课　今天不学习了

课文 Text

（一）

明河：今天不学习了。 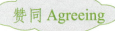改变计划 Changing

小云：为什么？

明河：老师说明天不测验了，下周测验。所以，我可以休息一下。

小云：那我们做什么？

明河：去楼下打羽毛球吧。

小云：好主意……可是我没有球拍。

明河：走，去我那儿拿。

小云：今天好像有风。 赞同 Agreeing

明河：上午一直在刮风，现在已经不刮了。走吧！

Mínghé: Jīntiān bù xuéxí le.

Xiǎoyún: Wèi shénme?

Mínghé: Lǎoshī shuō míngtiān bú cèyàn le, xià zhōu cèyàn. Suǒyǐ, wǒ kěyǐ xiūxi yíxià.

Xiǎoyún: Nà wǒmen zuò shénme?

Mínghé: Qù lóu xià dǎ yǔmáoqiú ba.

Xiǎoyún: Hǎo zhúyi… Kěshì wǒ méiyǒu qiúpāi.

Mínghé: Zǒu, qù wǒ nàr ná.

Xiǎoyún: Jīntiān hǎoxiàng yǒu fēng.

Mínghé: Shàngwǔ yìzhí zài guā fēng, xiànzài yǐjīng bù guā le. Zǒu ba!

（二）

世界每天都在变，我们的安排、打算也常常变。天气冷了，女孩子不能穿夏天的裙子了，不过可以穿漂亮的毛衣了。以前小云每天早起去跑步，现在她不想跑步了，因为她现在每天睡懒觉，不能早起了。刘星以前每天都玩儿电脑游戏，眼睛有问题了，所以他不敢再玩儿游戏了。林平胖了，他决定今天不吃饭了。他早上没吃，中午也没吃，到了下午，他太饿了，去超市买了五个面包。现在，他不想减肥了。

Shìjiè měi tiān dōu zài biàn, wǒmen de ānpái, dǎsuàn yě chángcháng biàn. Tiānqì lěng le, nǚ háizi bù néng chuān xiàtiān de qúnzi le, búguò kěyǐ chuān piàoliang de máoyī le. Yǐqián Xiǎoyún měi tiān zǎo qǐ qù pǎo bù, xiànzài tā bù xiǎng pǎo bù le, yīnwèi tā xiànzài měi tiān shuì lǎnjiào, bù néng zǎo qǐ le. Liú Xīng yǐqián měi tiān dōu wánr diànnǎo yóuxì, yǎnjing yǒu wèntí le, suǒyǐ tā bù gǎn zài wánr yóuxì le. Lín Píng pàng le, tā juédìng jīntiān bù chī fàn le. Tā zǎoshang méi chī, zhōngwǔ yě méi chī, dàole xiàwǔ, tā tài è le, qù chāoshì mǎile wǔ ge miànbāo. Xiànzài, tā bù xiǎng jiǎn féi le.

词语 New Words and Phrases

1.	测验	（动/名）	cèyàn	to give (have) a test; test
2.	周	（名）	zhōu	week
3.	羽毛球	（名）	yǔmáoqiú	badminton
4.	主意	（名）	zhúyi	idea
5.	球拍	（名）	qiúpāi	racket
6.	风	（名）	fēng	wind
7.	刮	（动）	guā	(wind) to blow
8.	世界	（名）	shìjiè	world
9.	变	（动）	biàn	to change, to become
10.	夏天	（名）	xiàtiān	summer

11. 毛衣	（名）	máoyī	sweater
12. 睡懒觉		shuì lǎnjiào	to sleep in, to lie in
13. 游戏	（名）	yóuxì	game
14. 敢	（能愿动词）	gǎn	to dare to
15. 饿	（形）	è	hungry
16. 减肥		jiǎn féi	to be on diet

语法和句式 Grammar and Sentence Patterns

表示情况变化的"了"(2) 了 Indicating Change of Situation (2)

1. S + 不 + V + (O) + 了。

明天我们　不　测验　了。（以前说过要测验。）
今天明河　不　学习　了。（以前计划今天学习，现在决定不学习。）

2. S + 能愿动词 + V + (O) + 了。

女孩子　可以　穿　漂亮的毛衣　了。（夏天的时候不能穿毛衣。）
我　　　能　　说　一点儿汉语　了。（以前不能说。）

句型替换 Pattern Drills

（1）<u>我们</u> 不 <u>学习</u> <u>汉语</u> 了。
　　　大卫　　参加　　比赛
　　　林先生　研究　　历史
　　　学校　　开　　　运动会
　　　他们　　打　　　羽毛球

（2）<u>我</u> <u>可以</u> <u>穿</u> <u>漂亮的毛衣</u> 了。
　　　我　可以　说　　汉语
　　　我　不能　参加　比赛
　　　他　不想　回　　家

任务与活动 Tasks / Activities

全班活动：十年的变化　Class Activity: Changes in 10 Years

在下面的表格里写出你十年中的各种变化。(Fill in the table and tell the class about your changes in 10 years.)

十年前	现在
我不会说汉语。	我会说汉语了。

第三十三课　我哥哥要来广州了

课文 Text

（一）

金浩：我爸爸要回国了，他在这里的工作马上就要结束了。
明河：他什么时候回国？
金浩：大概下个月。　　估计 Estimating
明河：下个月我哥哥要来广州了。
金浩：他来旅行吗？
明河：来工作。
金浩：他一个人来吗？
明河：他们全家都来。我以后可以经常跟他们见面了，真开心！

Jīn Hào: Wǒ bàba yào huí guó le, tā zài zhèlǐ de gōngzuò mǎshàng jiù yào jiéshù le.
Mínghé: Tā shénme shíhou huí guó?
Jīn Hào: Dàgài xià ge yuè.
Mínghé: Xià ge yuè wǒ gēge yào lái Guǎngzhōu le.
Jīn Hào: Tā lái lǚxíng ma?
Mínghé: Lái gōngzuò.
Jīn Hào: Tā yí ge rén lái ma?
Mínghé: Tāmen quán jiā dōu lái. Wǒ yǐhòu kěyǐ jīngcháng gēn tāmen jiàn miàn le, zhēn kāixīn!

第三十三课 我哥哥要来广州了

(二)

　　山上的树林里有两只鸟,一只是喜鹊,一只是寒号鸟。喜鹊很勤快,寒号鸟很懒。秋天到了,天冷了,喜鹊开始修房子。它对寒号鸟说:"冬天快来了,快修你的房子吧!"

劝告 Persuading

　　可是寒号鸟不愿意干活儿,它每天都睡懒觉。

　　天更冷了,喜鹊开始为自己准备吃的东西。它对寒号鸟说:"冬天就要来了,快准备吃的东西吧,别睡了!"可是寒号鸟还是每天睡懒觉。

　　冬天来了。在刮大风的夜里,喜鹊在温暖的家里睡觉,可是寒号鸟呢?它已经死了。

Shān shang de shùlín li yǒu liǎng zhī niǎo, yì zhī shì xǐquè, yì zhī shì hánháoniǎo. Xǐquè hěn qínkuai, hánháoniǎo hěn lǎn. Qiūtiān dào le, tiān lěng le, xǐquè kāishǐ xiū fángzi. Tā duì hánháoniǎo shuō: "Dōngtiān kuài lái le, kuài xiū nǐ de fángzi ba!"

Kěshì hánháoniǎo bú yuànyì gànhuór, tā měi tiān dōu shuì lǎnjiào.

Tiān gèng lěng le, xǐquè kāishǐ wèi zìjǐ zhǔnbèi chī de dōngxi. Tā duì hánháoniǎo shuō: "Dōngtiān jiù yào lái le, kuài zhǔnbèi chī de dōngxi ba, bié shuì le!" Kěshì hánháoniǎo hái shì měi tiān shuì lǎnjiào.

Dōngtiān lái le. Zài guā dà fēng de yèli, xǐquè zài wēnnuǎn de jiā li shuì jiào, kěshì hánháoniǎo ne? Tā yǐjīng sǐ le.

词语 New Words and Phrases

1. 马上	(副)	mǎshàng	at once, immediately
2. 全	(形)	quán	whole, entire, all, total
3. 经常	(副/形)	jīngcháng	frequently, often
4. 开心	(形)	kāixīn	happy
5. 鸟	(名)	niǎo	bird
6. 勤快	(形)	qínkuai	diligent, hardworking
7. 懒	(形)	lǎn	lazy

8. 秋天	(名)	qiūtiān	autumn, fall
冬天	(名)	dōngtiān	winter
春天	(名)	chūntiān	spring
9. 更	(副)	gèng	even more
10. 别	(副)	bié	do not
11. 夜里	(名)	yèli	at night
12. 温暖	(形)	wēnnuǎn	warm
13. 死	(动)	sǐ	to die

补充词语 Additional Vocabulary

1. 喜鹊	(名)	xǐquè	magpie
2. 寒号鸟	(名)	hánháoniǎo	inter-wailing bird

语法和句式 Grammar and Sentence Patterns

表示某事将要发生 Sentences Indicating Something will Happen Soon

S ＋ 要/就（要）/快（要） ＋ V ＋ (O) ＋ 了

我爸爸　　　要　　　　　回　　国　　了。
冬天　　　　快（要）　　来　　　　　了。
电影　　　　就（要）　　结束　　　　了。

注意："快（要）……了"前边不能有时间词。Note that time word can't be used before 快（要）……了.

句型替换 Pattern Drills

（1） <u>下个月</u>　<u>我哥哥</u>要/就要　<u>来</u>　<u>中国</u>　了。
　　　明年一月　他　　　　　　　去　　美国
　　　下星期　　我们家　　　　　搬　　家
　　　明年　　　我弟弟　　　　　回　　韩国

(2) 他们　下周　就要　比赛　了。
　　　我们　明天　　　　测验
　　　表演　马上　　　　结束
　　　电影　马上　　　　开始

(3) 火车　快（要）　到　广州　了。
　　　他爸爸　　　离开　中国
　　　我和他　　　见　　面
　　　我哥哥　　　毕　　业
　　　春天　　　　来

任务与活动 Tasks / Activities

小组活动　Group Work

参考下面的词语，谈谈你的家人和朋友，例如他们将要做什么或将要发生什么事。(Talk about your family and friends. What are they going to do? You can use the following words and phrases.)

结婚　换工作　毕业　退休（tuìxiū, retired）

生孩子　来中国　搬家　出差

第三十四课 他一直在电脑前边坐着

课文 Text

（一）

妈妈：从七点到现在，你一直在电脑前边坐着。这样不行啊！

刘星：妈，我们要考试了，我最近忙着复习。

妈妈：复习也要注意休息。昨天夜里两点，你房间的灯还亮着。你是几点睡的？

刘星：我不记得了。

妈妈：去运动运动，别坐着了。总是坐着对身体不好。

刘星：好，我站着，行了吧？

妈妈：站着也不行，你看，你的房间太乱了，快收拾收拾吧。

刘星：妈，明天收拾行不行啊？

命令 Giving orders

Māma: Cóng qī diǎn dào xiànzài, nǐ yìzhí zài diànnǎo qiánbian zuòzhe. Zhèyàng bù xíng a!

Liú Xīng: Mā, wǒmen yào kǎoshì le, wǒ zuìjìn mángzhe fùxí.

Māma: Fùxí yě yào zhùyì xiūxi. Zuótiān yèli liǎng diǎn, nǐ fángjiān de dēng hái liàngzhe. Nǐ shì jǐ diǎn shuì de?

Liú Xīng: Wǒ bú jìde le.

Māma: Qù yùndòng yùndòng, bié zuòzhe le. Zǒngshì zuòzhe duì shēntǐ bù hǎo.

Liú Xīng: Hǎo, wǒ zhànzhe, xíng le ba?

Māma: Zhànzhe yě bù xíng. Nǐ kàn, nǐ de fángjiān tài luàn le, kuài shōushi shōushi ba.
Liú Xīng: Mā, míngtiān shōushi xíng bu xíng a?

(二)

这是星期五的晚上。图书馆里非常安静，同学们正在准备明天的考试。教室里，很多人在听一个有名的老教授的讲座。女生宿舍门口，男孩子在等着女孩子。小云的房间里，大家正讨论着新年晚会表演节目的事情，她们说着，笑着，多么愉快！外面刮着风，下着雨，很冷，可是房间里很温暖，很热闹。

Zhè shì Xīngqīwǔ de wǎnshang. Túshūguǎn li fēicháng ānjìng, tóngxuémen zhèngzài zhǔnbèi míngtiān de kǎoshì. Jiàoshì li, hěn duō rén zài tīng yí ge yǒumíng de lǎo jiàoshòu de jiǎngzuò. Nǚshēng sùshè ménkǒu, nán háizi zài děngzhe nǚ háizi. Xiǎoyún de fángjiān li, dàjiā zhèng tǎolùnzhe xīnnián wǎnhuì biǎoyǎn jiémù de shìqing, tāmen shuōzhe, xiàozhe, duōme yúkuài! Wàimiàn guāzhe fēng, xiàzhe yǔ, hěn lěng, kěshì fángjiān li hěn wēnnuǎn, hěn rènao.

词语 New Words and Phrases

1. 着	（助）	zhe	*indicate continuance*
2. 这样	（代）	zhèyàng	this way
3. 考试		kǎo shì	to examine
4. 复习	（动）	fùxí	to review
5. 亮	（动/形）	liàng	to shine; bright
6. 总是	（副）	zǒngshì	always

7. 乱	（形）	luàn		in disorder
8. 收拾	（动）	shōushi		to put in order; to tidy
9. 教授	（名）	jiàoshòu		professor
10. 讨论	（动）	tǎolùn		to discuss
11. 新年	（名）	xīnnián		new year
12. 晚会	（名）	wǎnhuì		evening party
13. 节目	（名）	jiémù		program, show
14. 外面	（名）	wàimiàn		outside
15. 雨	（名）	yǔ		rain
下雨		xià yǔ		to rain
雪	（名）	xuě		snow
下雪		xià xuě		to snow
16. 多么	（副）	duōme		how
17. 热闹	（形）	rènao		lively, bustling with noise and excitement

补充词语 Additional Vocabulary

讲座	（名）	jiǎngzuò	lecture

语法和句式 Grammar and Sentence Patterns

1. "V + 着"（1）

　　动词后边加动态助词"着"可以表示动作或状态的持续，主要用于描写。如果要强调现在的状态，动词前可用"在""正在""正"，动词后常有"呢"。(A verb plus the aspect particle 着 indicates the duration of an action or a state. It is mainly used for description. If the present state is emphasized, 正在 is often used with 着 or 呢 is added at the end of the sentence.)

S + (在/正在/正) + V + 着 + (O) + (呢)
门　　　　　　　　　开　着。
她　　　　　　　　看　着　我。
大家　　　　在　　讨论　着　问题。
我　　　　　正　　吃　着　饭　呢。

2. 感叹句 Exclamatory Sentence

(1) (S) + 太 + Adj + 了
　　　　太　热　　了！
　这儿　太　干净　了！

(2) (S) + 太 + 心理动词 + (O) + 了
　妈妈　太　想　　　你　　了！

(3) (S) + 真/好/多么/多 + Adj + (啊)
　夏天　　　真　　　　热　啊！
　这条裙子　多　　　　漂亮　啊！
　这儿　　　好　　　　热闹　啊！

(4) (S) + 真/好/多么/多 + 心理动词 + (O) + (啊)
　我　　　好　　　　　喜欢　　她　　啊！

句型替换 Pattern Drills

(1) 他 一直在 电脑前边 坐 着。
　　她　　那儿　　站
　　我们　这儿　　等
　　小云　床上　　睡

(2) 他 (正) 研究着 新照相机。
　　他们　　讨论　　事情
　　大家　　听　　　课
　　他　　　等　　　你

(3) 他 最近(正)在忙着 写作业 。
　　林平　　　　　　找工作
　　刘星　　　　　　玩游戏
　　他爸爸　　　　　拍新电影

(4) 　我们　多　快乐 啊！
　　北方的夏天　　凉快
　　一起唱歌　　　高兴

任务与活动 Tasks / Activities

小组活动　Group Work

用"V+着"句式描述图片中的场景（可以用"开""拿""坐""看"等动词）。
(Use V+着 to describe the picture, you can use 开, 拿, 坐, 看, etc.)

第三十五课 小云喜欢躺着看书

课文 Text

（一）

（小静走进宿舍）

小静：你怎么开着门睡觉啊？
小云：我没睡觉，我在看唐诗呢。
小静：不要躺着看书，这样对眼睛不好。
小云：我习惯躺着看书，你看，我的眼睛很好，不近视啊！
小静：别看了，该换衣服了，大卫他们来了，在楼下等着呢。你想穿着裙子去爬山吗？
小云：当然不想。你也该换一个包吧？你想背着这么重的包去吗？
小静：我要背着我新买的包！

提醒 Reminding

Xiǎojìng: Nǐ zěnme kāizhe mén shuì jiào a?
Xiǎoyún: Wǒ méi shuì jiào, wǒ zài kàn Tángshī ne.
Xiǎojìng: Búyào tǎngzhe kàn shū, zhèyàng duì yǎnjing bù hǎo.
Xiǎoyún: Wǒ xíguàn tǎngzhe kàn shū, nǐ kàn, wǒ de yǎnjing hěn hǎo, bú jìnshì a!
Xiǎojìng: Bié kàn le, gāi huàn yīfu le, Dàwèi tāmen lái le, zài lóu xià děngzhe ne. Nǐ xiǎng chuānzhe qúnzi qù pá shān ma?
Xiǎoyún: Dāngrán bù xiǎng. Nǐ yě gāi huàn yí ge bāo ba? Nǐ xiǎng bēizhe zhème zhòng de bāo qù ma?
Xiǎojìng: Wǒ yào bēizhe wǒ xīn mǎi de bāo!

(二)

为什么很多人胖，不健康？科学家们说，这是因为人们每天坐着工作的时间太长。据说，在德国的一个小学里，学生们全都站着上课。有的公司要求职员们站着开会，听说这样对身体好，而且开会的时候花的时间更少。小云最近在准备考试，每天坐着，她觉得很不舒服，而且人也变胖了。现在，她每天站着看书，站着吃饭，站着上网、发邮件。小静笑着问她："你能站着睡觉吗？"

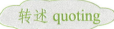
转述 quoting

Wèi shénme hěn duō rén pàng, bú jiànkāng? Kēxuéjiāmen shuō, zhè shì yīnwèi rénmen měi tiān zuòzhe gōngzuò de shíjiān tài cháng. Jùshuō, zài Déguó de yí ge xiǎoxué li, xuéshēngmen quán dōu zhànzhe shàng kè. Yǒude gōngsī yāoqiú zhíyuánmen zhànzhe kāi huì, tīngshuō zhèyàng duì shēntǐ hǎo, érqiě kāi huì de shíhou huā de shíjiān gèng shǎo. Xiǎoyún zuìjìn zài zhǔnbèi kǎoshì, měi tiān zuòzhe, tā juéde hěn bù shūfu, érqiě rén yě biàn pàng le. Xiànzài, tā měi tiān zhànzhe kàn shū, zhànzhe chī fàn, zhànzhe shàng wǎng, fā yóujiàn. Xiǎojìng xiàozhe wèn tā: "Nǐ néng zhànzhe shuì jiào ma?"

词语 New Words and Phrases

1.	诗	（名）	shī	poem
2.	躺	（动）	tǎng	to lie down
3.	近视	（形）	jìnshì	myopia, nearsighted, shortsighted
4.	该	（能愿动词）	gāi	should, ought to
5.	背	（动）	bēi	to carry on the back
6.	重	（形）	zhòng	heavy
7.	健康	（形/名）	jiànkāng	healthy; health
8.	科学家	（名）	kēxuéjiā	scientist
	科学	（名/形）	kēxué	science; scientific

9. 据说	（动）	jùshuō	it is said, reportedly, reputedly
10. 小学	（名）	xiǎoxué	primary school
11. 要求	（动/名）	yāoqiú	(to) request; (to) demand
12. 职员	（名）	zhíyuán	office clerk
13. 而且	（连）	érqiě	moreover, but also
14. (电子)邮件	（名）	(diànzǐ) yóujiàn	e-mail

专名 Proper Nouns

| 1. 唐 | Táng | Tang dynasy |
| 2. 德国 | Déguó | Germany |

注释 Notes

1. "我在看唐诗呢。"

"唐诗"是唐代的诗歌。(唐诗 is poems of Tang dynasty.)

2. "别看了，该换衣服了。"

"该……了"表示到应该做某事的时间了。(该……了 means it's time for somebody to do something)

(1) 该走了。　　(2) 该起床了。

语法和句式 Grammar and Sentence Patterns

"V + 着"(2)

在"V_1+着+(O_1)+V_2+(O_2)"句式中，V_1是V_2的方式或伴随形式。V_1多为单音节动词。(In this pattern, V_1 indicates the way or accompanying manner of V_2. Mostly, V_1 is a single-syllable verb.)

```
S  +  V₁  +  着 + (O₁) +  V₂  + (O₂)
她     开     着    门    睡      觉。
学生们  站    着          上      课。
```

句型替换 Pattern Drills

(1) <u>她</u> 常常 <u>开</u> 着 <u>门</u> <u>睡觉</u>。　　(2) 你该 <u>起床</u> 了。
　　他　　　　开　　　灯　　睡觉　　　　　　我　　回家
　　她　　　　听　　　音乐　开车　　　　　　你　　睡觉
　　小云　　　看　　　电视　吃饭　　　　　　我　　理发

任务与活动 Tasks / Activities

用汉语为下列图片写出说明。Add a caption for each picture.

复习（五）

课文 Text

时间过得真快，这个学期快结束了，刘星更忙了。他要完成各门课的作业，还要准备考试。他以前经常跟女朋友丽丽一起去玩儿，现在没时间了，不去玩儿了，两个人每天互相打电话，发短信，只在周末见面。

这个星期刘星每天都在图书馆写作业，他每天夜里一点睡觉，早晨九点起床，起床以后接着写。昨天下午他回家了。到了家，他发现手机不见了。书包里没有，口袋里也没有。他想：也许是在车上丢的，过两天再去买一个吧。

一个小时以后，他发现，他不能离开手机：没有手机，怎么跟丽丽联系呢？他马上去买了一个新手机。有了手机，他又可以打电话、发短信了。他立刻告诉了丽丽自己的新号码，然后就回宿舍了。他到宿舍的时候，山田正在收拾房间，他对刘星说："你怎么没带手机？刚才你的手机一直响！"哎呀，刘星的手机在桌子上放着呢！

Shíjiān guò de zhēn kuài, zhè ge xuéqī kuài jiéshù le, Liú Xīng gèng máng le. Tā yào wánchéng gè mén kè de zuòyè, hái yào zhǔnbèi kǎoshì. Tā yǐqián jīngcháng gēn nǚ péngyou Lìli yìqǐ qù wánr, xiànzài méi shíjiān le, bú qù wánr le, liǎng ge rén měi tiān hùxiāng dǎ diànhuà, fā duǎnxìn, zhǐ zài zhōumò jiàn miàn.

Zhè ge xīngqī Liú Xīng měi tiān dōu zài túshūguǎn xiě zuòyè, tā měi tiān yèli yī diǎn shuì jiào, zǎochen jiǔ diǎn qǐ chuáng, qǐ chuáng yǐhòu jiēzhe xiě. Zuótiān xiàwǔ tā huí jiā le. Dàole jiā, tā fāxiàn shǒujī bú jiàn le, shūbāo li méiyǒu, kǒudai li yě méiyǒu. Tā xiǎng: Yěxǔ shì zài chē shang diū de, guò liǎng tiān zài qù mǎi yí ge ba.

Yí ge xiǎoshí yǐhòu, tā fāxiàn, tā bù néng líkāi shǒujī: méiyǒu shǒujī, zěnme gēn Lìli liánxì ne? Tā mǎshàng qù mǎile yí ge xīn shǒujī. Yǒule shǒujī,

tā yòu kěyǐ dǎ diànhuà, fā duǎnxìn le. Tā lìkè gàosule Lìli zìjǐ de xīn hàomǎ, ránhòu jiù huí sùshè le. Tā dào sùshè de shíhou, Shāntián zhèngzài shōushi fángjiān, tā duì Liú Xīng shuō: "Nǐ zěnme méi dài shǒujī? Gāngcái nǐ de shǒujī yìzhí xiǎng!" Āiyā, Liú Xīng de shǒujī zài zhuōzi shang fàngzhe ne!

词语 New Words and Phrases

1.	学期	(名)	xuéqī	semester
2.	互相	(副)	hùxiāng	each other
3.	早晨	(名)	zǎochen	morning
4.	接着	(动)	jiēzhe	to continue
5.	口袋	(名)	kǒudai	pocket, bag
6.	也许	(副)	yěxǔ	maybe, perhaps
7.	丢	(动)	diū	to lose
8.	小时	(名)	xiǎoshí	hour
9.	离开	(动)	líkāi	to leave
10.	联系	(动)	liánxì	to contact
11.	立刻	(副)	lìkè	immediately
12.	然后	(连)	ránhòu	then
13.	响	(动/形)	xiǎng	to ring, to make a sound; loud, noisy

注释 Notes

1. "到了家,他发现手机不见了。"

"不见了"的意思是"消失了,找不到了"。(不见了 means disappeared, cannot be found.)

2. "过两天再去买一个吧。"

"过两天"的"两"只是一个大概的数字,过两三天或者三四天都可以模糊地说成"过两天"。(两 here is an approximate number. Even two, three or four days later can roughly be expressed with 过两天 .)

语法索引 Summary of Grammar

语法	例句	课号
1. 动作正在进行: S +（在 / 正在 / 正）+ V +（O）+ 呢	我正在看书呢。	第29课
2. 某事将要发生: S + 要 / 就要 / 快要 / 快 + V +（O）+ 了	我哥哥要来广州了。	第33课
3. "是……的"句式	我是昨天来的。	第30课
4. "了"表示情况的变化	现在我是老师了。 他不想减肥了。	第31课 第32课
5. 感叹句	太热了!	第34课
6. "V+ 着"（1）: S+（在 / 正在 / 正 +V+ 着）+（O）+（呢）	男孩子在等着女孩子。	第34课
7. "V+ 着"（2）：V_1+ 着 +（O_1）+V_2+（O_2）	她开着门睡觉。	第35课

功能总结 Summary of Functions

功能	例句	课号
1. 催促	小云,快来!	第29课
2. 引起注意	你看,那儿有很多人。/ 看,我有笔记本电脑了!	第29、31课
3. 问距离	机场离学校远吗?	第30课
4. 安慰	不要着急。	第31课
5. 改变计划	今天不学习了。	第32课

（续表）

功能	例句	课号
6. 赞同	好主意。	第 32 课
7. 估计	大概下个月。	第 33 课
8. 劝告	别睡了。	第 33 课
9. 命令	去运动运动，别坐着了。	第 34 课
10. 提醒	该换衣服了。	第 35 课
11. 转述	据说，在德国的一个小学里，学生们都站着上课。	第 35 课

第三十六课　你吃过川菜没有？

课文 Text

（一）

问打算 Asking about plans

大卫：寒假你有什么打算？
李阳：去四川玩儿玩儿，或者回老家哈尔滨。你去过哈尔滨吗？
大卫：去过。

选择 Showing possibilities

李阳：看过那儿的冰灯没有？
大卫：没看过，真遗憾。我去的时候是春天。
李阳：你应该冬天去。对了，你去没去过四川？
大卫：没去过。
李阳：吃过川菜没有？
大卫：刚来广州的时候我吃过。太辣了，我的嘴疼了两天！

Dàwèi:　Hánjià nǐ yǒu shénme dǎsuàn?
Lǐ Yáng:　Qù Sìchuān wánrwanr, huòzhě huí lǎojiā Hā'ěrbīn. Nǐ qùguo Hā'ěrbīn ma?
Dàwèi:　Qùguo.
Lǐ Yáng:　Kànguo nàr de bīngdēng méiyǒu?
Dàwèi:　Méi kànguo, zhēn yíhàn. Wǒ qù de shíhou shì chūntiān.
Lǐ Yáng:　Nǐ yīnggāi dōngtiān qù. Duì le, nǐ qù méi qùguo Sìchuān?
Dàwèi:　Méi qùguo.
Lǐ Yáng:　Chīguo Chuāncài méiyǒu?
Dàwèi:　Gāng lái Guǎngzhōu de shíhou wǒ chīguo. Tài là le, wǒ de zuǐ téngle liǎng tiān!

（二）

林平是个爱好旅行的人，他去过很多地方。上大学的时候，他一个人骑自行车旅行过一个月。他看过各种美丽的风景，吃过各种好吃的小吃，遇到过很多困难，也遇到过很多有意思的人和事。他记得在新疆遇到过一个山东的学生，长得很帅，喜欢喝酒，每次喝酒以后都要跳舞。现在他们还常常互相联系。还有一次，他跟几个学生在火车上打牌，要求输的人站在车厢门口喊："全车的朋友们，我爱你们！"这是他那次旅行中最好玩儿的事情！

Línpíng shì ge àihào lǚxíng de rén, tā qùguo hěn duō dìfang. Shàng dàxué de shíhou, tā yí ge rén qí zìxíngchē lǚxíngguo yí ge yuè. Tā kànguo gè zhǒng měilì de fēngjǐng, chīguo gè zhǒng hǎochī de xiǎochī, yùdàoguo hěn duō kùnnan, yě yùdàoguo hěn duō yǒu yìsi de rén hé shì. Tā jìde zài Xīnjiāng yùdàoguo yí ge Shāndōng de xuésheng, zhǎng de hěn shuài, xǐhuan hē jiǔ, měi cì hē jiǔ yǐhòu dōu yào tiào wǔ. Xiànzài tāmen hái chángcháng hùxiāng liánxì. Hái yǒu yí cì, tā gēn jǐ ge xuésheng zài huǒchē shang dǎ pái, yāoqiú shū de rén zhàn zài chēxiāng ménkǒu hǎn: "Quán chē de péngyoumen, wǒ ài nǐmen!" Zhè shì tā nà cì lǚxíng zhōng zuì hǎowánr de shìqing!

词语 New Words and Phrases

1. 寒假	（名）	hánjià	winter holiday
暑假	（名）	shǔjià	summer holiday
2. 老家	（名）	lǎojiā	hometown
3. 过	（助）	guo	*aspect particle*
4. 辣	（形）	là	spicy
5. 嘴	（名）	zuǐ	mouth
6. 爱好	（名/动）	àihào	hobby; to love, to like
7. 小吃	（名）	xiǎochī	snack

8. 遇到	（动）	yùdào	to run into, to encounter, to come across
9. 困难	（名）	kùnnan	difficulty
10. 长	（动）	zhǎng	to grow
11. 跳舞		tiào wǔ	to dance
12. 打牌		dǎ pái	to play cards
13. 车厢	（名）	chēxiāng	railway carriage
14. 喊	（动）	hǎn	to shout, to cry out, to yell, to call (a person)

专名 Proper Nouns

1. 哈尔滨	Hā'ěrbīn	name of a Chinese city
2. 四川	Sìchuān	name of a Chinese province
3. 新疆	Xīnjiāng	name of a Chinese province
4. 山东	Shāndōng	name of a Chinese province

注释 Notes

离合词 Separable Word

汉语中有一种特别的两个字组成的词语，其中第一个字是动词，第二个字是这个动词的宾语，两个字常常在一起用，但是有时它们又可以分开,所以叫离合词。"打牌""散步"都是离合词，可以直接使用,也可以说"打一会儿牌""打打牌""散散步""散一会儿步"等。(In Chinese, there is a special kind of words which are composed of two elements in which the first is a verb while the other is something like an object of the verb. The two elements are usually joined together to be used as one word, but sometimes they can be splitted apart. 打牌 and 散步 are words of this kind as we can say 打一会儿牌，打打牌，散散步 or 散一会儿步.)

离合词的重叠形式一般为重叠第一个动词,如"见见面""理理发""聊聊天"。
(Only the verbal element is overlapped for this kind of words 见见面,理理发,聊聊天.)

语法和句式 Grammar and Sentence Patterns

"过"表示过去的经历
Express Actions Experienced Some Time in the Past with 过

S + V + 过 + (O)

大卫 去 过 哈尔滨。(现在不在哈尔滨)
他以前 当 过 老师。(现在不是老师了)

否定式:(Negation:)

S + 没(有)+ V + 过 + (O)

大卫 没 看 过 冰灯。
我 没 去 过。

正反疑问句为:(Affirmation-negative question:)

S + V + 过 + (O) + 没有

你 去 过 北京 没有?

或者:(Or:)

S + V 没 V + 过 +(O)

你 吃没吃 过 川菜?

注意:在第一个动词为"来"或"去"的连动句中,"过"位于第二个动词之后。(When the first verb is either 来 or 去 in the series-verb sentences, 过 is put after the second verb.)

上个星期我去医院看过病。

句型替换 Pattern Drills

(1) 他(没)去 过 哈尔滨。   (2) 你 吃 过 川菜 没有?
    他们   遇到   困难   你   喝   这种酒
    大卫   吃   川菜   他们 问   你
    我   想   这个问题   你   去   图书馆
    她   喝   这种酸奶   他们 见   面

（3）<u>你　去没去过　　四川</u>　？
　　　你　看　看　　中国电影
　　　你　听说　听说　这个书法家
　　　他　吃　吃　　这里的小吃
　　　你　用　用　　我的词典

任务与活动 Tasks / Activities

全班活动　Class Activity
（本活动相关补充内容详见配套教师手册）

　　看地图，说一说你去过的地方。(Look at the map of China/the world, and talk about the places you've been to.)

第三十七课　小云睡了十一个小时

课文 Text

（一）

（小静从家回到宿舍）

小静：醒了？你睡了多长时间？
小云：睡了十一个小时。
小静：头还疼吗？
小云：不疼了。
小静：感冒了就应该多睡觉。你今天休息一天，不要去上课了，我给你请假。
小云：好吧，这是我的作业，<u>你帮我给老师好吗</u>？

请求 Requesting

小静：哎呀，我忘了写！
小云：你昨天干什么了？
小静：和朋友打了一会儿牌，然后看了一晚上电视。晚会节目很精彩，有那么多有名的歌星！
小云：别想歌星了，快写作业吧！
小静：可是现在我太困了！

Xiǎojìng: Xǐng le? Nǐ shuìle duō cháng shíjiān?
Xiǎoyún: Shuìle shíyī ge xiǎoshí.
Xiǎojìng: Tóu hái téng ma?
Xiǎoyún: Bù téng le.
Xiǎojìng: Gǎnmàole jiù yīnggāi duō shuì jiào. Nǐ jīntiān xiūxi yì tiān, bú yào
　　　　　qù shàng kè le, wǒ gěi nǐ qǐng jià.

Xiǎoyún: Hǎo ba, zhè shì wǒ de zuòyè, nǐ bāng wǒ gěi lǎoshī hǎo ma?
Xiǎojìng: Āiyā, wǒ wàngle xiě!
Xiǎoyún: Nǐ zuótiān gàn shénme le?
Xiǎojìng: Hé péngyou dǎle yíhuìr pái, ránhòu kànle yì wǎnshang diànshì. Wǎnhuì jiémù hěn jīngcǎi, yǒu nàme duō yǒumíng de gēxīng!
Xiǎoyún: Bié xiǎng gēxīng le, kuài xiě zuòyè ba!
Xiǎojìng: Kěshì xiànzài wǒ tài kùn le!

（二）

小松最近换了一个工作。第一天去上班，他骑自行车骑了四十分钟左右。路上有很多汽车，不太安全。他决定试试别的交通工具。第二天，他坐地铁坐了二十分钟。地铁很快，可是太挤了。第三天，他去坐公共汽车。他等车等了十分钟，坐车坐了一刻钟，堵车了。他想：真不顺利！肯定迟到了！半个小时以后，他到了公司，真奇怪，怎么没有人？他看了看表，啊，今天星期六，不上班！

表示诧异 Expressing surprise

Xiǎosōng zuìjìn huànle yí ge gōngzuò. Dì yī tiān qù shàng bān, tā qí zìxíngchē qíle sìshí fēnzhōng zuǒyòu. Lùshang yǒu hěn duō qìchē, bú tài ānquán. Tā juédìng shìshi biéde jiāotōng gōngjù. Dì èr tiān, tā zuò dìtiě zuòle èrshí fēnzhōng. Dìtiě hěn kuài, kěshì tài jǐ le. Dì sān tiān, tā qù zuò gōnggòng qìchē. Tā děng chē děngle shí fēnzhōng, zuò chē zuòle yí kè zhōng, dǔ chē le. Tā xiǎng: Zhēn bú shùnlì! Kěndìng chídào le! Bàn ge xiǎoshí yǐhòu, tā dàole gōngsī, zhēn qíguài, zěnme méiyǒu rén? Tā kànle kàn biǎo, ā, jīntiān Xīngqīliù, bú shàng bān!

词语 New Words and Phrases

1. 醒	（动）	xǐng	to wake
2. 请假		qǐng jià	to ask for leave

3. 精彩	（形）	jīngcǎi	brilliant, wonderful
4. 歌星	（名）	gēxīng	star singer
5. 困	（形）	kùn	sleepy
6. 上班		shàng bān	to go to work
下班		xià bān	to go off work
7. 左右	（名）	zuǒyòu	or so, thereabouts
8. 安全	（形）	ānquán	safe
9. 交通	（名）	jiāotōng	transportation
10. 工具	（名）	gōngjù	tool, means
11. 挤	（形）	jǐ	crowded
12. 堵车		dǔ chē	traffic jam
13. 顺利	（形）	shùnlì	smooth going, successful
14. 迟到	（动）	chídào	to be late
15. 奇怪	（形）	qíguài	strange
16. 表	（名）	biǎo	watch

注释 Notes

"他骑自行车骑了四十分钟左右。"

"左右"可以用在数词词组或数量词组（加名词）后边，表示比该数稍多或稍少。（左右 can follow a phrase of number to indicate more or less than the number.）

三斤左右　　　十天左右　　　三十岁左右　　　三百个左右

三个小时左右　　十个月左右　　一米七左右

语法和句式 Grammar and Sentence Patterns

"V + 时量词"（1）V+Duration (1)

1. 动词不带宾语时：(When there is no object:)

   S ＋ V ＋（了）＋ Duration

   你明天　休息　　　　一天。

   小云　　睡　了　十一个小时。

2. 动词带非人称代词的宾语时：(When the verb takes an object of non-person:)

   (1) S ＋ V ＋（了）＋ Duration（的）＋ O

   小静　　看　了　　一晚上　（的）　电视。

   小松　　骑　了　　四十分钟　　　　自行车。

   (2) S ＋ V ＋ O ＋ V ＋（了）＋ Duration

   小松　　坐　地铁　坐　了　　二十分钟。

   他　　　等　车　　等　了　　十分钟。

   有能愿动词时，能愿动词要放在最后一个动词的前面。(If a optative verb or an adverb should be used, it must proceed the second verb.)

   小松坐地铁要坐二十分钟。

句型替换 Pattern Drills

（1）<u>小云</u>　<u>睡</u> 了<u>十一个小时</u>。　　（2）<u>小静</u>　<u>看</u> 了<u>一晚上</u>（的）<u>电视</u>。

　　　他们　吃　　三个小时　　　　　　他们　打　一个小时　　　排球
　　　他　　病　　一个星期　　　　　　他　　学　三年　　　　　汉语
　　　你　　休息　一天　　　　　　　　我们　打　一个晚上　　　牌
　　　我　　玩儿　一会儿　　　　　　　她　　散　一会儿　　　　步

（3）<u>他</u>　<u>骑自行车</u>　<u>骑</u> 了<u>四十分钟</u>。

　　　我　　跑步　　　　跑　二十分钟
　　　林平　锻炼身体　　锻炼　一个小时
　　　他们　吃晚饭　　　吃　三个小时

（4）<u>你</u>　<u>看</u>了多长时间 <u>电视</u>？
　　　小云　学习　　　　　汉语
　　　你　　坐　　　　　　飞机
　　　你　　打　　　　　　电话

任务与活动 Tasks / Activities

全班活动　Class Activity

在下面的话题中选一个，在全班范围内做一个小调查，然后作一个小报告。(Choose one of the following topics. Make an unformal survey, then report it to the class.)

1. 你洗澡洗多长时间？
2. 你吃晚饭吃多长时间？
3. 你每天学汉语学多长时间？
4. 你每天上网上多长时间？

第三十八课 李阳学了两个月西班牙语了

课文 Text

（一）

（小云正在给李阳打电话）

小云：你在干什么？
李阳：我在草地上，晒着太阳学西班牙语。
小云：这么舒服啊！你学了多长时间西班牙语了？
李阳：学了一个多月了。
小云：说得怎么样啊？
李阳：说得马马虎虎。你在干什么？
小云：我在车站等小静，已经等了她一刻钟了，很无聊。
李阳：你们要去哪儿？
小云：我们要去练瑜伽。我已经练了一个月了，感觉很好。你没觉得我有变化吗？
李阳：变化？有有有，我觉得你更漂亮了！

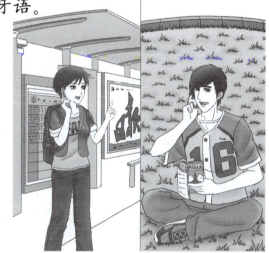

Xiǎoyún: Nǐ zài gàn shénme?
Lǐ Yáng: Wǒ zài cǎodì shang, shàizhe tàiyáng xué Xībānyáyǔ.
Xiǎoyún: Zhème shūfu a! Nǐ xuéle duō cháng shíjiān Xībānyáyǔ le?
Lǐ Yáng: Xuéle yí ge duō yuè le.
Xiǎoyún: Shuō de zěnmeyàng a?
Lǐ Yáng: Shuō de mǎmǎhūhū. Nǐ zài gàn shénme?
Xiǎoyún: Wǒ zài chēzhàn děng Xiǎojìng, yǐjīng děngle tā yí kèzhōng le, hěn wúliáo.

Lǐ Yáng: Nǐmen yào qù nǎr?
Xiǎoyún: Wǒmen yào qù liàn Yújiā. Wǒ yǐjīng liànle yí ge yuè le, gǎnjué hěn hǎo. Nǐ méi juéde wǒ yǒu biànhuà ma?
Lǐ Yáng: Biàn huà? Yǒu yǒu yǒu, wǒ juéde nǐ gèng piàoliang le!

(二)

否定 Negating

离开韩国三个多月了，明河很想家，哭了很多次。金浩从来没想过家。爸爸在的时候总是管他，现在爸爸回国了，金浩觉得很自由。上午九点，他正在睡觉，手机忽然响了，爸爸用汉语大声问他："醒了没有？还没起床吗？"金浩马上说："起床了，起床半个小时了。"

放下电话，金浩还觉得很困，他想关了手机接着睡，可是手机又响了。大卫说："排球比赛马上就开始了，我们已经等了你半天了。快来！"

Líkāi Hánguó sān ge duō yuè le, Mínghé hěn xiǎng jiā, kūle hěn duō cì. Jīn Hào cónglái méi xiǎngguo jiā. Bàba zài de shíhou zǒngshì guǎn tā, xiànzài bàba huí guó le, Jīn Hào juéde hěn zìyóu. Shàngwǔ jiǔ diǎn, tā zhèngzài shuì jiào, shǒujī hūrán xiǎng le, bàba yòng Hànyǔ dàshēng wèn tā: "Xǐngle méiyǒu? Hái méi qǐ chuáng ma?" Jīn Hào mǎshàng shuō: "Qǐ chuáng le, qǐ chuáng bàn ge xiǎoshí le."

Fàngxia diànhuà, Jīn Hào hái juéde hěn kùn, tā xiǎng guānle shǒujī jiēzhe shuì, kěshì shǒujī yòu xiǎng le. Dàwèi shuō: "Páiqiú bǐsài mǎshàng jiù kāishǐ le, wǒmen yǐjīng děngle nǐ bàntiān le. Kuài lái!"

词语 New Words and Phrases

1.	晒	（动）	shài	to dry (in the sun), to bask
2.	太阳	（名）	tàiyáng	the sun
3.	马马虎虎	（形）	mǎmǎhūhū	so so, not bad
4.	无聊	（形）	wúliáo	boring

5. 练	（动）	liàn	to practise
6. 感觉	（动/名）	gǎnjué	to feel; feeling
7. 变化	（名/动）	biànhuà	change; to change
8. 哭	（动）	kū	to cry, to weep
9. 从来	（副）	cónglái	always, all along
10. 管	（动）	guǎn	be in charge of, to supervise, to mind, to bother about, to manage
11. 自由	（形）	zìyóu	free
12. 忽然	（副）	hūrán	suddenly
13. 大声	（形）	dàshēng	loud
14. 关	（动）	guān	to shut, to close
15. 半天	（数量）	bàntiān	half day; quite a while

专名 Proper Nouns

西班牙		Xībānyá	Spain

补充词语 Additional Vocabulary

1. 瑜伽	（名）	yújiā	Yoga
2. 放下		fàngxia	to put down

语法和句式 Grammar and Sentence Patterns

"V + 时量词"（2）V+Duration (2)

1. 宾语是非人称代词时，时量词放在宾语前边；宾语是人称代词时，时量词要放在宾语后边。(When the object is not a personal pronoun, the duration precedes the object. But when it is a personal pronoun, it should follow the object.)

(1) S + V +（了）+ Duration（的）+ O +（了）
　　明河　跳　了　一个小时（的）　舞。

(2) S + V +（了）+ O + Duration +（了）
　　我们　找　了　她　一天。

2. 动词是非持续性动词时：(When verbs referring to actions unable to continue:)

(1) S + V +（了）+ Duration + 了
　　我　到　了　半天　了。

(2) S + V + O + Duration + 了
　　我　来　中国　一年多　了。

注意：这样的句子句尾一定有"了"。(Note that 了 must be used at the end in such sentences.)

请注意"了"的位置，比较以下两种句式：(Please note the position of 了, compare the following two sentences:)

她看了两个小时电视。（现在已经不看了）
她看了两个小时电视了。（现在还在看）

句型替换 Pattern Drills

(1) <u>我</u> 已经 <u>等</u>（了）<u>你</u>　<u>半天</u>　了。
　　林平　　　找　　　他们　一个小时
　　他　　　　问　　　我　　半天
　　我　　　　陪　　　他　　一会儿
　　她　　　　教　　　我们　一年

（2） <u>我</u>　<u>来</u>　<u>中国</u>　<u>两年</u> 了。
　　　明河　离开　韩国　三个月
　　　金浩　起　　床　　半个小时
　　　我　　认识　她　　十年
　　　大卫　毕　　业　　两年

任务与活动 Tasks / Activities

全班活动　Class Activity

采访你的同学，完成下面的表格。(Ask your classmates some questions, and fill in the table.)

来中国最久的人	
学汉语最久的人	
毕业最久的人	
和好朋友认识最久的人	
和男/女朋友认识最久的人	

> 你来中国多长时间了？
> 你大学毕业了没有？毕业多长时间了？
> 你和你最好的朋友认识多长时间了？

第三十九课　菊花茶有点儿苦

课文 Text

（一）

(林平招待来广州工作的北方朋友吃饭)　　比较 Comparing

林平：怎么样？好吃吗？

朋友：感觉还可以，就是太淡了。

林平：北方菜咸，这儿的菜淡一点儿。咱们再加一个辣一点儿的菜吧。服务员！

朋友：林平，不要加菜了，我真的、真的已经很饱了！下次我请客，去我那里吃川菜，怎么样？

林平：好，没问题。来，喝一点儿茶吧，这是菊花茶。

朋友：好像有点儿苦。

林平：放一点儿糖就不苦了。你尝尝。

朋友：放了糖的甜一点儿，不过我喜欢不放糖的味道。菊花茶贵吗？

林平：一般的菊花茶比较便宜，这一种贵一点儿。

Lín Píng:　Zěnmeyàng? Hǎochī ma?
Péngyou:　Gǎnjué hái kěyǐ, jiùshì tài dàn le.
Lín Píng:　Běifāngcài xián, zhèr de cài dàn yìdiǎnr. Zánmen zài jiā yí ge là yìdiǎnr de cài ba. Fúwùyuán!
Péngyou:　Lín Píng, búyào jiā cài le, wǒ zhēn de, zhēn de yǐjīng hěn bǎo le! Xià cì wǒ qǐng kè, qù wǒ nàlǐ chī Chuāncài, zěnmeyàng?
Lín Píng:　Hǎo, méi wèntí. Lái, hē yìdiǎnr chá ba, zhè shì júhuāchá.

Péngyou: Hǎoxiàng yǒudiǎnr kǔ.
Lín Píng: Fàng yìdiǎnr táng jiù bù kǔ le. Nǐ chángchang.
Péngyou: Fàngle táng de tián yìdiǎnr, búguò wǒ xǐhuan bú fàng táng de wèidào. Júhuāchá guì ma?
Lín Píng: Yìbān de júhuāchá bǐjiào piányi, zhè yì zhǒng guì yìdiǎnr.

(二)

小静剪了个短发。从理发店出来，她有点儿担心：头发是不是太短了？她从来没剪过这么短的头发。小云说："还可以再短一点儿。"可是明河说："再长一点儿更好。"她去坐船，船上一个小女孩儿一直在看她，她觉得很奇怪。最后，小女孩儿问她："哥哥，你为什么穿裙子啊？"

Xiǎojìng jiǎnle ge duǎnfà. Cóng lǐfàdiàn chūlái, tā yǒudiǎnr dān xīn: tóufa shì bu shì tài duǎn le? Tā cónglái méi jiǎnguo zhème duǎn de tóufa. Xiǎoyún shuō: "Hái kěyǐ zài duǎn yìdiǎnr." Kěshì Mínghé shuō: "Zài cháng yìdiǎnr gèng hǎo." Tā qù zuò chuán, chuánshang yí ge xiǎo nǚhái yìzhí zài kàn tā, tā juéde hěn qíguài. Zuìhòu, xiǎo nǚhái wèn tā: "Gēge, nǐ wèi shénme chuān qúnzi a?"

词语 New Words and Phrases

1.	招待	（动）	zhāodài	to entertain, to play host to; to receive (guests)
2.	淡	（形）	dàn	not salty, light
3.	咸	（形）	xián	salty, savoury
4.	加	（动）	jiā	to add
5.	服务员	（名）	fúwùyuán	waiter
6.	饱	（形）	bǎo	full
7.	请客		qǐng kè	to stand treat, to invite sb. to dinner, to entertain guests

8. 有(一)点儿	（副）	yǒu (yì)diǎnr	a little bit, a bit
9. 苦	（形）	kǔ	bitter
10. 一般	（形/副）	yìbān	normal, common; gernerally
11. 剪	（动）	jiǎn	to cut, to shear
12. 短	（形）	duǎn	short
短发		duǎn fà	short hair
13. 担心		dān xīn	to worry
14. 头发	（名）	tóufa	hair
15. 船	（名）	chuán	ship, boat
16. 最后	（名）	zuìhòu	finally

补充词语 Additional Vocabulary

菊花茶	（名）	júhuāchá	chrysanthemum tea

注释 Notes

"从理发店出来以后……"

"出来"的意思是 come out。（出来 means come out.）

语法和句式 Grammar and Sentence Patterns

1. "一点儿"和"有点儿" 一点儿 and 有点儿

有点儿 ＋ Adj/ 表示心理的动词

有点儿　　　苦
有点儿　　　担心

V ＋ 一点儿 ＋ N
喝　　一点儿　水
放　　一点儿　糖

"一点儿"也可以用来表示比较。(一点儿 can be used for comparison.)
(1) 北方菜很咸,这儿的菜淡一点儿。
(2) 一般的茶比较便宜,菊花茶贵一点儿。

2. "就是"

"就是"可以用来表示转折。在使用中,通常在前一个句子里肯定所谈论的人或东西的优点,然后用"就是"引出缺点。(就是 can be used for transition. The sentence before it tells some merits of someone or something, then 就是 introduces the shortcomings.)
(1) 这台电脑很不错,就是太贵了。
(2) 这本书很有意思,就是字有点儿小。

句型替换 Pattern Drills

(1) <u>　菊花茶　</u> 有点儿 <u>　苦　</u>。
　　　这件毛衣　　　　贵
　　　他的宿舍　　　　乱
　　　那条裤子　　　　短
　　　妈妈　　　　　　担心

(2) <u>一般的菊花茶比较便宜,</u> <u>　这一种贵　</u> 一点儿。
　　　这个地方人不多　　　那个地方热闹
　　　这个节目比较无聊　　那个节目有意思
　　　南边的房间比较吵　　北边的房间安静
　　　我家离学校远　　　　她家离学校近

(3) <u>　广东菜　</u> <u>　还可以　</u>,就是 <u>　太淡了　</u>。
　　　川菜　　　　　很好吃　　　　　　太辣了
　　　这里的房子　　不错　　　　　　　有点儿远
　　　一路上　　　　很顺利　　　　　　人太多,有点儿挤

任务与活动 Tasks / Activities

全班活动　Class Activity

按照下面的结构做句子接龙的游戏，要用"一点儿"说一些表示比较的句子。
(Refer to the following chart, and use 一点儿 to say comparative sentences one by one.)

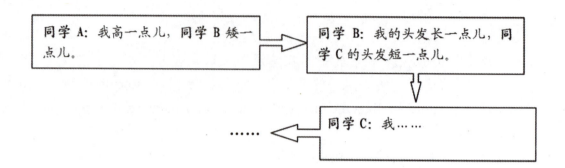

第四十课 她有一千多双鞋

课文 Text

（一）

（刘星爸爸买了菜回家）

刘星妈：你买菜怎么买了一个多小时啊？这个口袋里是什么？这么重！

刘星爸：在老王那儿借的几本书。

刘星妈：买肉了吗？

刘星爸：哎呀，忘了买肉。不过买了一条鱼。

刘星妈：这么大的鱼！多重？ —— 问重量 Asking about weight

刘星爸：三斤左右。

刘星妈：多少钱？

刘星爸：十块多。

刘星妈：放在冰箱里吧。

刘星爸：（打开冰箱）我们应该买一台大一点儿的冰箱了，这台冰箱已经用了十多年了。

刘星妈：我上周去看了，一台大冰箱四千多呢。我们刚买了车，有那么多钱吗？

刘星爸：那算了，还用这台吧。 —— 放弃计划 Giving up a plan

Liú Xīng mā: Nǐ mǎi cài zěnme mǎile yí ge duō xiǎoshí a? Zhè ge kǒudai li shì shénme? Zhème zhòng!

Liú Xīng bà: Zài Lǎowáng nàr jiè de jǐ běn shū.

Liú Xīng mā: Mǎi ròu le ma?

Liú Xīng bà: Āiyā, wàngle mǎi ròu. Búguò mǎile yì tiáo yú.
Liú Xīng mā: Zhème dà de yú! Duō zhòng?
Liú Xīng bà: Sān jīn zuǒyòu.
Liú Xīng mā: Duōshao qián?
Liú Xīng bà: Shí kuài duō.
Liú Xīng mā: Fàngzai bīngxiāng li ba.
Liú Xīng bà: Wǒmen yīnggāi mǎi yì tái dà yìdiǎnr de bīngxiāng le, zhè tái bīngxiāng yǐjīng yòngle shí duō nián le.
Liú Xīng mā: Wǒ shàng zhōu qù kàn le, yì tái dà bīngxiāng sì qiān duō ne. Wǒmen gāng mǎile chē, yǒu nàme duō qián ma?
Liú Xīng bà: Nà suàn le, hái yòng zhè tái ba.

（二）

今天报纸上有很多有趣的新闻：一个六岁的孩子力气很大，可以背六十多公斤的大人。一个美国女孩一个月发了三万多条短信。一个女演员很喜欢鞋，她有一千多双鞋。一个收藏家十几年前花二十多万买了一个书法家的一些字画，现在这些字画可以卖五百多万！

Jīntiān bàozhǐ shang yǒu hěn duō yǒuqù de xīnwén: yí ge liù suì de háizi lìqi hěn dà, kěyǐ bēi liùshí duō gōngjīn de dàrén. Yí ge Měiguó nǚhái yí ge yuè fāle sān wàn duō tiáo duǎnxìn. Yí ge nǚ yǎnyuán hěn xǐhuan xié, tā yǒu yìqiān duō shuāng xié. Yí ge shōucángjiā shíjǐ nián qián huā èrshí duō wàn mǎile yí ge shūfǎjiā de yìxiē zìhuà, xiànzài zhèxiē zìhuà kěyǐ mài wǔbǎi duō wàn!

词语 New Words and Phrases

1. 借	（动）	jiè	to borrow, to lend
还	（动）	huán	to return, to give back
2. 肉	（名）	ròu	meat, flesh
3. 鱼	（名）	yú	fish

4. 冰箱	（名）	bīngxiāng	refrigerator
5. 打开		dǎkāi	to open, to turn on, to unfold
6. 算了		suàn le	forget it; never mind
7. 报纸	（名）	bàozhǐ	newspaper
8. 有趣	（形）	yǒuqù	interesting
9. 新闻	（名）	xīnwén	news
10. 力气	（名）	lìqi	strength
11. 大人	（名）	dàrén	adult
12. 公斤	（量）	gōngjīn	kilogram
13. 万	（数）	wàn	ten thousand
14. 演员	（名）	yǎnyuán	actor or actress
15. 双	（量）	shuāng	*pair, a measure word*
16. 字画	（名）	zìhuà	calligraphy and painting

专名 Proper Nouns

美国		Měiguó	the America, the United States

补充词语 Additional Vocabulary

收藏家	（名）	shōucángjiā	collector

注释 Notes

1. "多重？"

"多+Adj"可用来询问程度及具体数量,如"多长""多大""多远"等。(The pattern 多+Adj is used to ask about degree or an exact number. For example, 多长，多大，多远.)

2. "那算了,还用这台吧。"

"那算了,……"表示由于某些原因,放弃了原来的计划和打算。(It means to give up the original plan or thought for some reason.)

(1) 算了,不去动物园了,我们去爬山吧。
(2) 算了,今天太晚了,明天做(作业)吧。

3. 万以上的称数法 Numbers above Ten Thousand

```
8    4    3    9    8    5    0    0
千万  百万  十万  万   千    百    十   个
```

84398500: 八千四百三十九万八千五百
4398500: 四百三十九万八千五百

语法和句式 Grammar and Sentence Patterns

概数 Approximation

1. 用"多"表示概数:(Approximation with 多:)

二十多个人   五百多斤水果   一千多本新书   两万多张报纸
五块多   六岁多   十七米多   二十一斤多

2. 用"几"表示概数:(几 indicating approximation:)

你再等几分钟。   这件衣服只卖五十几块钱。
他们买了几十本书。   这个大学只有几百个学生。

3. 用"左右"表示概数:(左右 indicating approximation:)

三斤左右

句型替换 Pattern Drills

(1) 我 <u>花了</u> <u>两百</u> <u>多</u> <u>块</u> <u>钱</u>。
    　　买了   十   斤   肉
    　　有   一千   本   书
    　　挣了   一万   块   钱
    　　跑了   一千   米

（2）<u>我们</u> <u>等</u>了<u>两</u> <u>个</u> <u>多</u> <u>小时</u>。　　（3）<u>你</u> <u>多高</u>？

　　他们 学 三 个 　 星期　　　　　你哥哥 　 大
　　我 　 买 五 斤 　 水果　　　　　他 　 　 　重
　　她 　 花 十 块 　 钱　　　　　 那个地方　 远
　　我们 玩儿 三 个 　 月　　　　　夏天 　 　 热

任务与活动 Tasks / Activities

全班活动 Class Activity

采访五个同学，根据采访结果完成下面的表格。(Ask five classmates some questions, and fill in the table.)

姓名	每个月平均（on the average）花多少钱？	身边最便宜的东西是什么？多少钱？	身边最贵的东西是什么？多少钱？

第四十一课　我看过三遍《我的父亲母亲》

课文 Text

（一）

小静：你喜欢张艺谋的电影吗？

小云：喜欢。我看过三遍《我的父亲母亲》。我很喜欢这部电影，看了三遍，哭了三次。

小静：为什么哭？

小云：电影很美，可是看的时候很难过。你没看过吗？

小静：我看过两次，可是都没看完一遍。

小云：为什么？

小静：第一次是在家里看的，刚看了一会儿，来客人了。第二次是在电影院看的，看了一半儿，后来肚子疼得受不了，就回家了。

小云：你没看完太遗憾了。你一定要看看这部电影。

遗憾 Expressing regret

Xiǎojìng: Nǐ xǐhuan Zhāng Yìmóu de diànyǐng ma?

Xiǎoyún: Xǐhuan. Wǒ kànguo sān biàn《Wǒ de Fùqin Mǔqin》. Wǒ hěn xǐhuan zhè bù diànyǐng, kànle sān biàn, kūle sān cì.

Xiǎojìng: Wèi shénme kū?

Xiǎoyún: Diànyǐng hěn měi, kěshì kàn de shíhou hěn nánguò. Nǐ méi kànguo ma?

Xiǎojìng: Wǒ kànguo liǎng cì, kěshì dōu méi kànwán yí biàn.

Xiǎoyún: Wèi shénme?

Xiǎojìng: Dì yī cì shì zài jiā li kàn de, gāng kànle yíhuìr, lái kèrén le. Dì èr cì shì zài diànyǐngyuàn kàn de, kànle yíbànr, hòulái dùzi téng de shòubuliǎo, jiù huí jiā le.

Xiǎoyún: Nǐ méi kànwán tài yíhàn le. Nǐ yídìng yào kànkan zhè bù diànyǐng.

(二)

　　下周开始期末考试，刘星英语学得不好，他担心自己不及格，所以做了一个英语复习计划。今天他要和丽丽一起复习语法、记生词。他们先写几遍、念几遍，然后丽丽考刘星。如果刘星不知道，丽丽就打他一下。刘星写完了，丽丽说了一个词，刘星想了想说："不知道。"丽丽打了他一下，然后告诉了他这个词的意思。过了一会儿，丽丽忽然又问他这个词。刘星想了半天，说："忘了。只记得你打了我一下。"

　　Xià zhōu kāishǐ qīmò kǎoshì, Liú Xīng Yīngyǔ xué de bù hǎo, tā dān xīn zìjǐ bù jí gé, suǒyǐ zuòle yí ge Yīngyǔ fùxí jìhuà. Jīntiān tā yào hé Lìli yìqǐ fùxí yǔfǎ, jì shēngcí. Tāmen xiān xiě jǐ biàn, niàn jǐ biàn, ránhòu Lìli kǎo Liú Xīng. Rúguǒ Liú Xīng bù zhīdào, Lìli jiù dǎ tā yíxià. Liú Xīng xiěwán le, Lìli shuōle yí ge cí, Liú Xīng xiǎngle xiǎng shuō: "Bù zhīdào." Lìli dǎle tā yíxià, ránhòu gàosule tā zhè ge cí de yìsi. Guòle yíhuìr, Lìli hūrán yòu wèn tā zhè ge cí. Liú Xīng xiǎngle bàntiān, shuō: "Wàng le. Zhǐ jìde nǐ dǎle wǒ yíxià."

词语 New Words and Phrases

1. 遍	（量）	biàn	time, measure word for complete courses of an action
2. 部	（量）	bù	measure word for machines, vehicles, movies and full-length novels.
3. 美	（形）	měi	beautiful
4. 难过	（形）	nánguò	sad, unhappy, feel sorry
5. 客人	（名）	kèrén	guest
6. 一半	（数）	yíbàn	half
7. 后来	（名）	hòulái	afterwards, later

8. 肚子	（名）	dùzi	belly, stomach
9. 受不了		shòubuliǎo	unable to bear
10. 完	（动）	wán	to finish, to complete, to be over
11. 期末	（名）	qīmò	end of semester
12. 及格		jí gé	to pass a test(examination)
13. 计划	（动/名）	jìhuà	to plan; plan
14. 考	（动）	kǎo	to give or take an exam
15. 记	（动）	jì	to remember; to write down
16. 念	（动）	niàn	to read aloud

专名 Proper Nouns

1.《我的父亲母亲》	《Wǒ de Fùqin Mǔqin》	name of a Chinese movie
2. 张艺谋	Zhāng Yìmóu	name of a Chinese director

语法和句式 Grammar and Sentence Patterns

1. "次" "遍" "下"

"次" "遍" "下" 可以用在动词之后，表示动作的数量。(次，遍，下 can be used after a verb to indicate the times happened for the action.)

S ＋ V ＋ （了/过） ＋ Num ＋ 次/遍/下 ＋ (O)

我们　读　　　　两　　遍　课文。
他　　说　了　　两　　遍。
我　　去　过　　两　　次　北京。

宾语是代词时，一般说：(Notice that when the object is a pronoun:)

S ＋ V ＋ （了/过） ＋ O ＋ Num ＋ 次/遍/下

丽丽　打　了　他　一　下。
我　　找　过　她　三　次。

2. "如果……就……"

(1) 如果不下雨,我们就去爬山。

(2) 我如果有时间,就去找你们玩儿。

(3) 如果刘星不知道,丽丽就打他一下。

句型替换 Pattern Drills

(1) 我很想 <u>去 一 次 北京</u>。
　　　　　 听　次　京剧
　　　　　 听　遍　录音
　　　　　 吃　次　烤鸭

(2) <u>丽丽 打 了 他 一 下</u>。
　　 我们　见　过　她　一　次
　　 他们　问　了　我　三　遍
　　 我　　找　过　他们　一　次

(3) <u>他 饿</u> 得受不了。
　　 我　　冷
　　 他们　热
　　 头　　疼
　　 妈妈　累

(4) 如果 <u>刘星不知道</u> , <u>丽丽</u> 就 <u>打他一下</u>。
　　　　 天气好　　　　　我们　　　去公园玩
　　　　 妈妈不管他　　　他　　　　一直玩游戏
　　　　 他不喜欢这件礼物　我们　　 买别的
　　　　 你不舒服　　　　 你　　　　在家休息吧

任务与活动 Tasks / Activities

双人活动　Pair Work

在表格中写下你必须做的事(比如弹钢琴,收拾房间,锻炼身体……)。你喜欢做哪些?不喜欢做哪些?这些事你一年(或者一周/一天)想做几次/遍?
(List the things you have to do. How often do you want to do them per day/week/month/year?)

喜欢的	不喜欢的
旅行：我希望一年旅行三次。	打扫房间：我希望一周打扫一次房间。

第四十二课　她再也不让他炒菜了

课文 Text

（一）

　　刘梅常常叫小宝做家务，比如擦桌子，收拾自己的房间。现在，小宝已经会自己洗袜子和短裤了，洗澡的时候也不用叫大人帮忙。

举例 Giving an example

　　小宝很多事情都做得很好，可是小宝的爸爸不是这样。他是个粗心的人。有一次，他们请朋友来家里吃饭，刘梅有急事出去了一会儿，叫他洗菜炒菜。可是后来她发现菜洗得不干净。从那以后，她再也不让他炒菜了。

　　还有一次，刘梅让他陪自己上街买衣服。到了准备付钱的时候，他发现钱包忘在家里了。从那以后，刘梅再也不让他陪着逛街了。

　　Liú Méi chángcháng jiào Xiǎobǎo zuò jiāwù, bǐrú cā zhuōzi, shōushi zìjǐ de fángjiān. Xiànzài, Xiǎobǎo yǐjīng huì zìjǐ xǐ wàzi hé duǎnkù le, xǐ zǎo de shíhou yě bú yòng jiào dàrén bāng máng.

　　Xiǎobǎo hěn duō shìqing dōu zuò de hěn hǎo, kěshì Xiǎobǎo de bàba bú shì zhèyàng. Tā shì ge cūxīn de rén. Yǒu yí cì, tāmen qǐng péngyou lái jiā li chī fàn, Liú Méi yǒu jíshì chūqù le yíhuìr, jiào tā xǐ cài chǎo cài. Kěshì hòulái tā fāxiàn cài xǐ de bù gānjìng. Cóng nà yǐhòu, tā zài yě bú ràng tā chǎo cài le.

　　Hái yǒu yí cì, Liú Méi ràng tā péi zìjǐ shàng jiē mǎi yīfu. Dàole zhǔnbèi fù qián de shíhou, tā fāxiàn qiánbāo wàng zài jiā li le. Cóng nà yǐhòu, Liú Méi zài yě bú ràng tā péizhe guàng jiē le.

（二）

父母都爱孩子，他们不让孩子喝酒、抽烟，不让孩子去危险的地方，可是孩子们常常不听话，让父母生气，让父母担心。父母想让孩子听他们的安排，可是孩子们想说的是：爸爸妈妈，<u>让我们自己做决定</u>吧！

请求 Requesting

Fùmǔ dōu ài háizi, tāmen bú ràng háizi hē jiǔ, chōu yān, bú ràng háizi qù wēixiǎn de dìfang, kěshì háizimen chángcháng bù tīng huà, ràng fùmǔ shēng qì, ràng fùmǔ dān xīn. Fùmǔ xiǎng ràng háizi tīng tāmen de ānpái, kěshì háizimen xiǎng shuō de shì: Bàba māma, ràng wǒmen zìjǐ zuò juédìng ba!

词语 New Words and Phrases

1.	家务	（名）	jiāwù	housework
2.	比如	（动）	bǐrú	such as
3.	袜子	（名）	wàzi	sock
4.	短裤	（名）	duǎnkù	shorts
5.	帮忙			bāng máng	to help, to give a hand, to do a favour
6.	粗心	（形）	cūxīn	careless, thoughtless
7.	急	（形）	jí	impatient, anxous; urgent, pressing
8.	炒	（动）	chǎo	to stir-fry
9.	让	（动）	ràng	to let, to allow, to make, to ask
10.	付	（动）	fù	to pay
11.	钱包	（名）	qiánbāo	wallet, purse
12.	逛街		guàng jiē	to windowshop

13. 危险	（形）	wēixiǎn	dangerous
14. 听话	（形）	tīnghuà	obedient
15. 生气		shēng qì	to get angry

注释 Notes

"从那以后她再也不让他炒菜了。"

"从那以后"表示过去某个时间点之后的情况，"再也不……了"表示某情况不再发生。(从那以后 means from then on. 再也不……了 means never again.)

语法和句式 Grammar and Sentence Patterns

1. "请" "叫" "让"

用"请""叫""让"表示邀请、请求与使令的句子：(Sentences indicating ask or invite somebody to do something:)

N_1 + V_1 (请／叫／让) + N_2 + V_2 (+O)

刘梅　　　叫　　　小宝　　　做家务。
妈妈　　　让　　　他　　　　去买菜。

"不让"表示不同意，不允许。(不让 mean that N_1 don't agrees or permits N_2 to do something.)

父母不让孩子喝酒、抽烟，不让孩子去危险的地方。

2. N_1 + 让 + N_2 + Adj / V (+O)

N_1 + 让 + N_2 + Adj / V (+O)

孩子　让　父母　　生气。
这首歌　让　我　　想家。

这一句式表示 N_1 是引起 N_2 做出某种事情或者发生某种变化的原因。(N_1 is the cause to make N_2 to do something or produce some change.)

句型替换 Pattern Drills

（1） <u>刘梅</u> 叫/让 <u>小宝</u> <u>做家务</u> 。 （2） <u>这张照片</u> 让 <u>我</u> 很 <u>想家</u> 。
　　老师　　　　李阳　回答问题　　　孩子的话　父母　很开心
　　妈妈　　　　金浩　帮忙　　　　　这首歌　　我　　难过
　　爸爸　　　　他　　擦桌子　　　　她　　　　妈妈　担心

任务与活动 Tasks / Activities

小组活动：家庭的矛盾　Group Work: Contradictions in a Family

填写下面的空白，然后与同学一起分享答案。(Fill in the blanks, and share your answers with your classmates.)

（1）__妈妈__ 不让 __我__ __喝酒__ ，可是 __爸爸__ 让 我 __喝酒__ 。

（2）_____ 不让 ____ _____ ，可是 _____ 让 ____ _____ 。

（3）_____ 不让 ____ _____ ，可是 _____ 让 ____ _____ 。

（4）_____ 不让 ____ _____ ，可是 _____ 让 ____ _____ 。

（5）_____ 不让 ____ _____ ，可是 _____ 让 ____ _____ 。

> 你家里的某个人
> Someone in your family

> 你家里不同的两个人
> Two different people in your family

复习（六）

课文 Text

快考试了，小云和小静的生活变得很紧张。她们上午上半天课，下午看一会儿学习方面的书，上一会儿网，打一会儿羽毛球，晚上背着书包去教室学习。她们觉得教室里有学习的气氛，在宿舍里只想吃零食、上网、看小说、看电影。不过现在每个教室人都很多，每次去，找座位都要找半天。

今天小云和小静吃了饭就到了教学楼，可是教室都满了，已经没座位了。怎么办？小静说："算了，回宿舍吧！"小云想了想，忽然有了一个主意。她对小静说："我们去做个游戏。"她进了一间教室，拿着粉笔在黑板上写了两个大字：有课。

正在学习的人很不高兴，他们收拾书包，走了，教室立刻空了。小云笑着对小静说："怎么样，这个游戏好玩儿吧？"可是她刚说完，又进来了一个人，小云告诉他有课。那个人说："知道，我就是来上课的老师，你们是历史系的吗？你们都看见换教室的通知了吗？"啊，真有课呀！小云很不好意思，马上拉着小静跑了。

Kuài kǎoshì le, Xiǎoyún hé Xiǎojìng de shēnghuó biànde hěn jǐnzhāng. Tāmen shàngwǔ shàng bàn tiān kè, xiàwǔ kàn yíhuìr xuéxí fāngmiàn de shū, shàng yíhuìr wǎng, dǎ yíhuìr yǔmáoqiú, wǎnshang bēizhe shūbāo qù jiàoshì xuéxí. Tāmen juéde jiàoshì li yǒu xuéxí de qìfēn, zài sùshè li zhǐ xiǎng chī língshí, shàng wǎng, kàn xiǎoshuō, kàn diànyǐng. Búguò xiànzài měi ge jiàoshì rén dōu hěn duō, měi cì qù, zhǎo zuòwèi dōu yào zhǎo bàntiān.

  Jīntiān Xiǎoyún hé Xiǎojìng chīle fàn jiù dàole jiàoxuélóu, kěshì jiàoshì dōu mǎn le, yǐjīng méi zuòwèi le. Zěnme bàn? Xiǎojìng shuō: "Suàn le, huí sùshè ba!" Xiǎoyún xiǎngle xiǎng, hūrán yǒule yí ge zhúyi. Tā duì Xiǎojìng shuō: "Wǒmen qù zuò ge yóuxì." Tā jìnle yì jiān jiàoshì, názhe fěnbǐ zài hēibǎn shang xiěle liǎng gè dà zì: yǒu kè.

  Zhèngzài xuéxí de rén dōu hěn bù gāoxìng, tāmen shōushi shūbāo, zǒu le, jiàoshì lìkè kōng le. Xiǎoyún xiàozhe duì Xiǎojìng shuō: "Zěnmeyàng, zhè ge yóuxì hǎowánr ba?" Kěshì tā gāng shuōwán, yòu jìnláile yí ge rén, Xiǎoyún gàosu tā yǒu kè. Nà ge rén shuō: "Zhīdào, wǒ jiù shì lái shàng kè de lǎoshī, nǐmen shì lìshǐxì de ma? Nǐmen dōu kànjiàn huàn jiàoshì de tōngzhī le ma?" Ā, zhēn yǒu kè ya! Xiǎoyún hěn bù hǎoyìsi, mǎshàng lāzhe Xiǎojìng pǎo le.

词语 New Words and Phrases

1.	紧张	（形）	jǐnzhāng	nervous, tense
2.	方面	（名）	fāngmiàn	aspect
3.	气氛	（名）	qìfēn	atmosphere
4.	零食	（名）	língshí	snack
5.	小说	（名）	xiǎoshuō	fiction, novel
6.	教学楼	（名）	jiàoxuélóu	teaching building
7.	满	（形）	mǎn	full
8.	怎么办		zěnme bàn	what to do about this
9.	间	（量）	jiān	*measure word for classroom, bedroom, etc.*
10.	粉笔	（名）	fěnbǐ	chalk
11.	黑板	（名）	hēibǎn	blackboard
12.	空	（形）	kōng	empty

13. 进来	jìnlái	to come in, to enter
14. 通知 （名/动）	tōngzhī	notice; to inform, to notify
15. 拉 （动）	lā	to hold(one's hand); to pull

语法索引 Summary of Grammar

	语法	例句	课号
1. 时量词	S + V +（了）+ Duration S + V +（了）+ Duration（的）+ O S + V + O + V +（了）+ Duration S + V + O + 能愿动词 + V + Duration	她睡了十个小时。 他看了两个小时电影。 我们坐飞机坐了十二个小时（了）。 他跳舞能跳一个晚上。	第37课
	S + V +（了）+ O + Duration +（了） S + V + O + Duration + 了	我们找了她一天。 我来中国一年了。	第38课
2. "过"表示过去的经历		大卫没看过冰灯。	第36课
3. S + V +（了/过）+ Num + 次/遍/下(+O)		我去过两次北京。	第41课
4. N_1 + 让 + N_2 + Adj/V（+O）		孩子让父母担心。	第42课

功能总结 Summary of Functions

功能	例句	课号
1. 问打算	寒假你有什么打算？	第36课
2. 选择	去四川玩儿玩儿，或者回老家哈尔滨。	第36课
3. 请求	这是我的作业，你帮我给老师好吗？ 让我们自己做决定吧！	第37课 第42课
4. 表示诧异	真奇怪，怎么没有人？	第37课
5. 否定	金浩从来没想过家。	第38课
6. 比较	北方菜咸，这儿的菜淡一点儿。	第39课

(续表)

功能	例句	课号
7. 问重量	多重?	第40课
8. 放弃计划	那算了，还用这台吧。	第40课
9. 遗憾	你没看完太遗憾了。	第41课
10. 举例	比如擦桌子，收拾自己的房间。	第42课

词语表 VOCABULARY

A				
啊	(叹/助)	ā/a	ah; *a modal particle usually used at the end of the sentence*	7
哎呀	(叹)	āiyā	Oh!	23
爱	(动)	ài	to love	14
爱好	(名/动)	àihào	hobby; to love, to like	36
爱情	(名)	àiqíng	love (between man and woman)	15
爱人	(名)	àiren	spouse	30
安静	(形)	ānjìng	quiet	31
安排	(名/动)	ānpái	arrangement; to arrange	22
安全	(形)	ānquán	safe	37
B				
吧	(助)	ba	*a modal particle*	10
八	(数)	bā	eight	拼音4
爸爸	(名)	bàba	dad	拼音3
白	(形)	bái	white	拼音2
百	(数)	bǎi	hundred	6
班	(名)	bān	class	8
搬(家)	(动)	bān(jiā)	to move	17
半	(数)	bàn	half	11
半天	(数量)	bàntiān	half day; quite a while	38
帮	(动)	bāng	to help	22
帮忙		bāng máng	to help, to give a hand, to do a favour	42

棒	（形）	bàng	excellent	26
包	（名）	bāo	bag	22
包子	（名）	bāozi	steamed stuffed bun	5
饱	（形）	bǎo	full	39
报纸	（名）	bàozhǐ	newspaper	40
杯	（量）	bēi	*cup, glass, measure word for liquid filled in cups or glasses*	5
背	（动）	bēi	to carry on the back	35
北方	（名）	běifāng	north	14
本	（量）	běn	*a measure word for book*	8
本子	（名）	běnzi	notebook	拼音8
比较	（副/动）	bǐjiào	comparatively; to compare	复习一
笔记本电脑		bǐjìběn diànnǎo	lap-top computer	31
比如	（动）	bǐrú	such as	42
比赛	（名/动）	bǐsài	competition; to compete	19
必须	（能愿动词）	bìxū	must	20
毕业		bì yè	to graduate	17
边	（名）	biān	side	30
遍	（量）	biàn	*time, measure word for complete courses of an action*	41
变	（动）	biàn	to change, to become	32
变化	（名/动）	biànhuà	change; to change	38
表	（名）	biǎo	watch	37
表演	（动/名）	biǎoyǎn	to perform; performance	24
别	（副）	bié	do not	33
别的	（代）	biéde	other	9
别人	（代）	biérén	other people	18
冰箱	（名）	bīngxiāng	refrigerator	40
病	（动/名）	bìng	to get ill; illness, disease	25

不错	（形）	búcuò	not bad	12
不过	（连）	búguò	but	20
不	（副）	bù	no, not	拼音2
部	（量）	bù	measure word for machines, vehicles, movies and full-length novels	41

C

擦	（动）	cā	to wipe, to scrub, to erase	27
猜	（动）	cāi	to guess	15
菜	（名）	cài	dish	14
菜市场		cài shìchǎng	vetetable / food market	31
参观	（动）	cānguān	to visit (a place)	复习三
参加	（动）	cānjiā	to attend, to join in, to take part in	19
餐厅	（名）	cāntīng	restaurant, dining-room	21
操场	（名）	cāochǎng	sports ground, playground	31
草地	（名）	cǎodì	grass, lawn	23
测验	（动/名）	cèyàn	to give (have) a test; test	32
茶	（名）	chá	tea	复习一
差	（动）	chà	to lack, to be short of	11
长	（形）	cháng	long	30
尝	（动）	cháng	to taste	27
常(常)	（副）	chángcháng	often, usually	14
唱	（动）	chàng	to sing	15
超市	（名）	chāoshì	supermarket	4
吵	（形）	chǎo	noisy	31
炒	（动）	chǎo	to stir-fry	42
车	（名）	chē	vehicle	复习一
车厢	（名）	chēxiāng	railway carriage	36

成绩	(名)	chéngjì	mark; result of exam	22
吃	(动)	chī	to eat	拼音7
吃饭		chī fàn	to have a meal	拼音7
迟到	(动)	chídào	to be late	37
抽烟		chōu yān	to smoke (a cigarette or a pipe)	复习四
丑	(形)	chǒu	ugly	复习四
出	(动)	chū	to go or come out, to exit	14
出差		chū chāi	to be on a business trip	21
出发	(动)	chūfā	to leave	复习三
出生	(动)	chūshēng	to be born	30
穿	(动)	chuān	to wear	13
船	(名)	chuán	ship, boat	39
床	(名)	chuáng	bed	17
吹	(动)	chuī	to blow	29
春天	(名)	chūntiān	spring	33
次	(量)	cì	time(s), measure word for frequency or experience	18
从	(介)	cóng	from	30
从来	(副)	cónglái	always, all along	38
粗心	(形)	cūxīn	careless, thoughtless	42
错	(形/名)	cuò	wrong; mistaken	28

D

打	(动)	dǎ	to make a telephone call; to beat; to play	8
打开		dǎkāi	to open, to turn on, to unfold	40
打牌		dǎ pái	to play cards	36
打扫	(动)	dǎsǎo	to sweep, to clean	27
打算	(动/名)	dǎsuàn	to plan; plan	24
打折		dǎ zhé	to discount	10

大	（形）	dà	big	拼音2
大巴	（名）	dàbā	(large) bus, coach	30
大概	（形/副）	dàgài	approximate, probable; probably	29
大家	（代）	dàjiā	everybody, all	复习三
大人	（名）	dàrén	adult	40
大声	（形）	dàshēng	loud	38
大学	（名）	dàxué	university, college	6
带	（动）	dài	to bring, to take	24
担心		dān xīn	to worry	39
淡	（形）	dàn	not salty, light	39
蛋糕	（名）	dàngāo	cake	7
当	（动）	dāng	to be	20
当然	（副）	dāngrán	of course, certainly	20
导游	（名）	dǎoyóu	tour guide	复习三
到	（动）	dào	to arrive	复习二
的	（助）	de	*a structural particle*	2
得	（助）	de	*a structural particle*	26
得	（动）	dé	to gain, to obtain, to win	26
灯	（名）	dēng	lamp, to light	30
等	（动）	děng	to wait	29
第	（词头）	dì	*a prefix indicating the rdinal number*	8
地方	（名）	dìfang	place	13
地铁	（名）	dìtiě	subway	复习二
地图	（名）	dìtú	map	13
点(钟)	（量）	diǎn(zhōng)	o'clock	11
点心	（名）	diǎnxin	light refreshments, dessert	14
电话	（名）	diànhuà	telephone	8

电脑	（名）	diànnǎo	computer	9
电视	（名）	diànshì	television	12
电影	（名）	diànyǐng	movie	复习一
电影院	（名）	diànyǐngyuàn	cinema	24
（电子）邮件	（名）	(diànzǐ)yóujiàn	e-mail	35
丢	（动）	diū	to lose	复习五
冬天	（名）	dōngtiān	winter	33
东西	（名）	dōngxi	thing	4
动	（动）	dòng	to move	复习四
动物	（名）	dòngwù	animal	13
动物园	（名）	dòngwùyuán	zoo	13
都	（副）	dōu	all	1
豆浆	（名）	dòujiāng	soybean milk	5
读	（动）	dú	to read	复习四
堵车		dǔ chē	traffic jam	37
肚子	（名）	dùzi	belly, stomach	41
短	（形）	duǎn	short	39
短发		duǎn fà	short hair	39
短裤	（名）	duǎnkù	shorts	42
短信	（名）	duǎnxìn	short message	22
锻炼	（动）	duànliàn	to have physical training	复习二
队	（名）	duì	team	26
对	（形）	duì	right, correct	拼音8
对	（介）	duì	to, for; to face	12
对了		duì le	by the way	7
多	（形）	duō	many	6
多	（副）	duō	how	16
多么	（副）	duōme	how	34

多少	(代)	duōshao	how much; how many	4
E				
饿	(形)	è	hungry	32
而且	(连)	érqiě	moreover, but also	35
二	(数)	èr	two	拼音1
F				
发	(动)	fā	to send	22
发烧		fā shāo	to have a temperature, fever	25
发现	(动)	fāxiàn	to find, to discover	19
法语	(名)	Fǎyǔ	French	26
翻译	(名/动)	fānyì	translator; to translate	复习三
饭	(名)	fàn	meal	拼音8
方便	(形)	fāngbiàn	convenient	17
方面	(名)	fāngmiàn	aspect	复习六
方向	(名)	fāngxiàng	direction	28
房间	(名)	fángjiān	room	16
房子	(名)	fángzi	house; apartment	17
放	(动)	fàng	to put	22
放假		fàng jià	to have a holiday or vacation	复习三
非常	(副)	fēicháng	unusual; extraordinary	9
飞机	(名)	fēijī	plane	18
分	(量)	fēn	minute of an hour	11
分钟	(名)	fēnzhōng	minute	30
粉笔	(名)	fěnbǐ	chalk	复习六
风	(名)	fēng	wind	32
风景	(名)	fēngjǐng	scenery	18
幅	(量)	fú	*measure word for painting, calligraphy, etc.*	复习四

服务员	（名）	fúwùyuán	waiter	39
付	（动）	fù	to pay	42
附近	（名）	fùjìn	nearby	17
复习	（动）	fùxí	to review	34

G

该	（能愿动词）	gāi	should, ought to	35
干净	（形）	gānjìng	clean	27
敢	（能愿动词）	gǎn	to dare to	32
感觉	（动/名）	gǎnjué	to feel; feeling	38
感冒	（动/名）	gǎnmào	to catch cold; cold	25
干	（动）	gàn	to do	20
干活儿		gàn huór	manual labour, work on a job	27
刚	（副）	gāng	only a short while ago, just now	复习二
刚才	（名）	gāngcái	just now	21
高	（形）	gāo	tall, high	复习一
高兴	（形）	gāoxìng	happy	1
高中	（名）	gāozhōng	senior high school	31
告诉	（动）	gàosu	to tell	6
歌	（名）	gē	song	15
哥哥	（名）	gēge	elder brother	拼音4
歌星	（名）	gēxīng	star singer	37
个	（量）	gè	a measure word for person and many common everyday objects	拼音4
各	（代）	gè	each, every	复习三
给	（动/介）	gěi	to give; for	7
跟	（介）	gēn	with, and	20
更	（副）	gèng	even more	33
工具	（名）	gōngjù	tool, means	37

工作	(动/名)	gōngzuò	to work; job	2
公共汽车		gōnggòng qìchē	bus	24
公斤	(量)	gōngjīn	kilogram	40
公司	(名)	gōngsī	company	6
公园	(名)	gōngyuán	park	8
狗	(名)	gǒu	dog	2
够	(动)	gòu	to be enough	13
故事	(名)	gùshi	story	15
刮	(动)	guā	(wind) to blow	32
拐	(动)	guǎi	to turn	28
关	(动)	guān	to shut, to close	38
关心	(动)	guānxīn	to care about	20
管	(动)	guǎn	be in charge of, to supervise, to mind, to bother about, to manage	38
广告	(名)	guǎnggào	advertisement	29
逛街		guàng jiē	to windowshop	42
贵	(形)	guì	expensive	4
贵姓		guìxìng	*the respectful way to ask family name*	1
国	(名)	guó	country, nation	拼音 8
国家	(名)	guójiā	country	22
过	(动)	guò	(of time) to pass; to celebrate (festivities)	21
过	(助)	guo	*aspect article*	36

H

还	(副)	hái	still, more	5
还是	(连)	háishi	or	15
孩子	(名)	háizi	child, kid	15
寒假	(名)	hánjià	winter holiday	36

喊	(动)	hǎn	to shout, to cry out, to yell; to call (a person)	36
汉语	(名)	Hànyǔ	Chinese language	拼音5
汉字	(名)	Hànzì	Chinese character	拼音6
好	(形)	hǎo	good	拼音2
好吃	(形)	hǎochī	delicious	13
好喝	(形)	hǎohē	good to drink	13
好久	(形)	hǎojiǔ	long time	23
好看	(形)	hǎokàn	good looking	13
好听	(形)	hǎotīng	pleasing to listen	13
好玩儿	(形)	hǎowánr	funny	13
好像	(动)	hǎoxiàng	it seems; to be like	29
号	(名)	hào	day	7
号码	(名)	hàomǎ	number	8
喝	(动)	hē	to drink	12
和	(连/介)	hé	and; with	2
黑	(形)	hēi	black	19
黑板	(名)	hēibǎn	blackboard	复习六
很	(副)	hěn	very	拼音3
红	(形)	hóng	red	19
后边	(名)	hòubian	the back; behind	9
后来	(名)	hòulái	afterwards, later	41
后天	(名)	hòutiān	the day after tomorrow	7
忽然	(副)	hūrán	suddenly	38
互相	(副)	hùxiāng	each other	复习五
花	(名)	huā	flower	7
花	(动)	huā	to spend	19
花园	(名)	huāyuán	garden	28

词语表 VOCABULARY

话	(名)	huà	words	22
画	(动)	huà	to draw	24
画(儿)	(名)	huà(r)	picture, painting	复习四
画家	(名)	huàjiā	painter, artist	复习四
欢迎	(动)	huānyíng	to welcome	14
还	(动)	huán	to return, to give back	40
换	(动)	huàn	to change, to exchange	24
回	(动)	huí	to return, to go or come back	21
会	(动/能愿动词)	huì	know how to ...; can	15
活动	(名)	huódòng	activity	26
火车	(名)	huǒchē	train	18
或者	(连)	huòzhě	or	13

J

鸡	(名)	jī	chicken	27
机场	(名)	jīchǎng	airport	30
机场大巴		jīchǎng dàbā	airport shuttle bus	30
鸡蛋	(名)	jīdàn	egg	5
及格		jí gé	to pass a test (examination)	41
急	(形)	jí	impatient, anxious; urgent, pressing	42
几	(代)	jǐ	how many	拼音5
挤	(形)	jǐ	crowded	37
记	(动)	jì	to remember; to write down	41
记得	(动)	jìde	to remember	28
计划	(动/名)	jìhuà	to plan; plan	41
继续	(动)	jìxù	to go on, to continue	10
加	(动)	jiā	to add	39
家	(名)	jiā	family	2

253

家务	（名）	jiāwù	housework	42
家具	（名）	jiājù	furniture	17
间	（量）	jiān	a measure word for classroom, bedroom, etc.	复习六
剪	（动）	jiǎn	to cut, to shear	39
减肥		jiǎn féi	to be on diet	32
简单	（形）	jiǎndān	simple	28
件	（量）	jiàn	measure word for coats, jackets, shirts, gifts, etc.	6
见	（动）	jiàn	to see	23
健康	（形/名）	jiànkāng	healthy; health	35
见面		jiàn miàn	to meet up, to meet with	21
江	（名）	jiāng	river	30
讲	（动）	jiǎng	to tell; to speak; to explain, to make clear	复习三
教	（动）	jiāo	to teach	16
交	（动）	jiāo	to make (friends with)	22
交通	（名）	jiāotōng	transportation	37
叫	（动）	jiào	to call (my name is ...)	1
教授	（名）	jiàoshòu	professor	34
教学楼	（名）	jiàoxuélóu	teaching building	复习六
接	（动）	jiē	to meet, to pick up	复习二
接着	（动）	jiēzhe	to continue	复习五
节	（量）	jié	section, joint, measure word for activities or objects which have sections or joints (classes, lessons, trains, etc.)	31
结婚		jié hūn	to get married	30
节目	（名）	jiémù	program, show	34
结束	（动）	jiéshù	to finish	25
借	（动）	jiè	to borrow, to lend	40

介绍	（动）	jièshào	to introduce	3
斤	（量）	jīn	*a unit of weight equal to half kilogram*	4
今年	（名）	jīnnián	this year	3
今天	（名）	jīntiān	today	7
紧张	（形）	jǐnzhāng	nervous, tense	复习六
进	（动）	jìn	to enter	14
进步	（名/动）	jìnbù	progress; to progress	15
进来		jìnlái	to come in, to enter	复习六
近	（形）	jìn	near, close	复习二
近视	（形）	jìnshì	myopia, nearsighted, shortsighted	35
京剧	（名）	jīngjù	Beijing opera	24
精彩	（形）	jīngcǎi	brilliant, wonderful	37
经常	（副/形）	jīngcháng	frequently, often	33
经济	（名）	jīngjì	economics	复习一
经理	（名）	jīnglǐ	manager	25
九	（数）	jiǔ	nine	拼音4
酒	（名）	jiǔ	liquor; wine, alcoholic drinks	11
旧	（形）	jiù	old, used	16
就	（副）	jiù	just	15
举行	（动）	jǔxíng	to hold (a competition, etc.)	26
句	（量）	jù	*a measure word used for words*	26
据说	（动）	jùshuō	it is said, reportedly, reputedly	35
觉得	（动）	juéde	to feel, to think	8
决定	（动）	juédìng	to decide	10
		K		
咖啡	（名）	kāfēi	coffee	12

开	（动）	kāi	to drive;（of train, ship or car, etc.）leave; to open, to turn on	复习一
开会		kāi huì	to have a meeting	25
开始	（动）	kāishǐ	to start; to begin	11
开玩笑		kāi wánxiào	to crack a joke, to make a joke about	复习三
开心	（形）	kāixīn	happy	33
开（药）	（动）	kāi(yào)	to prescribe	25
看	（动）	kàn	to look; to watch	3
看见		kànjiàn	to see	28
考	（动）	kǎo	to give or take an exam	41
考试		kǎo shì	to examine	34
科学	（名/形）	kēxué	science; scientific	35
科学家	（名）	kēxuéjiā	scientist	35
可能	（能愿动词/形）	kěnéng	may, can; possible	8
可是	（连）	kěshì	but	6
可以	（能愿动词）	kěyǐ	can, may; all right	9
课	（名）	kè	class	6
刻	（量）	kè	quarter of an hour	11
客人	（名）	kèrén	guest	41
肯定	（形/副）	kěndìng	definite; certainly, definitely	24
空	（形）	kōng	empty	复习六
口	（名/量）	kǒu	mouth; *measure word for number of family members*	2
口袋	（名）	kǒudai	pocket, bag	复习五
哭	（动）	kū	to cry, to weep	38
苦	（形）	kǔ	bitter	39
裤子	（名）	kùzi	trousers, pants	10
块	（量）	kuài	RMB "Yuan"	4

快	（形）	kuài	fast	18
快乐	（形）	kuàilè	happy, glad	复习三
困	（形）	kùn	sleepy	37
困难	（名）	kùnnan	difficulty	36

L

拉	（动）	lā	to hold (one's hand); to pull	复习六
辣	（形）	là	spicy	36
来	（动）	lái	to come	拼音2
蓝	（形）	lán	blue	19
篮球	（名）	lánqiú	basketball	18
懒	（形）	lǎn	lazy	33
浪费	（动）	làngfèi	to waste	16
老	（形）	lǎo	old	23
老板	（名）	lǎobǎn	boss	20
老家	（名）	lǎojiā	hometown	36
老师	（名）	lǎoshī	teacher	拼音7
了	（助）	le	*a particle*	拼音3
累	（形）	lèi	tired	11
冷	（形）	lěng	cold	13
梨	（名）	lí	pear	4
离	（介）	lí	from	17
离开	（动）	líkāi	to leave	复习五
里(边)	（名）	lǐ(bian)	inside	21
理发		lǐ fà	to get / give a haircut	15
礼物	（名）	lǐwù	present	7
厉害	（形）	lìhai	excellent, severe; formidable	28
立刻	（副）	lìkè	immediately	复习五
力气	（名）	lìqi	strength	40

历史	（名）	lìshǐ	history	复习三
联系	（动）	liánxì	to contact	复习五
练	（动）	liàn	to practise	38
练习	（动/名）	liànxí	to practise; exercise	12
凉快	（形）	liángkuai	cool	14
两	（数）	liǎng	two	5
辆	（量）	liàng	measure word for vehicles	17
亮	（动/形）	liàng	to shine; bright	34
聊天		liáo tiān	to chat	18
了解	（动）	liǎojiě	to know, to understand	25
零食	（名）	língshí	snack	复习六
另	（代）	lìng	another, other	29
流利	（形）	liúlì	fluent	26
留学生	（名）	liúxuéshēng	a student studying abroad	3
六	（数）	liù	six	拼音4
楼	（名）	lóu	building; floor	10
路	（名）	lù	road; bus number	复习二
路口	（名）	lùkǒu	crossing, intersection	28
录音	（名/动）	lùyīn	tape recording; to record	12
旅行	（动）	lǚxíng	to travel	复习一
绿	（形）	lǜ	green	12
乱	（形）	luàn	in disorder	34

M

吗	（助）	ma	standing at the end of a sentence to indicate a question	拼音2
妈妈	（名）	māma	mum	拼音3
马	（名）	mǎ	horse	拼音2
马马虎虎	（形）	mǎmǎhūhū	so so, not bad	38

马上	(副)	mǎshàng	at once, immediately	33	
买	(动)	mǎi	to buy	4	
卖	(动)	mài	to sell	复习四	
满	(形)	mǎn	full	复习六	
满意	(形)	mǎnyì	satisfied	10	
慢	(形)	màn	slow	18	
漫画	(名)	mànhuà	cartoon, comic book	8	
忙	(形)	máng	busy	拼音3	
毛	(量)	máo	RMB10 cents	4	
毛巾	(名)	máojīn	towel	19	
毛衣	(名)	máoyī	sweater	32	
帽子	(名)	màozi	hat	9	
没	(副)	méi	no, not	拼音4	
每	(代)	měi	every, each	拼音8	
美	(形)	měi	beautiful	41	
美丽	(形)	měilì	beautiful	复习三	
妹妹	(名)	mèimei	younger sister	6	
门	(名)	mén	door, gate	拼音3	
门口	(名)	ménkǒu	doorway, entrance	21	
们	(词尾)	men	*pluralizing suffix (to indicates people)*	拼音3	
米	(量)	mǐ	meter	26	
米饭	(名)	mǐfàn	rice	14	
秘密	(名)	mìmì	secret	20	
面包	(名)	miànbāo	bread	5	
面试	(名/动)	miànshì	interview; to interview	31	
名	(量)	míng	*measure word (followed by occupations) for persons ("第 N. 名" is used to show ranking)*	26	

明年	(名)	míngnián	next year	3
明天	(名)	míngtiān	tomorrow	7
明星	(名)	míngxīng	(movie) star	20
名字	(名)	míngzi	name	1

N

拿	(动)	ná	to take, to get	28
哪	(代)	nǎ	which	拼音8
哪儿	(代)	nǎr	where	拼音8
那	(代)	nà	that	拼音7
那里(那儿)	(代)	nàlǐ(nàr)	there	14
那么	(代)	nàme	so	31
奶奶	(名)	nǎinai	grandmother	2
男	(形)	nán	male, man	拼音1
难	(形)	nán	hard, difficult	16
南方	(名)	nánfāng	south	14
难过	(形)	nánguò	sad, unhappy, feel sorry	41
男孩子		nán háizi	boy	15
呢	(助)	ne	*a modal particle*	9
能	(能愿动词)	néng	can, be able to	22
你	(代)	nǐ	you	拼音3
年轻	(形)	niánqīng	young	16
念	(动)	niàn	to read aloud	41
鸟	(名)	niǎo	bird	33
您	(代)	nín	(polite form of addressing one person) you	1
牛奶	(名)	niúnǎi	milk	5
努力	(形)	nǔlì	hardworking, endeavor	拼音5
女	(形)	nǚ	woman	拼音1

女孩子		nǚ háizi	girl	15
P				
爬	(动)	pá	to climb	13
拍	(动)	pāi	to shoot	29
排球	(名)	páiqiú	volleyball	19
旁边	(名)	pángbiān	beside	16
胖	(形)	pàng	fat, plump	复习一
跑	(动)	pǎo	to run	26
跑步		pǎo bù	to running	21
陪	(动)	péi	to accompany with	22
朋友	(名)	péngyou	friend	3
啤酒	(名)	píjiǔ	beer	13
皮鞋	(名)	píxié	leather shoes	复习四
篇	(量)	piān	measure word for writings	27
便宜	(形)	piányi	cheap	4
片	(量)	piàn	measure word for flat, small and thin objects(pill, leaf, etc.); measure word for large areas of scenery (buildings, woods, grass fields, etc.)	23
票	(名)	piào	ticket	18
漂亮	(形)	piàoliang	beautiful	6
瓶	(量)	píng	bottle, measure word for liquid filled in bottles	13
苹果	(名)	píngguǒ	apple	4
平时	(名)	píngshí	at ordinary times	21
Q				
七	(数)	qī	seven	拼音4
期末	(名)	qīmò	end of semester	41
骑	(动)	qí	to ride	19

奇怪	(形)	qíguài	strange	37
起床		qǐ chuáng	to get up	11
汽车	(名)	qìchē	automobile (bus, car, etc.)	29
气氛	(名)	qìfēn	atmosphere	复习六
千	(数)	qiān	thousand	17
钱	(名)	qián	money	4
钱包	(名)	qiánbāo	wallet, purse	42
前(边)	(名)	qián(bian)	the front; ahead	23
前天	(名)	qiántiān	the day before yesterday	7
勤快	(形)	qínkuai	diligent, hardworking	33
请	(动)	qǐng	to invite	5
请假		qǐng jià	to ask for leave	37
请客		qǐng kè	to stand treat, to invite sb to dinner, to entertain guests	39
请问	(动)	qǐngwèn	May I ask ...	复习二
穷	(形)	qióng	poor	29
秋天	(名)	qiūtiān	autumn, fall	33
球拍	(名)	qiúpāi	racket	32
去	(动)	qù	to go	拼音4
去年	(名)	qùnián	last year	3
全	(形)	quán	whole, entire, all, total	33
裙子	(名)	qúnzi	skirt	6

R

然后	(连)	ránhòu	then	复习五
让	(动)	ràng	to let, to allow, to make, to ask	42
热	(形)	rè	hot	13
热闹	(形)	rènao	lively, bustling with noise and excitement	34
人	(名)	rén	people, person	拼音7

认识	(动)	rènshi	to be acquainted with; to recognize	1
日	(名)	rì	date, day	拼音7
容易	(形)	róngyì	easy	16
肉	(名)	ròu	meat, flesh	40
如果	(连)	rúguǒ	if	7

S

三	(数)	sān	three	拼音1
散步		sàn bù	to take a walk	复习三
晒	(动)	shài	to bask, to dry (in the sun)	38
山	(名)	shān	mountain, hill	拼音7
商店	(名)	shāngdiàn	shop	10
上	(名)	shàng	up, above; last	17
上班		shàng bān	to go to work	37
上(边)	(名)	shàng(bian)	above, on top of	23
上课		shàng kè	to attend class; to go to class to give a lesson	6
上网		shàng wǎng	to surf the internet	16
上午	(名)	shàngwǔ	morning	拼音8
上衣	(名)	shàngyī	upper outer garment	10
少	(形)	shǎo	few, little	10
谁	(代)	shéi	who; whom	3
身体	(名)	shēntǐ	body; health	12
什么	(代)	shénme	what	拼音7
生气		shēng qì	to get angry	42
生日	(名)	shēngrì	birthday	7
声音	(名)	shēngyīn	voice, sound	23
诗	(名)	shī	poem	35
十	(数)	shí	ten	拼音4

时候	(名)		shíhou	time, moment	21
时间	(名)		shíjiān	time	8
食堂	(名)		shítáng	dining hall	21
是	(动)		shì	to be	拼音5
试	(动)		shì	to try	10
市场	(名)		shìchǎng	market	31
世界	(名)		shìjiè	world	32
事情	(名)		shìqing	affair, matter, business	22
收拾	(动)		shōushi	to put in order; to tidy	34
首	(量)		shǒu	measure word for songs and poems	26
手	(名)		shǒu	hand	9
手机	(名)		shǒujī	mobile	16
受不了			shòubuliǎo	unable to bear	41
书	(名)		shū	book	拼音7
输	(动)		shū	to lose, to be defeated	26
书包	(名)		shūbāo	schoolbag; bag	23
书法	(名)		shūfǎ	penmanship, calligraphy	26
舒服	(形)		shūfu	comfortable	11
书架	(名)		shūjià	book-shelf	8
暑假	(名)		shǔjià	summer holiday	36
树	(名)		shù	tree	18
树林	(名)		shùlín	forest	23
帅	(形)		shuài	handsome	15
双	(量)		shuāng	pair, a measure word	40
水	(名)		shuǐ	water	拼音8
水果	(名)		shuǐguǒ	fruit	13
水平	(名)		shuǐpíng	standard, level	15

睡觉		shuì jiào	to sleep	11
睡懒觉		shuì lǎnjiào	to sleep in, to lie in	32
顺利	(形)	shùnlì	smooth going, successful	37
说	(动)	shuō	to speak, to talk, to say	7
死	(动)	sǐ	to die	33
四	(数)	sì	four	拼音1
酸奶	(名)	suānnǎi	yoghurt	19
算了		suàn le	forget it; never mind	40
随便	(形)	suíbiàn	casually, at random	复习四
岁	(名)	suì	year (of age)	2
所以	(连)	suǒyǐ	therefore, so	14

T

她	(代)	tā	she	拼音6
他	(代)	tā	he	拼音6
它	(代)	tā	it	2
台	(量)	tái	measure word for electrical appliances (television, computer, washing machine, etc.)	16
太	(副)	tài	too	4
太阳	(名)	tàiyáng	the sun	38
汤	(名)	tāng	soup	14
糖	(名)	táng	sugar, candy	27
躺	(动)	tǎng	to lie down	35
讨论	(动)	tǎolùn	to discuss	34
特别	(形/副)	tèbié	special, particular; especially	21
疼	(形)	téng	ache, pain	25
踢	(动)	tī	to kick	26
提高	(动)	tígāo	to improve	15
天	(名)	tiān	day	拼音8

天气	（名）	tiānqì	weather	13
甜	（形）	tián	sweet	31
条	（量）	tiáo	measure word for long and soft objects (skirt, trousers, river, etc.)	6
跳舞		tiào wǔ	to dance	36
听	（动）	tīng	to listen	12
听话	（形）	tīnghuà	obedient	42
听说	（动）	tīngshuō	to hear of	14
通过	（动）	tōngguò	to pass	31
通知	（名/动）	tōngzhī	notice; to inform, to notify	复习六
同学	（名）	tóngxué	classmate	3
头	（名）	tóu	head	25
头	（量）	tóu	a measure word used for pig, cattle, elephant, etc.	29
头发	（名）	tóufa	hair	39
图书馆	（名）	túshūguǎn	library	11
拖(地)	（动）	tuō(dì)	to mop	27

W

袜子	（名）	wàzi	sock	42
外(边)	（名）	wài(bian)	outside	23
外国	（名）	wàiguó	foreign	9
外面	（名）	wài(miàn)	outside	34
完	（动）	wán	to finish, to be over, to complete	41
完成	（动）	wánchéng	to finish	复习四
玩儿	（动）	wánr	to play	8
晚	（形）	wǎn	late	22
晚点	（动）	wǎndiǎn	to be behind schedule	30
晚饭	（名）	wǎnfàn	dinner	5

晚会	(名)	wǎnhuì	evening party	34
晚上	(名)	wǎnshang	evening	11
万	(数)	wàn	ten thousand	40
往	(介)	wǎng	toward, to	28
网球	(名)	wǎngqiú	tennis	复习一
忘	(动)	wàng	to forget	24
危险	(形)	wēixiǎn	dangerous	42
位	(量)	wèi	measure word for persons to show politeness	复习二
喂	(叹)	wèi	hello, hey	复习二
为	(介)	wèi	for	复习四
味道	(名)	wèidào	flavour, smell, taste	27
为什么		wèi shénme	why	9
温暖	(形)	wēnnuǎn	warm	33
文章	(名)	wénzhāng	article	27
问	(动)	wèn	to ask	拼音8
问题	(名)	wèntí	question; problem	16
我	(代)	wǒ	I, me	拼音7
无聊	(形)	wúliáo	boring	38
五	(数)	wǔ	five	拼音1
午饭	(名)	wǔfàn	lunch	5

X

希望	(动/名)	xīwàng	to hope; hope	20
习惯	(动/名)	xíguàn	to be used to; habit	14
洗	(动)	xǐ	to wash	27
洗澡		xǐ zǎo	to bathe	28
喜欢	(动)	xǐhuan	to like	2
系	(名)	xì	a college department	复习一

下	（名）	xià	below, down; next	17
下班		xià bān	to go off work	37
下(边)	（名）	xià(bian)	below, under	23
下课		xià kè	to finish class	6
夏天	（名）	xiàtiān	summer	32
下午	（名）	xiàwǔ	afternoon	拼音8
下雪		xià xuě	to snow	34
下雨		xià yǔ	to rain	34
先	（副）	xiān	first	20
先生	（名）	xiānsheng	Mr.; Sir; gentleman	30
咸	（形）	xián	salty, savoury	39
现在	（名）	xiànzài	now	10
想	（动/能愿动词）	xiǎng	to think; want	12
响	（动/形）	xiǎng	to ring, to make a sound; loud, noisy	复习五
消息	（名）	xiāoxi	news	31
小	（形）	xiǎo	small	拼音2
小吃	（名）	xiǎochī	snack	36
小时	（名）	xiǎoshí	hour	复习五
小说	（名）	xiǎoshuō	fiction	复习六
小学	（名）	xiǎoxué	primary school	35
笑	（动）	xiào	to smile, to laugh	复习三
校园	（名）	xiàoyuán	school, campus	21
鞋	（名）	xié	shoes	19
写	（动）	xiě	to write	拼音6
谢谢	（动）	xièxie	to thank	6
新	（形）	xīn	new	6

辛苦	(形/动)	xīnkǔ	hard, toilsome; to work hard, to go through hardships	27
新年	(名)	xīnnián	new year	34
新闻	(名)	xīnwén	news	40
信	(名)	xìn	letter	21
星期	(名)	xīngqī	week	7
行	(动)	xíng	OK, all right	9
醒	(动)	xǐng	to wake	37
姓	(动)	xìng	to be surnamed	1
幸福	(形/名)	xìngfú	happy; happiness	30
修	(动)	xiū	to fix, to repair	15
休息	(动)	xiūxi	to have a rest	23
需要	(动)	xūyào	to need	31
学期	(名)	xuéqī	semester	复习五
学生	(名)	xuésheng	student	拼音5
学习	(动)	xuéxí	to learn, to study	拼音5
学校	(名)	xuéxiào	school	17
学院	(名)	xuéyuàn	college; institute; school	31
雪	(名)	xuě	snow	34

Y

盐	(名)	yán	salt	27
研究	(动)	yánjiū	to research	30
颜色	(名)	yánsè	color	19
眼睛	(名)	yǎnjing	eye	19
演员	(名)	yǎnyuán	actor or actress	40
阳台	(名)	yángtái	balcony	29
要求	(动/名)	yāoqiú	(to) request; (to) demand	35
要	(动/能愿动词)	yào	to want; would like	5

药	（名）	yào	drug, medicine	25
也	（副）	yě	also	拼音6
也许	（副）	yěxǔ	maybe, perhaps	复习五
夜里	（名）	yèli	at night	33
一	（数）	yī	one	拼音1
一般	（形/副）	yìbān	normal, common; generally	39
一半	（数）	yíbàn	half	41
一边……一边……		yìbiān ... yìbiān ...	to do something while doing another thing	28
一点儿	（数量）	yìdiǎnr	a little bit	10
一定	（副）	yídìng	must	7
一共	（副）	yígòng	altogether, in all	4
一会儿	（数量）	yíhuìr	a moment, a while	21
一路上		yílùshang	all the way, on the road	18
一起	（副）	yìqǐ	together	12
一下儿	（数量）	yíxiàr	for a while; once; one time	3
（一）些	（量）	(yì)xiē	some	9
一样	（形）	yíyàng	same	29
一直	（副）	yìzhí	always	28
衣服	（名）	yīfu	clothes	6
医生	（名）	yīshēng	doctor	25
医院	（名）	yīyuàn	hospital	25
遗憾	（形）	yíhàn	pity	25
以后	（名）	yǐhòu	after; later	8
已经	（副）	yǐjīng	already	25
以前	（名）	yǐqián	before	8
因为	（连）	yīnwèi	because	18
音乐	（名）	yīnyuè	music	29

银行	(名)	yínháng	bank	拼音6
饮料	(名)	yǐnliào	beverage, drink	复习四
应该	(能愿动词)	yīnggāi	should	19
英文	(名)	Yīngwén	English	复习一
英语	(名)	Yīngyǔ	English	复习一
赢	(动)	yíng	to win	26
用	(动)	yòng	to use	16
游戏	(名)	yóuxì	game	32
游泳		yóu yǒng	to swim	复习一
有	(动)	yǒu	to have	拼音4
有的	(代)	yǒude	some	16
有名	(形)	yǒumíng	famous	24
有趣	(形)	yǒuqù	interesting	40
有时	(副)	yǒushí	sometimes	18
有(一)点儿	(副)	yǒu(yì)diǎnr	a little bit, a bit	39
有意思		yǒu yìsi	interesting	12
又	(副)	yòu	again	6
右(边)	(名)	yòu(bian)	right	23
鱼	(名)	yú	fish	40
愉快	(形)	yúkuài	happy, joyful	18
雨	(名)	yǔ	rain	34
语法	(名)	yǔfǎ	grammar	15
羽毛球	(名)	yǔmáoqiú	badminton	32
遇到	(动)	yùdào	to run into, to encounter, to come across	36
远	(形)	yuǎn	far	复习二
愿意	(能愿动词)	yuànyì	would like to, be willing to	复习四
月	(名)	yuè	the moon; month	拼音5

运动	(名)	yùndòng	sport	19
运动会	(名)	yùndònghuì	sports meet	19
运气	(名)	yùnqi	fortune, luck	22

Z

杂志	(名)	zázhì	magazine	29
在	(动/介)	zài	to be; to exist; (located) at/in	拼音 6
再	(副)	zài	again, once more	17
再见	(动)	zàijiàn	good-bye	拼音 6
咱们	(代)	zánmen	we	23
脏	(形)	zāng	dirty	31
早	(形)	zǎo	early	22
早晨	(名)	zǎochen	morning	复习五
早饭	(名)	zǎofàn	breakfast	5
早上	(名)	zǎoshang	morning	11
怎么	(代)	zěnme	how	复习二
怎么	(代)	zěnme	why	28
怎么办		zěnme bàn	what to do about this	复习六
怎么样	(代)	zěnmeyàng	how (used in asking for an opinion)	13
站	(动/名)	zhàn	to stand; station, stop	复习二
张	(量)	zhāng	*measure word for flat objects (paper, picture, bed, etc.)*	8
长	(动)	zhǎng	to grow	36
丈夫	(名)	zhàngfu	husband	30
招待	(动)	zhāodài	to entertain, to play host to, to receive (guests)	39
着急	(形)	zháojí	worry, anxious	31
找	(动)	zhǎo	to look for	11
照片	(名)	zhàopiàn	photograph	9
照相		zhào xiàng	to take photo	20

(照)相机	(名)	(zhào)xiàngjī	camera	20
着	(助)	zhe	indicate continuance	34
这	(代)	zhè	this	拼音7
这里(这儿)	(代)	zhèlǐ(zhèr)	here	14
这么	(代)	zhème	so	16
这样	(名)	zhèyàng	this way	34
真	(副)	zhēn	very	16
真的		zhēn de	really	20
挣	(动)	zhèng	to earn	20
正	(副)	zhèng	just	29
只	(量)	zhī	measure word for one of a pair; measure word for most of the animals, birds, insects and other objects	25
知道	(动)	zhīdào	to know	8
职员	(名)	zhíyuán	office clerk	35
只	(副)	zhǐ	only; just	10
中间	(名)	zhōngjiān	middle	24
中文	(名)	Zhōngwén	Chinese	复习一
中午	(名)	zhōngwǔ	noon	拼音8
种	(量)	zhǒng	kind	12
重	(形)	zhòng	heavy	35
重要	(形)	zhòngyào	important	19
周	(名)	zhōu	week	32
周末	(名)	zhōumò	weekend	24
猪	(名)	zhū	pig	29
主意	(名)	zhúyi	idea	32
住	(动)	zhù	to live (in a certain place)	拼音8
祝	(动)	zhù	to wish	复习三

注意	(动)	zhùyì	to pay attention to	25
准备	(动)	zhǔnbèi	to prepare	24
桌子	(名)	zhuōzi	desk	14
字画	(名)	zìhuà	calligraphy and painting	40
自己	(代)	zìjǐ	oneself	3
自行车	(名)	zìxíngchē	bicycle	17
自由	(形)	zìyóu	free	38
总是	(副)	zǒngshì	always	34
走	(动)	zǒu	to walk, to go somewhere	24
租	(动)	zū	to rent	17
足球	(名)	zúqiú	football	26
嘴	(名)	zuǐ	mouth	36
最	(副)	zuì	most (a superlative degree), -est	9
最后	(名)	zuìhòu	finally	39
最近	(名)	zuìjìn	recently	17
昨天	(名)	zuótiān	yesterday	7
左(边)	(名)	zuǒ(bian)	left	23
左右	(名)	zuǒyòu	or so, thereabouts	37
做	(动)	zuò	to do	12
坐	(动)	zuò	to sit; to take (a bus)	复习二
做饭		zuò fàn	to cook	15
座位	(名)	zuòwèi	seat	22
作业	(名)	zuòyè	homework	27

专名 Proper Nouns

A			
奥运会	Àoyùnhuì	the Olympic Games	复习四

词语表 VOCABULARY

奥林匹克	Àolínpǐkè	Olympic	复习四
B			
白	Bái	a surname	1
北京	Běijīng	capital of China	1
C			
长城	Chángchéng	the Great Wall	25
春节	Chūn Jié	Spring Festival	7
D			
大卫	Dàwèi	name of a person	1
德国	Déguó	Germany	35
F			
法国	Fǎguó	France	26
G			
故宫	Gùgōng	the Palace Museum	25
广州	Guǎngzhōu	name of a Chinese city	6
广东	Guǎngdōng	a Chinese province	14
国庆节	Guóqìng Jié	National Day	7
H			
韩国	Hánguó	Korea	1
哈尔滨	Hā'ěrbīn	name of a Chinese city	36
J			
金	Jīn	a surname	1
金浩	Jīn Hào	name of a person	1
L			
李	Lǐ	a surname	1
李阳	Lǐ Yáng	name of a person	2
丽达	Lìdá	name of a person	22
林平	Lín Píng	name of a person	2

刘梅	Liú Méi	name of a person	30
M			
美国	Měiguó	the United States of America	40
明河	Mínghé	name of a person	1
Q			
清华大学	Qīnghuá Dàxué	Tsinghua University	30
R			
日本	Rìběn	Japan	3
S			
山田亮	Shāntián Liàng	name of a person	3
山东	Shāndōng	name of a Chinese province	36
四川	Sìchuān	name of a Chinese province	36
苏坚	Sū Jiān	name of a person	复习四
T			
唐	Táng	Tang dynasy	35
W			
《我的父亲母亲》	《Wǒ de Fùqin Mǔqin》	name of a Chinese movie	41
X			
西班牙	Xībānyá	Spain	38
小黄	Xiǎohuáng	name of a dog	2
小静	Xiǎojìng	name of a person	4
小林	Xiǎolín	name of a person	22
小松	Xiǎosōng	name of a person	8
小云	Xiǎoyún	name of a person	3
新疆	Xīnjiāng	name of a Chinese province	36
Y			
意大利	Yìdàlì	Italy	26

英国	Yīngguó		the United Kingdom	1
云南	Yúnnán		a Chinese province	9
Z				
张	Zhāng		a surname	1
张文	Zhāng Wén		name of a person	复习二
张艺谋	Zhāng Yìmóu		name of a Chinese director	41
中国	Zhōngguó		China	拼音8
中山大学	Zhōngshān Dàxué		Sun-Yatsan University	6

补充词语 Additional Vocabulary

B				
保龄球	(名)	bǎolíngqiú	bowling	12
冰淇淋	(名)	bīngqílín	ice-cream	27
博物馆	(名)	bówùguǎn	museum	复习二
C				
窗帘	(名)	chuāngliá	curtain	30
D				
打	(动)	dǎ	to play	复习一
地板	(名)	dìbǎn	floor	27
丢	(动)	diū	to lose	17
F				
放下		fàngxia	to put down	38
分钟	(名)	fēnzhōng	minute	11
G				
工地	(名)	gōngdì	building site	复习四
H				
寒号鸟	(名)	hánháoniǎo	inter-wailing bird	33

喝	(动)	hē	to drink	复习一
滑冰		huá bīng	to skate	15
J				
讲座	(名)	jiǎngzuò	lecture	34
饺子	(名)	jiǎozi	dumpling	14
教室	(名)	jiàoshì	classroom	1
菊花茶	(名)	júhuāchá	chrysanthemum tea	39
K				
卡拉OK		kǎlā OK	Cara OK	26
烤鸭	(名)	kǎoyā	toast duck	25
口琴	(名)	kǒuqín	harmonica	29
L				
老虎	(名)	lǎohǔ	tiger	13
聊天		liáo tiān	to chat	3
零	(数)	líng	zero	11
M				
毛笔	(名)	máobǐ	writing brush	26
面食	(名)	miànshí	flour food	14
民工	(名)	míngōng	rural labourer	复习四
P				
批评	(动)	pīpíng	to criticize	复习三
R				
日记	(名)	rìjì	diary	7
S				
嗓子	(名)	sǎngzi	throat	26
上	(名)	shang	above, on top of	9
食堂	(名)	shítáng	dining hall, canteen	5
市场	(名)	shìchǎng	market	4

收藏家	（名）	shōucángjiā	collector	40
书房	（名）	shūfáng	study	16
宿舍	（名）	sùshè	dormitory	6
T				
太极拳		Tàijíquán	Taijiquan, Chinese shadow boxing	15
W				
外边	（动）	wàibian	outside	3
玩儿	（动）	wánr	to play	6
X				
西药房		xīyàofáng	dispensary of western medicine	28
喜鹊	（名）	xǐquè	magpie	33
夏天	（名）	xiàtiān	summer	14
小区	（名）	xiǎoqū	residential quarters	28
笑	（动）	xiào	to smile	14
熊猫	（名）	xióngmāo	panda	13
Y				
研究生	（名）	yánjiūshēng	postgraduate	复习一
衣柜	（名）	yīguì	wardrobe	17
瑜伽	（名）	yújiā	Yoga	38
遇到	（动）	yùdào	to run into	21
Z				
种	（量）	zhǒng	kind	4
做客		zuò kè	to be a guest	14

北大版长期进修汉语教材

A Comprehensive Course in Elementary Chinese

初级 汉语精读教程 I

Workbook 练习册

主编　周小兵
编著　陈淑梅　丁沾沾

北京大学出版社
PEKING UNIVERSITY PRESS

目 录

第一单元

第一课　你叫什么名字 / 1

第二课　你家有什么人？ / 2

第三课　她是谁？ / 4

第四课　苹果多少钱一斤？ / 6

第五课　你吃什么？ / 8

第六课　这件衣服很漂亮 / 10

第七课　今天几月几号？ / 12

复习（一）/ 14

第二单元

第八课　你的电话号码是多少？ / 17

第九课　哪张最漂亮？ / 19

第十课　现在打八折 / 21

第十一课　现在几点？ / 23

第十二课　我不想喝咖啡 / 25

第十三课　我们买几个面包？ / 28

第十四课　你习惯不习惯这里的天气？ / 31

复习（二）/ 33

第三单元

第十五课　大卫会打网球 / 36

第十六课　这个手机是谁的？ / 39

第十七课　你们是好朋友吗？ / 42

第十八课　坐火车去北京 / 44

第十九课　他花的钱很多 / 46

第二十课　我可以问你一个问题吗？ / 49

第二十一课　我在食堂吃饭 / 52

复习（三）/ 54

第四单元

第二十二课　我不能翻译 / 57

第二十三课 图书馆前边有一片草地 / 60

第二十四课 不用换车 / 62

第二十五课 你怎么了？ / 66

第二十六课 金浩跑得很快 / 70

第二十七课 奶奶做了一个广东菜 / 73

第二十八课 你吃了药休息一下 / 76

复习（四）/ 79

第五单元

第二十九课 他们正在拍广告 / 83

第三十课 这是在哪儿照的？ / 86

第三十一课 苹果便宜了 / 89

第三十二课 今天不学习了 / 92

第三十三课 我哥哥要来广州了 / 95

第三十四课 他一直在电脑前边坐着 / 98

第三十五课 小云喜欢躺着看书 / 101

复习（五）/ 104

第六单元

第三十六课 你吃过川菜没有？ / 107

第三十七课 小云睡了十一个小时 / 110

第三十八课 李阳学了两个月西班牙语了 / 113

第三十九课 菊花茶有点儿苦 / 117

第四十课 她有一千多双鞋 / 120

第四十一课 我看过三遍《我的父亲母亲》/ 123

第四十二课 她再也不让他炒菜了 / 126

复习（六）/ 129

第一课 你叫什么名字？

1 写拼音 Write *pinyin*

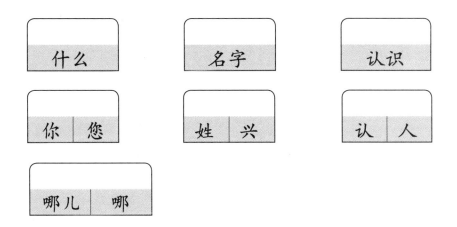

2 选择 Choose the appropriate answer

(1) 你兴/姓什么？　　　　(2) 你/您贵姓？

(3) 你是哪儿/哪国人？　　(4) 我不人/认识他。

(5) 我姓/贵姓白。

3 填空 Fill in the blanks

(1) 你叫_____名字？　　(2) 你姓_____？

(3) 您_____姓？　　　　(4) 我们_____是学生。

(5) 他_____金浩。　　　(6) 认识你_____。

4 回答问题 Answer the following questions

(1) 你姓什么？　(2) 你叫什么名字？　(3) 你是哪国人？

第二课 你家有什么人？

1 写拼音，找出每组汉字中相同或相似的部分 Write *pinyin* and find the same or similar part between the characters

| 它 | 家 |

| 奶 | 妈 |

| 岁 | 名 |

2 写拼音并朗读 Write *pinyin* and read aloud

(1) 你家有什么人？

(2) 你爸爸妈妈忙吗？

(3) 我们都很喜欢它。

3 用汉字写出以下数字 Write down the numbers in characters

10 ____   12 ____   21 ____   45 ____

89 ____   67 ____   56 ____   34 ____

78 ____   94 ____

4 选词填空 Fill in the blanks with proper words

> 岁　和　口　的　在　工作　也　学习　喜欢

(1) 我二十二_____。

(2) 我家有五_____人。

(3) 我们都很_____狗。

(4) 这是我_____书。

(5) 我_____大卫去北京。

(6) 奶奶每天_____家。

(7) 妈妈很忙，我_____很忙。

(8) 爸爸妈妈每天_____，我每天_____，我们都很忙。

5 连词成句 Form sentences with the words given

(1) 是　我　这　奶奶

_____

(2) 妈妈　每天　我　工作

_____

(3) 我　家　人　口　五　有

_____

(4) 都　爸爸　很　妈妈　忙

_____

第三课 她是谁？

1 写拼音，找出每组汉字中相同或相似的部分 Write *pinyin* and find the same or similar part between the characters

| 自 | 白 | 的 | | 学 | 字 | | 明 | 朋 | | 谁 | 你 |

2 朗读 Read aloud

我（们）自己
你（们）自己
他（们）自己

我的朋友
我的老师
我的同学

介绍一下
介绍一下自己
介绍一下朋友

韩国朋友
日本同学
中国人

3 选词填空 Fill in the blanks with appropriate words

自己　　叫　　是　　朋友　　一下儿　　看

(1) 我介绍_____。

(2) 他_____你们的老师吗？

(3) 他们都去日本，我_____来中国。

(4) 我_____小云，_____学生，她_____丽达，_____我的_____。

(5) 小云学习很努力，每天都_____书、写汉字。

你的　　我的　　她的　　我们的

(1) 这是张老师，张老师是_____老师，我是_____学生。

(2) 这是小云，小云是_____同学。

(3) 这是_____书吗？

4 连词成句 Form sentences with the words given

(1) 他们　学生　是　中国

(2) 一下儿　我自己　介绍　我

(3) 你的　他　是　吗　同学

(4) 我　小云　中国　是　的　朋友

(5) 他们　老师　的　白老师　是　吗

5 模仿造句 Make sentences following the example

小云是我的<u>朋友</u>。

(同学，老师，日本朋友，韩国同学，汉语老师……)

第四课 苹果多少钱一斤？

1 写拼音，找出每组汉字中相同或相似的部分 Write *pinyin* and find the same or similar part between the characters

梨	和

共	兴

太	大

少	小

多	岁	名

2 朗读 Read aloud

买苹果
买梨
买书

一个苹果
一斤梨
一本书

六块九毛钱
十块一毛钱
八块二毛钱

太贵了
太大了
太便宜了

3 用汉字写出下列钱数 Give the following sums in Chinese characters

¥0.20 _____

¥2.30 _____

¥11.80 _____

¥23.20 _____

¥5.00 _____

¥6.90 _____

¥8.20 _____

¥10.00 _____

第四课 苹果多少钱一斤?

4 选择填空 Choose the appropriate answer

(1) 这本书十八块____。

    A. 五十毛　　B. 五十　　C. 五毛钱　　D. 五十钱

(2) 他买苹果和梨,一共____。

    A. 十二钱　　B. 十二毛钱　　C. 十二块毛钱　　D. 十二块钱

5 写出恰当的量词 Fill in the blanks with measure words

(1) 小云买四_____苹果。　　(2) 我有五_____中国朋友。

(3) 大卫买四_____汉语书。　　(4) 林小明家有四_____人。

(5) 他买一_____本子。　　(6) 这是五十二___三___钱。

(7) 那是一_____大超市。

6 填空 Fill in the blanks

(1) 苹果十块钱一斤?太_____了!

(2) 一本书和一个本子,_____十二块五毛_____。

(3) A:你_____什么?

    B:我买梨,_____一斤?

(4) 我买五斤梨和三斤苹果,_____多少钱?

第五课 你吃什么？

1 写拼音，找出每组汉字中相同或相似的部分　Write *pinyin* and find the same or similar part between the characters

包	己
要	奶
杯	梨
浆	多

2 朗读　Read aloud

吃苹果
吃面包
吃包子

喝一杯水
喝一杯茶
喝一杯豆浆

两斤鸡蛋
两杯牛奶
两个面包

还要牛奶
还要鸡蛋
还买梨

3 填空　Fill in the blanks

(1) 小明每天_____两个鸡蛋。

(2) 你要两个包子，_____要什么？

(3) 一_____牛奶多少钱？

(4) 五个面包，五杯豆浆，_____多少钱？

4 把括号中的词放入句中合适的位置　Insert the bracketed words into the following sentences

(1) 我吃面包。(不)

(2) 他去北京，我去北京。(也)

(3) 我要两个包子,要一个鸡蛋。(还)

(4) 他不吃早饭,我不吃早饭。(也)

5 连词成句 Form sentences with the words given

(1) 你 什么 吃

(2) 牛奶 我 两 要 杯 还

(3) 都 我们 吃 饺子

(4) 多少 鸡蛋 钱 个 一

6 模仿造句 Make sentences following the example

(1) 我不吃<u>包子</u>,我吃<u>面包</u>。

(2) 他<u>买鸡蛋</u>,我也<u>买鸡蛋</u>。

(3) 我要<u>饺子</u>(jiǎozi, dumpling)、<u>面包</u>,还要<u>一杯豆浆</u>。

第六课 这件衣服很漂亮

1 写拼音，找出每组汉字中相同或相似的部分 Write *pinyin* and find the same or similar part between the characters

| 诉 | 斤 | | 件 | 牛 | | 公 | 么 | | 又 | 对 |

2 写出恰当的量词 Fill in the blanks with measure words

一_____衣服　　　一_____裙子　　　一_____留学生

一百_____钱　　　一_____妹妹　　　一_____牛奶

3 把肯定句变成否定句，否定句变成肯定句 Change the following affirmative sentences into negative sentences, and negative sentences into affirmative ones

(1) 今天小云很高兴。→

(2) 这件衣服不便宜。→

(3) 我们今天上课。→

(4) 老师们都不忙。→

4 连词成句 Form sentences with the words given

(1) 这　漂亮　很　衣服　件

(2) 他们　努力　很　也

(3) 不 便宜 条 裙子 这

(4) 是 这 一 好 书 本

(5) 多 这个 的 留学生 很 大学

5 选词填空 Fill in the blanks with appropriate words

多　努力　漂亮　小

(1) 这件衣服很_____。

(2) 留学生们都很_____。

(3) 这个鸡蛋很_____。

(4) 大卫的中国朋友很_____。

6 用"可是"完成句子 Complete the sentences with "可是"

(1) 面包很便宜，

(2) 她喜欢喝豆浆，

(3) 那件衣服很漂亮，

第七课 今天几月几号？

1 朗读 Read aloud

九月十号 / 日	今天十月一号	今天不是十月一号	一件礼物
二月十七号 / 日	今天星期四	今天不是星期四	一个蛋糕
二月二十五号 / 日	后天星期五	后天不是星期五	一块蛋糕

2 用汉字写出下列日期并朗读 Give the following dates in Chinese characters and read aloud

1924.11.12 _____

1986.05.04 _____

1997.03.26 _____

2015.10.31 _____

3 选词填空 Fill in the blanks with proper words

如果　对了　号　礼物　花　给　一定

(1) 这儿的_____太漂亮了！

(2) 他_____我一个梨。

(3) 今天他没有课，_____在家。

(4) 她姓什么？姓白？姓张？_____，她姓金！

(5) _____你今天没时间 (shíjiān, time)，我们明天去。

(6) 十二月二十五_____是圣诞节 (Shèngdàn Jié, Christmas)。

(7) 明天是哥哥的生日，你买什么_____？

4 连词成句 Form sentences with the words given

(1) 几　星期　明天

(2) 是　你的　几号　生日　几月

(3) 2014年　是　8日　今天　8月

(4) 认识　她　小云　一定

5 回答问题 Answer the following questions

(1) 今天几月几号？星期几？明天/后天几月几号？星期几？

_____

(2) 中国的国庆节是几月几号？你国家的国庆节是几月几号？

_____

(3) 你的生日是几月几号？你爸爸、妈妈的生日是几月几号？

_____

复习（一）

1. 写拼音，找出每组汉字中相同或相似的部分 Write *pinyin* and find the same or similar part between the characters

2. 选词填空 Fill in the blanks with proper words

都　有　也　旅行　高　是　喜欢

我_____一个中国朋友，她_____广州人，是经济系的研究生，她喜欢看电影。她的男朋友_____是经济系的研究生，他很_____，_____打网球，喜欢_____。他们的英语_____很好，我的汉语不太好。他们是我的朋友，也是我的汉语老师。

3. 模仿造句并用"吗"提问 Make sentences following the examples and ask questions using "吗"

(1) 他是<u>研究生</u>。（老师，留学生，我哥哥……）

(2) 他有很多<u>好茶</u>。（书，本子，电脑……）

(3) 她很高。(漂亮，白……)

4 把括号中的词放入句中合适的位置 Insert the bracketed words into the following sentences

(1) 她们喜欢打网球。(都)
(2) 我有一个英国朋友，有一个日本朋友。(还)
(3) 他不胖，她不胖。(也)
(4) 我们很忙。(都)

5 写出恰当的量词 Fill in the blanks with measure words

(1) 他有四_____中国朋友。　(2) 那_____裙子很漂亮。
(3) 小明家有三_____人。　(4) 一_____鸡蛋多少钱?
(5) 这_____衣服贵吗?　(6) 苹果多少钱一_____?
(7) 她买两_____汉语书。　(8) 我要一_____牛奶。

6 连词成句 Form sentences with the words given

(1) 我自己　介绍　我　一下
(2) 多少　一　钱　苹果　斤
(3) 3号　今天　3月　是
(4) 很　他　都　每天　高兴
(5) 面包　多少　一个　钱

(6) 喝 他 都 每天 茶

7 用"喜欢""很""比较"写几句话，介绍一下你的朋友 Write some sentences to introduce one of your friends, using "喜欢""很""比较" etc.

如：他叫××，是我的朋友。他很高。他比较忙。他喜欢喝茶……

第八课 你的电话号码是多少？

1 写拼音，找出每组汉字中相同或相似的部分 Write *pinyin* and find the same or similar part between the characters

梨	架

时	对

班	玩

吗	妈	码

2 朗读 Read aloud

我们班	下课以后	第十个	给朋友打电话
他们系	起床以后	第一天	给妈妈打电话
你们大学	来中国以后	第六本	给你打电话
我们公司	吃饭以后	第十五课	给谁打电话

3 选词填空 Fill in the blanks with proper words

可能　　以后　　第　　号码　　觉得

(1) 下课_____他要去图书馆。

(2) 星期六我们_____去公园玩。

(3) 你的电话_____是多少？

(4) 他是我认识的_____一个中国朋友。

(5) 我_____这本书很好。

4 连词成句 Form sentences with the words given

(1) 公园　下课　我们　去　以后

(2) 给　明天　我　电话　你　打

(3) 多少　你　的　号码　是　电话

(4) 都　我们　公园　同学　玩儿　班　的　去

5 完成对话 Complete the dialogues

(1) A：明天下午我们去打网球，你去吗？

　　B：我明天＿＿＿＿＿＿＿＿＿＿（可能，时间），可是我很想

　　(xiǎng, want) 去。我明天＿＿＿＿＿＿＿＿。（打电话）

　　A：你知道＿＿＿＿＿＿＿＿＿＿＿＿＿＿＿？（号码）

　　B：不知道，你的＿＿＿＿＿＿＿＿＿＿＿＿＿？（多少）

(2) A：你知道吗？她喜欢买漫画书，她有很多本漫画书。

　　B：是吗？她有＿＿＿＿＿＿＿＿＿＿＿＿？（多少）

　　A：可能有一百本。

第九课 哪张最漂亮？

1 写拼音 Write *pinyin*

| 照 | 外 | 帽 | 最 | 行 | 些 | 手 |

2 朗读 Read aloud

一些外国人
一些礼物
一些钱

这/那/哪些朋友
这/那/哪些日本人
这/那/哪些花

哪个好
哪个便宜
哪个漂亮

别的照片
别的同学
别的课

最小
最努力
最喜欢

3 选词填空 Fill in the blanks with proper words

照片　外国　行　新　一些　呢　别的

(1) 这本书很_____。　(2) 这是谁的_____？太漂亮了！

(3) 我要买_____花。　(4) 小云有很多_____朋友。

(5) 我的本子_____？　(6) 我明天去，_____吗？

(7) 我不喜欢周杰伦 (Zhōu Jiélún, Jay Chou)，你还有_____CD 吗？

4 连词成句 Form sentences with the words given

(1) 件 你 要 礼物 哪

(2) 漂亮 哪 帽子 最 个

(3) 都 些 很 同学 努力 这

(4) 中国 些 你 电影 哪 知道

5 完成对话（问问题时用"呢"或者"吗"） Complete the dialogues, using "呢" or "吗" to ask questions

(1) A：你来吗？

　　B：＿＿＿＿＿＿＿。＿＿＿＿＿＿＿？

　　A：我也来。

(2) A：＿＿＿＿＿＿＿？

　　B：她是留学生。

(3) A：＿＿＿＿＿＿＿？

　　B：不太忙。＿＿＿＿＿＿＿？

　　A：我很忙。

(4) A：＿＿＿＿＿＿＿？

　　B：我有汉语书。

第十课 现在打八折

1 写拼音，找出每组汉字中相同或相似的部分 Write *pinyin* and find the same or similar part between the characters

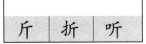

| 现 | 贵 |

2 朗读 Read aloud

试衣服
试裙子
试一下

继续学习
继续工作
继续看漫画

最少两百二
最少十块
最少多少钱

喝一点儿茶
买一点儿东西
有一点儿钱

只要牛奶
只买苹果
只有五块钱

打七折
打九五折
打几折

3 选词填空 Fill in the blanks with proper words

只　　一点儿　　少　　试　　楼　　打折　　满意　　继续

(1) 太贵了，便宜_____吧。

(2) 明河试裙子，觉得不太_____。

(3) 我们去买衣服吧，现在衣服_____，很便宜。

(4) 去年我在日本学习汉语，今年来中国_____学习。

(5) 他们_____去云南 (Yúnnán, a province of China) 旅行，不去别的地方 (dìfang, place)。

(6) 我可以_____一下这件衣服吗？

(7) 我的钱太_____了！

(8) 他们在三_____。

4 完成句子 Complete the sentences

(1) 这条裤子太贵了，_____（便宜）吧。

(2) A：一百五十块，太贵了。

　　B：不贵，现在_____（打折），一百二十块。

(3) A：我买这件衣服和这条裤子，一共一百块，可以吗？

　　B：不行，_____（最）一百五。

(4) A：你有几个哥哥？

　　B：我_____。（只，一个）

第十一课 现在几点？

1 写拼音，找出每组汉字中相同或相似的部分 Write *pinyin* and find the same or similar part between the characters

馆	饭

图	园

酒	西

觉	现	贵

累	系

找	我

2 朗读 Read aloud

早上七点
上午十点
中午十二点
晚上十点

两点零五（分）
三点十（分）
四点二十（分）
五点半

三点一刻
七点三刻
九点一刻
九点半

差十分九点
差三分十一点
差五分十点
差两分四点

八点睡觉
四点喝茶
六点起床
九点上课

3 用汉字写出下列时间 Give the following time in Chinese characters

7:00 _____   9:56 _____

10:30 _____   12:25 _____

14:05 _____   20:50 _____

6:30am _____   5:15pm _____

2:40pm _____   11:57am _____

4 连词成句 Form sentences with the words given

(1) 三　现在　分　点　十二　差

_____

(2) 他们　晚上　喝酒　大卫　十点半

_____

(3) 九点　我　找　一刻　去　你

_____

(4) 他　起床　半　七点

_____

(5) 舒服　不　他　觉得

_____

第十二课 我不想喝咖啡

1 写拼音，找出每组汉字中相同或相似的部分 Write *pinyin* and find the same or similar part between the characters

| 要 | 漂 | | 视 | 裙 | | 绿 | 录 | | 练 | 东 |

2 分别用肯定和否定形式回答下面的问题 Answer the following questions in both affirmative and negative forms

例：你要吃苹果吗？　　——我要吃，我喜欢苹果！
　　　　　　　　　　——我不想吃苹果，有别的吗？

(1) 你想喝绿茶吗？　　　　(2) 你要喝咖啡吗？

　_____　　　　　　　_____

　_____　　　　　　　_____

(3) 你想打保龄球吗？　　　(4) 你要去买衣服吗？

　_____　　　　　　　_____

　_____　　　　　　　_____

3 连词成句 Form sentences with the words given

(1) 想 我　裙子　不　穿

_____

(2) 太 喝 多 身体 咖啡 对 不好

_____

(3) 不好 那 种 梨 要 不 你 买

_____ , _____

(4) 网球 一起 打 去 他们

_____

(5) 这 不错 种 很 绿茶

_____

4 用下列词语及句型造句　Make sentences, using the following patterns and words

咖啡	绿茶	牛奶	豆浆	酒
饺子	包子	面包	鸡蛋	蛋糕
打保龄球	打网球	打电话	游泳	吃东西

(1) 我要 +V+ (O)

- _____
- _____
- _____

(2) 我不想 +V+ (O)

- _____
- _____
- _____

(3) 现在上课，你不要 +V+ (O)

- _____
- _____
- _____

5 模仿造句 Make sentences following the examples

(1) 晚上我们一起去打球吧。(工作、买打折的衣服、看电影……)

- _____
- _____
- _____

(2) 你不要喝太多酒,对身体不好。(喝咖啡、吃糖、玩电脑……)

- _____
- _____
- _____

第十三课 我们买几个面包?

1 写拼音,找出每组汉字中相同或相似的部分 Write *pinyin* and find the same or similar part between the characters

| 够 | 狗 | | 爬 | 吧 | | 冷 | 今 | | 怎 | 作 |

2 写出下列词语的反义词 Write antonyms

大 _____   冷 _____

多 _____   贵 _____

3 模仿例子,两人一组进行问答 After the following examples, ask and answer questions in groups of two people

例:(吃/面包/两) → A:你吃几个面包?
　　　　　　　　　　B:我吃两个。

(1) 喝/啤酒/三

　　A:_____
　　B:_____

(2) 要/苹果/一

　　A:_____
　　B:_____

(3) 吃 / 鸡蛋 / 两

A：_____

B：_____

(4) 有 / 中国朋友 / 四

A：_____

B：_____

4 用"什么"对划线部分提问 Asking a question about the underlined part with "什么"

(1) 李阳要买汉英词典。→ _____

(2) 这是一张广州地图。→ _____

(3) 汉语书便宜，英语书贵。→ _____

(4) 绿茶最好喝。→ _____

5 用动词的重叠形式填空 Fill in the blanks with the reduplicated form of suitable verbs

玩儿　爬　介绍　听

(1) 今天没课，我们去_____吧。

(2) 我们现在_____音乐(yīnyuè, music)吧，五点半开始学习。

(3) 今天我不想学习，我们去_____山吧。

(4) 她是谁？你可以_____吗？

6 连词成句 Form sentences with the words given

(1) 今天 什么 上 你 课

(2) 苹果 十 斤 吗 够

(3) 牛奶 我 一些 想 或者 买 啤酒

(4) 不 什么 我 衣服 穿 知道

7 完成对话 Complete the dialogues

(1) A：_____？（天气）

　　B：很凉快，我们去爬山吧。

(2) A：_____？（什么）

　　B：去跳舞 (tiào wǔ, to dance)，当然 (dāngrán, of course) 穿裙子。

第十四课 你习惯不习惯这里的天气？

1 写拼音，找出每组汉字中相同或相似的部分 Write *pinyin* and find the same or similar part between the characters

| 惯 | 贵 | | 桌 | 梨 | | 迎 | 进 | | 常 | 兴 |

2 组词 Make words

习 _____ _____   听 _____ _____

点 _____ _____   欢 _____ _____

3 选词填空 Fill in the blanks with proper words

> 听说   点心   欢迎   常常   爱   习惯

(1) 我不_____这儿的天气。

(2) 最近_____下雨。

(3) 我_____他可以喝八瓶啤酒！

(4) 这种_____多少钱一斤？

(5) _____来我家玩儿。

(6) 他不_____喝汤。

4 把下列陈述句转换成正反疑问句 Change the following statements into affirmative-negative questions

(1) 我在广州。→_____

(2) 他们不习惯北方的天气。→_____

(3) 我们这儿很凉快。→_____

(4) 我爱喝汤。→_____

(5) 他想买桌子。→_____

(6) 你可以试一下。→_____

复习（二）

1 写拼音，找出每组汉字中相同或相似的部分 Write *pinyin* and find the same or similar part between the characters

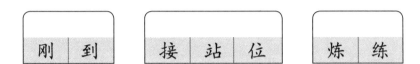

2 选词填空 Fill in the blanks with proper words

> 到　　怎么　　接　　位　　刚　　路

(1) 老师，这个汉字_____写？

(2) 我是林平，请问您是哪_____？

(3) 去中山八路，坐几_____车？

(4) 她明天_____北京。

(5) 我_____来，还不认识这些人。

(6) 奶奶明天来广州，爸爸要去火车站_____奶奶。

3 写出恰当的量词 Fill in the blanks with measure words

(1) 明天是他的生日，我想给他一_____礼物。

(2) 照片里是我的一_____韩国朋友，她们都很漂亮。

(3) 我很喜欢这_____照片。

(4) 我喜欢这_____裙子，我要买！

(5) 这_____桌子太小了！

(6) 他可以喝四_____啤酒。

4 对划线部分提问 Asking a question about the underlined part

(1) <u>大卫</u>爱锻炼身体。→_____

(2) 我们在<u>三楼</u>上课。→_____

(3) 那位老师姓<u>白</u>。→_____

(4) 他有<u>很多</u>英语书。→_____

5 用"几"或"多少"填空 Fill in the blanks with "几" or "多少"

(1) 去北京路，坐_____路车？

(2) 你的电话号码是_____？

(3) 你早上_____点起床？

(4) 你们班有_____个同学？

6 把括号中的词放入句中合适的位置 Insert the bracketed words into the following sentences

(1) 我们坐车？（怎么）

(2) 他们去看电影。（一起）

(3) 这条裙子太贵了，便宜吧。（一点儿）

(4) 这是我的电话，你打电话吧。(给我)

(5) 我喜欢去那家商店买衣服，那儿打折。(常常)

7 完成对话 Complete the dialogues

(1) A：我们明天去买东西吧。

　　B：＿＿＿＿＿＿＿＿＿＿＿？

　　A：买衣服啊，现在很多衣服打折。

　　B：＿＿＿＿＿＿＿＿＿＿＿？

　　A：可以坐车去，也可以坐地铁去。

(2) A：去北京路，＿＿＿＿＿＿＿？

　　B：坐125路。

　　A：＿＿＿＿＿＿＿＿＿＿＿？

　　B：在××站下车。

第十五课　大卫会打网球

1 写拼音，找出每组汉字中相同或相似的部分 Write *pinyin* and find the same or similar part between the characters

| 帅 | 师 | | 做 | 故 | | 情 | 猜 | | 步 | 少 |

2 选词填空 Fill in the blanks with proper words

做饭　　水平　　修　　就　　进步　　猜　　提高　　故事

（1）她不会_____，每天去食堂 (shítáng, dining hall) 吃。

（2）林平的英语_____怎么样？

（3）老师，怎么_____汉语水平？

（4）这是一个非常浪漫 (làngmàn, romantic) 的爱情_____。

（5）你_____，他是哪国人？

（6）以前，大卫不会写汉字，现在他的汉字非常漂亮，老师说他_____很大。

（7）A：银行在哪儿？

　　　B：那_____是！

（8）你会_____电脑吗？

3 连词成句 Form sentences with the words given

(1) 会　明河　做饭　很

_____

(2) 你　还是　喜欢　打网球　游泳　喜欢

_____

(3) 很大　大卫　进步　汉语　的

_____

(4) 山田　水平　提高　的　理发　了　很多

_____

(5) 还是　贵　这个　那个　贵

_____

4 用"还是"或"或者"填空 Fill in the blanks with "还是" or "或者"

(1) 你今天去_____明天去?

(2) 这里有很多好玩儿的地方,我们可以去爬山,去游泳,_____去公园玩儿。

(3) A：你吃什么?

　　B：面包_____包子,都可以。

(4) 我不知道他是中国人_____韩国人。

5 完成对话　Complete the dialogues

(1) A：来中国以后，他的汉语有进步吗？

B：＿＿＿＿＿＿，不过进步＿＿＿＿＿＿，因为他常常不来上课。

(2) A：山田＿＿＿＿＿＿＿＿＿＿＿＿＿＿＿＿＿＿？

B：会理发。

A：他的＿＿＿＿＿＿＿＿＿＿＿＿＿＿＿＿＿＿？

B：水平很高。你看，我的头发就是他理的，不错吧。

(3) A：＿＿＿＿＿＿＿＿＿＿＿＿＿＿＿＿？（还是）

B：我想吃饺子。

第十六课 这个手机是谁的？

1 写拼音，找出每组汉字中相同或相似的部分 Write *pinyin* and find the same or similar part between the characters

| 轻 | 经 | | 浪 | 很 | | 费 | 第 |

2 选词填空 Fill in the blanks with proper words

这么　　旁边　　旧　　台　　用　　浪费　　上网

(1) 年轻人喜欢_____新手机。

(2) 这是你买的花吗？_____漂亮！

(3) 我家在公园_____。

(4) 又买这么贵的衣服！你太_____了！

(5) 这台电脑可以_____吗？

(6) 他不想买新书，他想用哥哥的_____书。

(7) 这_____电脑是老师的。

3 连词成句 Form sentences with the words given

(1) 热　我　吃　的　想

_____

(2) 金浩　便宜的　决定　买

_____

(3) 不要　小的　你　买

_____

(4) 新　年轻人　喜欢　手机　旧的　不　喜欢

_____，_____

(5) 是　这　个　我　的　手机

_____

(6) 都　大卫　那两台　是　的　电脑

_____

4 改变问题并回答　Change the way of asking a question and answer it

例：这是谁的本子？→ A：这个本子是谁的？
　　　　　　　　　　B：这个本子是我的。

(1) 这是谁的手机？

A：_____
B：_____

(2) 那是谁的书架？

A：_____
B：_____

(3) 这是谁的电脑？

A：_____

B：_____

(4) 那是谁的房间？

A：_____

B：_____

5 完成句子 Complete the following sentences

(1) 这些苹果太小了，有_____吗？

(2) 我不喜欢绿裙子，有_____吗？

(3) 这些家具太贵了，我不想买_____，我想_____。

(4) 新桌子和旧桌子不在一起，新的在二楼，_____。

第十七课 你们是好朋友吗？

1 写拼音，找出每组汉字中相同或相似的部分 Write *pinyin* and find the same or similar part between the characters

| 辆 | 两 | | 毕 | 比 | | 离 | 高 | | 租 | 和 |

2 写出恰当的量词 Fill in the blanks with measure words

一_____自行车　　　　一_____桌子

一_____床　　　　　　一_____教室

3 词语扩展 Phrase extension

(1) 好朋友→很好的朋友

旧词典→_____　　　便宜的水果→_____

大苹果→_____　　　漂亮的衣服→_____

(2) 大房间→不大的房间

好学生→_____　　　努力的学生→_____

热咖啡→_____　　　好吃的菜→_____

(3) 新自行车→比较新的自行车

好朋友→_____　　　旧手机→_____

新书架→_____　　　小床→_____

4 选词填空 Fill in the blanks with proper words

离　　租　　方便　　毕业　　自行车　　再　　家具

(1) 他想买一辆_____。　　(2) 我可以_____吃一个吗？

(3) 我的宿舍_____教室很远。　(4) 他今年六月大学_____。

(5) 床、桌子、衣柜都是_____。

(6) 超市在宿舍附近，买东西很_____。

(7) 我不喜欢住宿舍，我想在学校外面_____房子。

5 改错 Correct the mistakes

(1) 李阳有一条大的狗。→ _____

(2) 这是一个很难问题。→ _____

(3) 我明年七月毕业大学。→ _____

(4) 明天我想又去买一件衣服。→ _____

(5) 她家很近离我家。→ _____

(6) 他觉得太便宜东西一定不好。→ _____

6 造句 Make sentences

(1) 再

(2) 离

第十八课 坐火车去北京

1 写拼音，找出每组汉字中相同或相似的部分 Write *pinyin* and find the same or similar part between the characters

2 选词填空 Fill in the blanks with proper words

因为　　愉快　　快　　有时　　一路上　　聊天

(1) 刘星坐火车去旅行，_____风景很漂亮。

(2) 他想买一张小桌子，_____他的房间很小。

(3) 大卫有很多中国朋友，他们常常一起用汉语_____。

(4) 他们一起吃饭，一起玩，一起聊天，觉得很_____。

(5) 他们一个星期学习八课，太_____了！

(6) 我们常常自己做饭，_____也去食堂吃。

3 连词成句 Form sentences with the words given

(1) 去　坐　北京　我　飞机

_____

(2) 喜欢　他　聊天　别人　和

_____

(3) 火车 他 不 去 坐 为什么

_____

(4) 要 我 打 他们学校 篮球 去

_____

(5) 买 不 去 我 东西 想

_____

(6) 公园 你们班 去 不 玩儿 去

_____

4 完成对话 Complete the dialogues

(1) A：他们怎么来这儿？

　　B：_____。（地铁）

(2) A：你们怎么去广州？

　　B：_____（飞机），不_____（火车），火车太慢了！

　　A：可是我喜欢坐火车，因为_____。（风景）

(3) A：你_____？（去，接）

　　B：她第一次来广州，不知道怎么走，我要去接她。

第十九课 他花的钱很多

1 写出恰当的量词 Fill in the blanks with measure words

一_____蓝毛巾　　一_____酸奶　　一_____电视

一_____鞋　　　　一_____比赛　　一_____眼睛

2 词组扩展 Phrase extension

(1) 买东西→买的东西→我买的东西

　　吃东西→_____→_____

　　喝东西→_____→_____

　　买电视→_____→_____

　　问问题→_____→_____

(2) 买家具→金浩买的家具

　　穿鞋→_____

　　买毛巾→_____

　　喝酸奶→_____

(3) 买衣服→买衣服的人

　　买手机→_____

　　问问题→_____

　　爱吃苹果→_____

3 选词填空 Fill in the blanks with proper words

| 蓝 | 重要 | 应该 | 花 | 参加 | 比赛 | 发现 |

(1) 你看，_____天，绿树，红花，多好看啊！

(2) 我_____她今天不太高兴。

(3) 今天有排球_____，你看不看？

(4) 明河觉得语法 (yǔfǎ, grammar) 很_____，所以她常常学习语法。

(5) 这个月我_____的钱太多了！今天我只吃面包！

(6) 他不想_____考试 (kǎoshì, examination)。

(7) 你是他的好朋友，_____帮帮 (bāng, to help) 他。

4 连词成句 Form sentences with the words given

(1) 吃　东西　很　的　便宜
_____

(2) 酸奶　买　的　很贵　小云
_____

(3) 一个　大卫　的　是　运动　人　爱
_____

(4) 骑　很　老师　自行车　旧　的
_____

5 完成对话 Complete the dialogues

(1) A：大卫，我听说下周有排球比赛，_____（参加）

　　　同学多吗？

　　B：很多，你也想参加吗？

(2) A：小云，你觉得什么东西最重要？

　　B：_____。

　　　（吃，穿，别的）

6 任务与活动 Tasks/Activities

双人活动：有什么不同？

Pair Work: How are the two picture different?

第二十课 我可以问你一个问题吗?

1 写拼音，找出每组汉字中相同或相似的部分 Write *pinyin* and find the same or similar part between the characters

| 跟 | 很 | | 板 | 饭 | | 挣 | 静 | | 必 | 心 |

2 组词 Make words

照 _____ _____   星 _____ _____

老 _____ _____   当 _____ _____

3 选词填空 Fill in the blanks with proper words

挣　跟　当　秘密　干　关心　不过　先　必须

(1) 妈妈告诉孩子五点以前_____回家。

(2) 我喜欢这个老师，_____别的老师也不错。

(3) 他一个月能_____五千块。

(4) 吃饭以前，他习惯_____喝一点儿酒。

(5) 你以后想_____老师吗？

(6) 爸爸妈妈每天工作，他们不_____我！

(7) 你每天中午＿＿＿＿＿什么？

(8) 这是我的＿＿＿＿＿，你一定不要告诉别人啊。

(9) 你＿＿＿＿＿谁一起去看电影啊？

4 连词成句 Form sentences with the words given

(1) 我　一个　小　你　秘密　告诉
　　＿＿＿＿＿＿＿＿＿＿＿＿＿＿＿＿＿

(2) 挣　小云　以后　很多　希望　钱
　　＿＿＿＿＿＿＿＿＿＿＿＿＿＿＿＿＿

(3) 问　吗　个　你　两　我　可以　问题
　　＿＿＿＿＿＿＿＿＿＿＿＿＿＿＿＿＿

(4) 一点儿　给　行　我　钱　吗
　　＿＿＿＿＿＿＿＿＿＿＿＿＿＿＿＿＿

5 根据下列词语造双宾语句 Make sentences of double-objects with the given words

(1) 给　米饭

(2) 问　问题

(3) 教　汉语

(4) 告诉　秘密

6 完成对话 Complete the dialogues

(1) A：_____？（对吗/对不对）

B：对，他很关心我。

(2) A：_____？（是吗/是不是）

B：是，他刚来。

(3) A：大卫，星期六电影院有成龙 (Chéng Lóng, Jackie Chen) 的电影！

B：真的吗？成龙是我最喜欢的电影明星，我一定要去看这个电影。我还想_____。

A：你想问他什么问题？

B：这是_____，我不告诉你。我现在去买票。

A：我这儿有两张票，_____。

B：太谢谢你了！

7 造句 Make sentences

(1) 希望

(2) 跟……一起

(3) 必须

第二十一课 我在食堂吃饭

1 写拼音，找出每组汉字中相同或相似的部分 Write *pinyin* and find the same or similar part between the characters

跑　路

食　餐

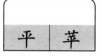
平　苹

2 选词填空 Fill in the blanks with proper words

时候　　特别　　刚才　　平时　　见面　　过　　出差

（1）我_____七点起床，星期六和星期天八点半起床。

（2）他买的家具都很_____。

（3）_____春节的时候，每个孩子都很高兴。

（4）妈妈明天去北京_____，我希望她给我买些礼物。

（5）我们_____去跑步了。

（6）明天晚上我们在咖啡厅_____。

（7）你什么_____去北京？

3 连词成句 Form sentences with the words given

（1）奶奶　房间里　看　在　电视　刚才

(2) 他们 门口 在 八点半 学校 见面

_____

(3) 校园里 怎么样 跑跑步 去

_____

(4) 跟 常常 他 我们 排球 打 一起

_____

(5) 要 我 打 妈妈 一个 今天 电话 给

_____

(6) 过 你 不 大卫 一起 跟 生日 跟

_____

4 完成对话　Complete the dialogues

(1) A：_____？（给）

　　B：我不给朋友写信。

(2) A：_____？（跟）

　　B：奶奶跟我们一起住。

(3) A：你过生日的时候，爸爸妈妈_____？（给）

　　B：他们只给我钱，不给我买礼物。

(4) A：我们_____？（在，见面）

　　B：在学校门口吧。

(5) A：我太饿(è, hungry)了，我们先_____？（怎么样）

　　B：好。

复习(三)

1 写拼音，找出每组汉字中相同或相似的部分　Write *pinyin* and find the same or similar part between the characters

| 讲 | 进 | | 假 | 锻 | | 观 | 现 |

2 扩展　Phrase extension

风景美丽→<u>风景美丽的地方</u>→<u>我喜欢风景美丽的地方。</u>

人很多→_____ → _____ 不喜欢_____

天气凉快→_____ → _____ 要去_____

颜色漂亮→_____ → _____ 想买_____

3 选词填空　Fill in the blanks with proper words

开玩笑　散步　导游　参观　翻译　祝　各　出发　放假

(1) 明天一些外国朋友要来_____我们学校的图书馆。

(2) 早上八点半_____，怎么样？

(3) _____以后，你去哪儿旅行？

(4) 金浩有_____种颜色的帽子。

（5）你可以用英语_____他的话吗？

（6）奶奶每天晚饭后都去_____。

（7）他特别喜欢和别人_____。

（8）他姐姐是_____，常常去世界各地。

（9）_____你生日快乐！

4 把括号中的定语放入合适的位置，注意定语后是否应有"的" Put the given attributive in the sentence and decide whether "的" is necessary

（1）他是一个老师。（好）
（2）他们刚搬家，想买一张床。（很大）
（3）林平喜欢风景。（美丽）
（4）去买一些东西吧。（喝）
（5）他喜欢那个售票员。（眼睛好看）
（6）星期天他们常常去一些地方。（好玩儿）
（7）衣服都很便宜。（我买）

5 用所给词语作状语，加在句中合适的地方 Find the proper position for the given adverbial

（1）他哥哥是导游，我妹妹是导游。（也）
（2）今天天气凉快，我们去玩儿玩儿吧。（比较）
（3）我们在博物馆门口见面。（想）
（4）刘星常常开玩笑。（跟山田）

(5) 我们班有 28 个同学。（一共）

(6) 金浩和大卫参加比赛。（都）

(7) 小云今天跟小静一起吃午饭。（不）

(8) 如果你明天有时间，请打电话。（给我）

6 完成对话 Complete the dialogues

(1) A：这是你买的帽子吗？

　　B：这不是_____，这是_____。

(2) A：我和金浩下星期要去北京旅行。

　　B：我也想去北京，我可以跟_____？

　　A：行，我现在_____（打电话），告诉他买三张火车票。

(3) A：今天你想_____？（午饭）

　　B：在学校对面的麦当劳 (Màidāngláo, McDonald's) 吃，怎么样？

　　A：我不_____，我想去吃韩国菜。

　　B：也行。

(4) A：你去的地方是一个小城市吗？

　　B：不是，那是一个_____。（比较，大）

(5) A：明天我们去参观博物馆 (bówùguǎn, museum)，怎么样？

　　B：我只学了一点儿汉语，能看懂 (dǒng, understand) 吗？

　　A：没关系，明天我请小云_____。（给，当翻译）

第二十二课　我不能翻译

1　写拼音，找出每组汉字中相同或相似的部分　Write *pinyin* and find the same or similar part between the characters

| 陪 | 接 |　　| 交 | 校 |　　| 短 | 知 |　　| 请 | 猜 | 绩 |

2　选词填空　Fill in the blanks with proper words

陪　　运气　　短信　　帮　　交　　安排　　放　　事情

(1) 晚上，小云＿＿＿＿妈妈去散步。

(2) 你可以告诉我考试 (kǎoshì, examination) 的时间＿＿＿＿吗？

(3) 她的＿＿＿＿真好！

(4) 这台电脑＿＿＿＿在哪儿？

(5) 你知道这件＿＿＿＿吗？

(6) 你可以给我打电话，也可以给我发＿＿＿＿。

(7) 他喜欢＿＿＿＿朋友，他有很多朋友。

(8) 你去食堂吃饭的时候，可以＿＿＿＿我买一个面包吗？

3 用"可以""能"或"会"填空 Fill in the blanks with "可以" "能" or "会"

(1) 他_____开车,可是他刚喝了很多酒,不_____开车。

(2) 他的英语很好,你_____问问他。

(3) A:妈妈,今天我_____看电视吗?

　　B:不_____看,你明天要考试啊!

(4) 你_____告诉我你的电话号码吗?

(5) 这是她的秘密,我现在不_____告诉你。

(6) 她很_____讲故事,她讲的故事特别有意思。

4 连词成句 Form sentences with the words given

(1) 你　不能　喝酒　教室　在

(2) 可以　用　我　汉语　发　给　朋友　短信

(3) 我　别的　今晚　安排　有　看　不能　你　陪　电影

(4) 事情　不能　我　你　件　这　告诉

5 完成句子 Complete the dialogues

(1) 你可以买自己喜欢的家具，可是 _____。（太贵）

(2) 我可以告诉你这个秘密，可是你 _____。（别人）

(3) A：你帮我翻译一下这条短信好吗？这是我的韩国朋友发的。

　　B：我 _____（帮），因为我 _____（会）韩语。

(4) 我的衣服可以 _____？（放）

第二十三课　图书馆前边有一片草地

1 写拼音，找出每组汉字中相同或相似的部分　Write *pinyin* and find the same or similar part between the characters

左	右

咱	息

见	视	现	观

旁	方	房

2 朗读　Read aloud

食堂前边　　我前边　　杯子里（边）　　本子上（边）
宿舍后边　　你后边　　房间里（边）　　草地上（边）
大树下边　　他左边　　教室里（边）　　桌子上（边）

3 连词成句　Form sentences with the words given

(1) 书包　在　我的书　里

(2) 前边　我　丽达　是

(3) 旁边　一片　图书馆　小树林　有

(4) 本　桌子　有　上边　一　书

（5）金浩　食堂　打　前边　在　电话

_____

（6）是　宿舍　英语系　留学生　后边

_____

4 看图写句子 Make statements according to the pictures

谁＋在哪儿＋做什么

 _____  _____

 _____  _____

5 写一段话，用"有""在""是"等句式描述你的房间 Write some sentences, using "有" "在" "是" to describe your room

第二十四课 不用换车

1 写拼音，找出每组汉字中相同或相似的部分 Write *pinyin* and find the same or similar part between the characters

| 座 | 坐 | | 准 | 难 | | 换 | 晚 | | 末 | 妹 |

2 选词填空 Fill in the blanks with proper words

(1) 你明天要去旅游，我给你_____一些吃的东西吧！

(2) 这个男孩子要给我们_____京剧。

(3) 爸爸穿这件衣服_____很帅，妈妈，买吧。

(4) 我要去中国银行_____钱。

(5) 明天去爬山，别忘了_____照相机。

(6) 我们_____下个星期去北京。

3 把肯定句变成否定句，否定句变成肯定句 Change the following affirmative sentences into negative sentences, and negative sentences into affirmative ones

例：路不远，不用坐车。→ 路很远，要坐车。

(1) 他不懂汉语，你要给他找个翻译。

(2) 我不知道怎么走，我们要问问他。

(3) 他不来，我们不用给他准备吃的东西。

4 选择正确的答案 Choose the proper answer

(1) _____ 有三本书。

    A. 桌子上边   B. 上边的桌子

(2) _____ 有一块草地。

    A. 前边的图书馆   B. 图书馆前边

(3) _____ 是大卫的。

    A. 座位左边   B. 左边的座位

(4) _____ 怎么样？那儿的菜好吃吗？

    A. 食堂旁边   B. 旁边的食堂

5 连词成句 Form sentences with the words given

(1) 我　有　你们　照相机　带　不用

_____，_____

(2) 有 很大 前边 银行 一个 的 超市

_____

(3) 公园 我 的 很 听说 漂亮 旁边

_____

(4) 先 我们 打 给 要不要 老师 电话 个

_____

6 对比造句　Make sentences of comparison

例如：里边的电影院不太好。→ 外边的电影院很好。

(1) 前边的座位没有人。→ _____

(2) 上边的书很贵。→ _____

(3) 中间的座位是最好的。→ _____

7 完成句子　Complete the dialogues

(1) A：我们_____？（带，照相机）

　　B：要带，那儿的风景很不错，可以照很多漂亮的照片。

(2) A：你要不要去火车站接她？

　　B：_____，她知道怎么走。

(3) A：你要买这双鞋吗？

　　B：不太好看，我不_____。

(4) A：周末你打算做什么？

　　B：_____。（要，电影）

8 阅读 Reading

(小宝喜欢画画儿。一天，他在楼外边的墙上画了很多猫和狗。保安看见了……)

保安："喂，小朋友！不能在墙上画画儿！你叫什么名字？我要告诉你爸爸妈妈！"

小宝："不用告诉，他们知道我的名字。"

墙　qiáng, wall

猫　māo, cat

保安　bǎo'ān, securcty guard

第二十五课 你怎么了？

1 写拼音，找出每组汉字中相同或相似的部分 Write *pinyin* and find the same or similar part between the characters

感	憾

疼	病

解	用

遗	贵

2 选词填空 Fill in the blanks with proper words

发烧　　病　　疼　　感冒　　注意　　开

昨天上午明河觉得不舒服，头_____，不过没_____。下午，她去医院看_____，医生说她_____了，给她_____了一些感冒药，还告诉她现在天气不好，一定要_____身体。

开会　　已经　　结束　　经理　　了解

(1) 我们刚认识，我不太_____他。

(2) 他是_____，很了解公司的情况 (qíngkuàng, condition)，请他给你们介绍吧。

(3) 爸爸这个星期不在家，他去北京_____了。

(4) 电影_____了。

(5) 她_____到家了。

3 在适当的地方用"了""不"或者"没（没有）"填空 Fill in the blanks, using "了""不" or "没（没有）" where necessary

小宝：妈妈，现在吃饭_____吗？

妈妈：过一会儿吃饭，你洗手_____吗？

小宝：_____洗。

妈妈：我看看。哎呀，你的手为什么这么黑？刚才你玩什么____？

小宝：我玩土 (tǔ, soil) _____。

妈妈：快去洗手，不洗手_____能吃饭。

小宝：可是我昨天吃饭的时候也_____洗手。

4 模仿造句 Make sentences following the examples

(1) 明河 / 参加 / 比赛 → 明河参没参加比赛？

你 / 听说 / 这件事 → _____

比赛 / 开始 → _____

(2) 昨天 / 你 / 给王老师打电话 → 昨天你给没给王老师打电话？

星期天 / 你 / 跟她见面 → _____

上午 / 你 / 给他发短信 → _____

5 连词成句 Form sentences with the words given

(1) 他们　长城　去　了　昨天

_____

(2) 你　身体　没有　早上　了　锻炼

_____

(3) 排球　结束　没　比赛　呢　还

_____

(4) 参加　你　参加　没　比赛

_____

(5) 身体　要　你　注意　一定

_____

6 完成对话 Complete the dialogues

(1) A：那个电影怎么样？你们_____？（看）

　　B：我_____，觉得特别好。

　　C：是吗？我_____，太遗憾了！

(2) A：昨天晚上你_____？（做）

　　B：我去家具店看衣柜了。

　　A：_____吗？（买）

　　B：太贵了，我的钱不够，_____。

(3) A：山田，你_____？

　　B：我不舒服，可能_____。（发烧）

　　A：哎呀，这么热！你_____？（医院，没有）

　　B：_____。我不想去，休息一下就可以了。

　　A：不行，你_____(一定要)，我陪你去。

(4) A：刘星，你的眼睛_____？

　　B：不知道，很疼。

　　A：不要看电影了，关 (guān, turn off) 电脑！

　　B：妈，不能关，电影_____呢！（结束）

第二十六课 金浩跑得很快

1 写拼音，找出每组汉字中相同或相似的部分 Write *pinyin* and find the same or similar part between the characters

| 句 | 包 | | 踢 | 易 | | 输 | 愉 | | 举 | 兴 |

2 选词填空 Fill in the blanks with proper words

遗憾　踢　流利　赢　举行　棒　得　首

(1) 这次比赛他们又_____了！

(2) 金浩很喜欢_____足球。

(3) 最近学校要_____卡拉 OK 比赛。

(4) 他写得不太好，不过说得很_____。

(5) 大家都说你唱得好，你给我们唱一_____歌吧！

(6) 你汉字写得真_____！

(7) 上大学时没有好好学习，浪费了很多时间，我觉得这是最_____的事情。

(8) 这次运动会的 100 米比赛，他_____了第一名！

3 把下列句子分别改成正反疑问句以及用"怎么样"提问的句子 Convert the following sentences into affirmative-negative questions, as well as questions using "怎么样"

(1) 她唱得非常好听。
→ _____
→ _____

(2) 他们准备得不太好。
→ _____
→ _____

(3) 北京队踢得太好了!
→ _____
→ _____

(4) 明河汉语说得很流利。
→ _____
→ _____

4 连词成句 Form sentences with the words given

(1) 你　得　怎么样　准备
_____

(2) 金浩　开车　得　开　很快
_____

(3) 意大利队　得　不好　踢　运气　不过　很　好
_____ , _____

(4) 他　汉语　说　会　不过　说　流利　得　不
_____ , _____

5 完成对话（用"V+得"形式） Complete the dialogues, using "V+得"

(1) A：你的英语_____？

　　B：说得还可以。

(2) A：听说你会踢足球，踢得怎么样？

　　B：_____，上周比赛的时候我进了两个球！

(3) A：走，咱们去唱歌吧！

　　B：_____，不去了，你们去吧。

第二十七课　奶奶做了一个广东菜

1 写拼音，找出每组汉字中相同或相似的部分 Write *pinyin* and find the same or similar part between the characters

拖	也
鸡	鸭
味	妹
净	挣

| 尝 | 常 |
| 章 | 早 |

2 写出恰当的量词 Fill in the blanks with measure words

一____文章　　两____桌子　　两____鸡　　一____烤鸭

3 选词填空 Fill in the blanks with proper words

盐　　干净　　拖地　　打扫　　洗　　辛苦　　味道　　尝

(1) 她常常帮妈妈_____房间。

(2) 他们每天工作十二个小时，非常_____。

(3) 妈，你做的菜没有_____，肯定没放_____。

(4) 这个菜很不错，你_____一下。

(5) A：地板怎么这么_____？

　　B：我_____了。

(6) 今天我_____了六件衣服。

4 连词成句 Form sentences with the words given

(1) 去 你 了 哪儿
_____

(2) 什么 买 你 了
_____

(3) 自行车 辆 新 一 我 了 买
_____

(4) 盐 一点儿 奶奶 只 了 放
_____

(5) 杯 两 了 水 喝 林平
_____

(6) 几 今年 你 了 裤子 条 买
_____

(7) 举行 学校 了 活动 很多
_____

5 完成对话 Complete the dialogues

(1) A：小王，听说你刚搬家了，很累吧？你找搬家公司了吗？

　　B：_____。

　　A：_____？（花，钱）

　　B：一百八。

A：这么贵啊！上周我的朋友搬家，只_____。（一百二）

B：他们说我的书太多了，所以贵一点儿。

(2) A：山田，_____？

B：我去家具店了。

A：_____？（什么）

B：_____。（桌子）

A：是电脑桌吗？听说_____。（新电脑）

B：我没有买电脑啊。

第二十八课 你吃了药休息一下

1 写拼音，找出每组汉字中相同或相似的部分 Write *pinyin* and find the same or similar part between the characters

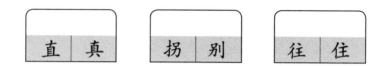

2 选词填空 Fill in the blanks with proper words

> 错　拿　拐　厉害　一直　往
> 方向　记得　一边……一边……

(1) 博物馆在那边，不在这边，你的_____不对。

(2) 对不起，你手里_____的漫画书是我的。

(3) 这个字_____了。

(4) 你不要_____开车_____打电话！

(5) 往左_____，走五分钟，就是网球场。

(6) A：请问西药房在哪儿？

　　B：_____前走就是。

(7) 他的身体_____很棒。

(8) 她会说五种语言 (yǔyán, language)，每种都说得很流利，真____！

(9) 你＿＿＿＿＿＿＿这个同学吗？卡拉OK比赛的时候他得了第二名。

3 把括号中的词放入句中合适的位置 Insert the bracketed words into the following sentences

(1) 昨天我下课去朋友家了。（了）
(2) 他们参观了博物馆去坐车了。（就）
(3) 他毕业以后在那个公司工作。（一直）
(4) 你到了北京怎么给我打电话？（不）
(5) 上了火车他睡觉了。（就）

4 连词成句 Form sentences with the words given

(1) 不　你　舒服　哪儿
(2) 没　你　怎么　来　昨天
(3) 睡觉　吃　他　了　就　了　药
(4) 右　路口　你　拐　了　往　到

5 完成对话 Complete the dialogues

(1) A：小平买电影票了吗？

　　B：他说昨天＿＿＿＿＿＿＿＿＿＿。（吃午饭，就，买）

　　A：你什么时候去拿？

　　B：我＿＿＿＿＿＿＿＿＿＿。（下课，去）

（2）A：李阳，昨天你_____？（没回宿舍）

　　B：昨天我奶奶病了，我_____。（下课，回家）

6 任务与活动　Tasks/Activities

学生A看课本中本课"任务与活动"部分图片，学生B看下面的地图，向A询问以下几个地方怎么走。

Student A open the textbook and pay attention to the map in Tasks/Activities, Student B look at the following map, asking student A for the directions to the following places.

超市　医院　咖啡馆 (kāfēiguǎn, cafe)　洗衣店 (xǐyīdiàn, laundry)

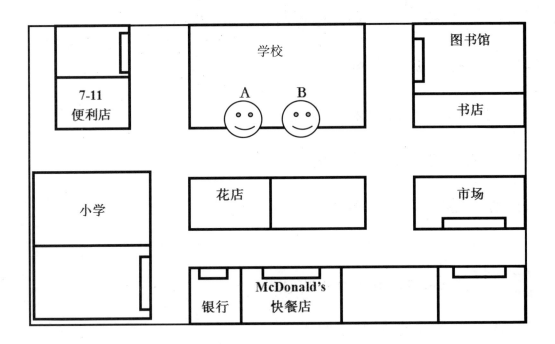

复习（四）

1 写拼音，找出每组汉字中相同或相似的部分 Write *pinyin* and find the same or similar part between the characters

2 选词填空 Fill in the blanks with proper words

> 幅　　为　　完成　　动　　愿意　　随便　　画家　　抽烟

(1) 妹妹一直喜欢画画儿，她说以后想当_____。

(2) 妈妈在家_____我们准备晚饭。

(3) A：您想买点儿什么？

　　B：不买什么，_____看看。

(4) 你不要随便_____爸爸房间里的东西。

(5) _____是不好的习惯。

(6) 他想为民工们画一_____画儿。

(7) _____这篇文章以后，我要休息一下。

(8) 北方太冷了，我不_____去北方工作。

3 根据课文内容判断正误 Decide whether the following statements are right according to the text

(1) 画画儿的时候，民工们要穿新衣服，穿皮鞋。（   ）

(2) 画家说民工们要先理发。（   ）

(3) 画家画画儿的时候，民工们不工作，所以他们不累。（   ）

(4) 民工们都愿意做这个"工作"。（   ）

(5) 民工们对画儿不满意，因为他们觉得画儿里的人很丑。（   ）

4 写出适当的量词 Fill in the blanks with measure words

一_____画儿　　　一_____鸡　　　一_____话

一_____饮料　　　一_____画家　　　一_____事情

一_____国家　　　一_____民工　　　一_____文章

5 用"可以、能、要、会、愿意"及其否定式或正反疑问形式填空 Filling the blanks, using "可以、能、要、会、愿意", their negative forms or their affirmative-negative forms

(1) 老师，我们_____参加中国学生的足球比赛吗？

(2) 你_____跟抽烟的人住一个房间？

(3) 奶奶_____用手机发短信？

(4) 今天我们肯定_____完成这些工作，我们可能需要 (xūyào, need) 三天时间。

(5) A：去北京大学_____换车吗？

　　B：_____，坐332就可以了。

6 连词成句　Form sentences with the words given

(1) 画家　幅　民工们　了　一　画　为　画儿

_____

(2) 我　可　在这儿　不　抽烟　可以

_____

(3) 给　买　画家　没　给　他们　饮料

_____

(4) 就　他　吃　开始　画　了　每天　午饭

_____

7 完成对话　Complete the following dialogues

提示：请在必要时使用"会""可以""愿意""要""想"等能愿动词。
Note: Using "会""可以""愿意""要""想" where necessary.

(1) A：听说昨天晚上你们学院_____(开，晚会)，怎么样？有意思吗？

　　B：非常有意思！大家_____。(表演，节目)

　　A：你_____？(V+了没有)

　　B：我_____。(好听，歌)

(2) A：我＿＿＿＿＿＿＿吗？（抽烟）

　　B：你＿＿＿＿＿＿，可是不＿＿＿＿＿＿。（在这儿）

(3) A：十年以后，你＿＿＿＿＿＿＿＿？

　　B：我想我可能会在中国。

(4) A：你每天＿＿＿＿＿＿吃晚饭？

　　B：在家吃。

　　A：你自己做吗？

　　B：我不＿＿＿＿＿（做饭），我妈妈＿＿＿＿＿＿。（给）

(5) A：刘星＿＿＿＿＿＿？（跟，聊天）

　　B：这孩子，小时候常常＿＿＿＿＿＿＿（跟，聊天），告诉我们很多事情，可是现在，每天＿＿＿＿＿＿（到家，上网），他只在网上跟别人聊天，不跟我们聊！

(6) A：你觉得我＿＿＿＿＿＿＿＿？（理发）

　　B：你的头发不长，＿＿＿＿＿＿＿。

第二十九课 他们正在拍广告

1 写拼音，找出每组汉字中相同或相似的部分 Write *pinyin* and find the same or similar part between the characters

| 等 | 特 |

| 杂 | 茶 | 条 |

| 吹 | 饮 | 次 |

2 写出恰当的量词 Fill in the blanks with measure words

一_____照片　　　一_____电脑　　　一_____汽车

一_____杂志　　　两_____小猪　　　一_____皮鞋

3 选词填空 Fill in the blanks with proper words

　　好像　杂志　拍　一样　大概　穷　另　吹　阳台

(1) 他有两个哥哥，一个在广告公司工作，_____一个在医院工作。

(2) 他是一个明星，_____了很多有名的电影。

(3) 那个_____口琴的孩子是谁？

(4) 他们家的_____很大，可以当一个小房间。

(5) 前边那个人_____是王老师。

(6) 这本_____很贵吧？

(7) 我家离学校很远，每天坐公共汽车来学校，_____要两个多小时，很辛苦。

(8) 他们很_____，没有钱。

(9) 我的手机跟你的_____。

4 连词成句 Form sentences with the words given

(1) 什么　你　干　在
_____

(2) 在　他们　拍　呢　正　广告
_____

(3) 很多　她　好像　电影　了　拍
_____

(4) 裤子　是　一条　蓝色的　一条　白色的　是　另
_____，_____

(5) 自行车　我的　一样　她的　跟
_____

5 完成句子 Complete the following sentences

(1) 现在是上午十点，我们正在_____。

(2) 昨天晚上八点的时候，林平_____呢。

（3）A：你在干什么？

　　B：我_____。

6 完成对话　Complete the following dialogues

（1）A：你在干什么？

　　B：我_____。（上网）我昨天认识了一个新朋友，我

　　　们_____呢。

　　A：我猜你们一定在聊足球。

　　B：不对，我们_____，我们在聊音乐。

（2）A：我给你打电话的时候，你_____？（干）开会吗？

　　B：_____，我_____。（看书）

（3）A：奶奶在看电视吗？

　　B：奶奶_____，她在做饭。

（4）A：我喜欢大房子。

　　B：_____(跟……一样)，我觉得小房子

　　　更舒服。

第三十课 这是在哪儿照的？

1 写拼音，找出每组汉字中相同或相似的部分 Write *pinyin* and find the same or similar part between the characters

2 选词填空 Fill in the blanks with proper words

研究　从　晚点　出生　幸福　结婚

(1) 火车又_____了，已经十点半了，还没到。

(2) 他们明天早上_____学校出发。

(3) 在很冷的冬天，不用去工作，在暖和(nuǎnhuo, warm)的家里吃爸爸妈妈做的好吃的饭菜，这是_____吗？

(4) 你是哪一年_____的？

(5) 你真的愿意跟他_____吗？

(6) 他的一个哥哥是画家，另一个哥哥是_____中国历史的。

3 连词成句 Form sentences with the words given

(1) 来　你们　的　什么是　时候

(2) 坐 林平 是 去 的 机场大巴 不

_____

(3) 来 从 他 北京 的 是

_____

(4) 1985年 的 爸爸妈妈 刘星 结婚 是 的

_____

(5) 一点 昨天 睡 的 他

_____

(6) 对我 不太 来说 容易 这门课

_____

4 从划线的部分中选择正确答案 Choose the proper expression

(1) 你又喝酒了，对不对？在哪儿喝？/ 在哪儿喝的？
(2) 你们要比赛足球吗？什么时候比赛？/ 什么时候比赛的？
(3) A：听说下课后你要去博物馆，怎么去？/ 怎么去的？
　　B：坐地铁去。/ 坐地铁去的。
(4) A：我们又见面了！你什么时候来？/ 你是什么时候来的？
　　B：我上个月来。/ 我上个月来的。

5 完成对话 Complete the dialogues

(1) A：你们是骑自行车去公园的吗？

　　B：_____，我们是走路去的。

(2) A：_____?

　　B：他是从英国来的。

(3) A：_____?　（对……来说）

　　B：朋友最重要。

6　根据你的情况回答问题　Answer questions according to your situation

(1) A：你是从哪儿来的？

　　B：_____

(2) A：你是什么时候来的？

　　B：_____

(3) A：你是怎么来的？

　　B：_____

第三十一课 苹果便宜了

1 写出下列词语的反义词 Write antonym

吵 _____   干净 _____   结束 _____

难 _____   贵 _____

2 选词填空 Fill in the blanks with proper words

需要　那么　安静　脏　着急　通过　节

(1) 面试怎么样？_____了吗？

(2) 八点半上课，现在八点二十五了，车还没到学校，他很____。

(3) 你们每天上几_____课？

(4) 我_____很多很多钱，我想去世界各地旅行。

(5) 图书馆里非常_____。

(6) 手_____了，去洗洗吧。

(7) 你们学校_____大，没有自行车一定很不方便。

3 连词成句 Form sentences with the words given

(1) 语法　了　难

(2) 笔记本电脑 小静 了 有

_____

(3) 现在 我 这辆车 的 是 了

_____

(4) 干净 现在 很 菜市场 了 以前 脏

_____,_____

4 下边句子的空白处是否需要"了"？ See if "了" is necessary for the following sentences

(1) 昨天天气很热（　）。

(2) 这幅画已经旧（　）。

(3) 上个周末我们一起去酒吧(jiǔbā, bar)喝酒（　）。

(4) 以前他们有很多钱，现在他们穷（　），没有钱（　）。

(5) 上课（　），同学们都进教室（　），外边不吵（　）。

(6) 我没跟他们一起去（　）。

(7) 我以前没有笔记本电脑（　），现在有（　）。

(8) A：你女朋友呢？出差了吗？

　　B：我现在没有女朋友（　）。我们分手(fēnshǒu, part company)了。

5 完成对话 Complete the dialogues

(1) A：快走啊！你刚才很快，现在怎么这么慢啊？

　　B：我知道今天肯定迟到了，所以不_____。（着急）

(2) A：你看，这件衣服多好看！买吧！

　　B：可是我刚才买了太多东西，现在＿＿＿＿＿＿＿。（没有……了）

(3) A：小平还在读大学吗？

　　B：毕业了，今年通过了研究生面试，现在＿＿＿＿＿＿＿＿＿＿。（是……了）

(4) A：你为什么不进教室？

　　B：教室里太吵了，我不想进去。

　　A：刚才吵，现在老师来了，他们＿＿＿＿＿＿＿＿＿＿（安静），进去吧。

第三十二课　今天不学习了

1 写拼音，找出每组汉字中相同或相似的部分 Write *pinyin* and find the same or similar part between the characters

| 翻 | 羽 |　| 刮 | 甜 |　| 饿 | 我 |　| 测 | 须 |

2 组词 Make words

球 _____ _____　　意 _____ _____

风 _____ _____　　拍 _____ _____

3 选词填空 Fill in the blanks with proper words

　　测验　　主意　　刮　　变　　睡懒觉　　敢

(1) 这真是一个好_____！

(2) 以前我很了解他，过了这么多年，我发现他_____了。

(3) 她刚会开车，还不太_____开。

(4) 对每天五点起床去工作的人来说，幸福就是早上可以_____。

(5) 老师说明天_____，我今天要准备准备。

(6) 春天常常_____大风。

4 连词成句　Form sentences with the words given

(1) 去　天气　了　可以　热　了　游泳

　　_____，_____

(2) 测验　明天　今天　羽毛球　不　了　打

　　_____，_____

(3) 常　咖啡　他　以前　喝　不　现在　喝　了

　　_____，_____

(4) 了　累　她　学习　不　了　想

　　_____，_____

(5) 他　不　身体　了　敢　现在　了　喝酒　不好

　　_____，_____

(6) 继续　他们　不能　输　了　比赛　了

　　_____，_____

5 用"不"或者"没有"填空　Fill in the blanks with "不" or "没有"

(1) 他昨天_____迟到 (chídào, be late)。

(2) 他现在每天早起，_____迟到了。

(3) 昨天刮了一天风，今天_____刮了。

(4) 以前她很喜欢照相，现在她觉得自己_____漂亮了，_____想照相了。

(5) 昨天晚上他发烧了，今天好了，_____发烧了。

6 完成对话 Complete the dialogues

(1) A：老师，下周我们还测验吗?

　　B：下周我们有别的安排，_____。（不+V+了）

(2) A：你吃药了吗?

　　B：我觉得药不好吃，我_____。（不+OPT.V+了）

(3) A：你敢一个人去旅行吗?

　　B：以前不敢，现在_____。（OPT.V+了）

第三十三课 我哥哥要来广州了

1 写拼音，找出每组汉字中相同或相似的部分 Write *pinyin* and find the same or similar part between the characters

| 温 | 慢 | | 便 | 更 | | 鸟 | 鸡 | | 死 | 比 |

2 写出下列词语的近义词 Write near-synonyms for the following words

全 _____   经常 _____

温暖 _____   开心 _____

夜里 _____

3 选词填空 Fill in the blanks with proper words

全　更　马上　经常　死　温暖　别　勤快

(1) 你等一下，我_____来。

(2) 上课的时候_____打电话。

(3) 他非常有名，_____世界都知道他。

(4) 看见他们在吃东西，我觉得_____饿了。

(5) 他们经常帮她，关心她，她觉得很_____。

(6) 小云很_____，在家里经常帮妈妈干活。

(7) 我发现小鸟不动了，它是不是_____了？

(8) 他们_____一起踢足球。

4 把括号中的词放入句中合适的位置　Insert the bracketed words into the following sentences

(1) 他们走了，我们送他们什么礼物？（要）

(2) 小云睡懒觉。（经常）

(3) 明天晚上要表演了，你准备得怎么样？（就）

(4) 我觉得不舒服，可能要感冒了。（快）

(5) 下雨了，我们还去踢球吗？（快）

(6) 这幅画就要完成了。（马上）

5 连词成句　Form sentences with the words given

(1) 下个月　工作　他　去　要　北京　了

(2) 到　火车　快　广州　了　要

(3) 明天　去　参观　都　全校学生

(4) 马上　要　他的　工作　结束　就　了

6 完成对话 Complete the dialogues

提示：请用"要了……""快（要）……了""就（了）……了"结构。

Note: Using "要了……""快（要）……了""就（了）……了".

(1) A：你们什么时候面试？

B：明天_____。

(2) A：冬天_____（来），你要不要买件毛衣？

B：我上星期已经买了。

(3) A：电影七点_____（开始），你怎么还不来？

B：刚才堵车 (dǔ chē, traffic jam) 了，不过我马上_____。（到）

(4) A：今天你怎么这么勤快？

B：明天_____，如果她看见我的房间这么乱 (luàn, in disorder)，她一定会批评 (pīpíng, criticize) 我！

(5) A：好久没见小林了，他最近怎么样？

B：他的孩子_____（出生），他_____！（当爸爸）

第三十四课　他一直在电脑前边坐着

1 写拼音，找出每组汉字中相同或相似的部分　Write *pinyin* and find the same or similar part between the characters

2 给划线的汉字写拼音　Write *pinyin* for the underlined chatacters

(1) 音<u>乐</u>＿＿＿＿　　快<u>乐</u>＿＿＿＿

(2) <u>着</u>急＿＿＿＿　　站<u>着</u>＿＿＿＿

(3) <u>教</u>授＿＿＿＿　　<u>教</u>室＿＿＿＿　　<u>教</u>汉语＿＿＿＿

3 朗读　Read aloud

从小学到大学　　这样写　　讨论问题
从北京到广州　　这样做　　讨论事情
从五点到七点　　这样表演　讨论讨论

4 选词填空　Fill in the blanks with proper words

这样　节目　亮　总是　乱　收拾　讨论　热闹

(1) 妈妈正在＿＿＿＿房间呢！

(2) 操场上正在举行运动会,非常_____。

(3) 你们在_____什么问题呢?

(4) 这个字你写得不对,应该_____写。

(5) 天黑了,很多房间里的灯都_____了。

(6) 床上是衣服,地上也是衣服,你的房间太_____了!

(7) 新年晚会你们打算表演什么_____?

(8) 他_____忘带书。

5 连词成句 Form sentences with the words given

(1) 应该 安排 你 这样

(2) 对 坐 总是 着 不 身体 好

(3) 刮 外面 着 雨 着 下 风

(4) 忙 他们 着 广告 最近 拍

(5) 夜里 两点 他 的 着 昨天 灯 还 亮 房间

(6) 小狗 可爱 啊 这 多么 只

6 完成句子 Complete the following dialogues

（1）放假的时候，每天玩，_____！（多）

（2）这里的风景_____啊！（多么）

（3）你的房间_____！（好+Adj.）

（4）听说那里很好玩儿，我_____啊！（好想）

第三十五课 小云喜欢躺着看书

1 写拼音，找出每组汉字中相同或相似的部分 Write *pinyin* and find the same or similar part between the characters

| 科 | 料 | | 躺 | 身 | | 据 | 剧 | | 员 | 贵 | 惯 |

2 组词 Make words

视 _____   说 _____

学 _____   员 _____

3 选词填空 Fill in the blanks with proper words

健康　职员　躺　背　要求　重　而且　近视　邮件

(1) 因为经常上网玩游戏，他的眼睛_____了。

(2) 他会说汉语，_____说得很好。

(3) 瑜伽(Yújiā, Yoga)是一种非常_____的运动。

(4) 老师_____我们每天写汉字。

(5) 你不要带这么多书，太_____了！

(6) 这个公司的_____每天工作十二个小时。

(7) 我晚上给你发_____。

(8) 已经十点了，他还在床上_____着。

(9) 他_____着一个很大的包。

4 连词成句 Form sentences with the words given

(1) 坐　科学家　工作　不　着　健康　说

(2) 躺　他　电视　喜欢　着　看

(3) 据说　每天　工作　他们　四个　小时　只

(4) 唱　小云　歌　跑步　喜欢　着

5 模仿造句 Make sentences following the examples

例：开灯 / 睡觉　我习惯开着灯睡觉。

(1) 听音乐 / 开车

(2) 唱歌 / 洗衣服

(3) 躺 / 看书

6 用 "V+着" 完成对话 Complete the dialogues, using "V+着"

(1) A：那儿很近，不需要坐车，咱们_____（走，去）怎么样？

B：好啊，我喜欢走路。

(2) A：想不想听听音乐？

B：我不习惯＿＿＿＿＿＿＿＿＿＿（听音乐，写作业），你自己听吧。

(3) A：你怎么又感冒了？

B：我昨天晚上＿＿＿＿＿＿＿＿＿＿（开窗户，睡觉），所以感冒了。

7 用"该……了"完成句子　Complete the sentences, using "该……了"

(1) 我又胖了，＿＿＿＿＿＿＿＿＿＿。（减肥）

(2) 12点了，＿＿＿＿＿＿＿＿＿＿。（睡觉）

复习（五）

1. 写拼音，找出每组汉字中相同或相似的部分 Write *pinyin* and find the same or similar part between the characters

| 丢 | 去 | | 许 | 午 | | 联 | 聊 | | 响 | 向 |

2. 写出下列词语的近义词 Write near-synonyms for the following words

早上 _____ 　　　接着 _____

可能 _____ 　　　马上 _____

3. 选词填空 Fill in the blanks with proper words

离开　互相　接着　响　联系　然后　也许　丢　立刻

(1) 他们一边吃饭一边_____开玩笑，很开心。

(2) 上个星期他没来上课，我想他_____病了。

(3) 老师来了，同学们_____安静了。

(4) 十五年以前，李阳的爸爸_____北方来广州工作。

(5) 昨天只看了一半电影，今天_____看。

(6) 你到北京以后一定要跟我_____。

(7) 李阳，你的手机在_____！

(8) 我的自行车_____了，我想再买一辆。

(9) A：明天做什么？

B：去买羽毛球拍，_____去医院看眼睛。

4 把括号中的词放入句中合适的位置　Insert the bracketed words into the following sentences

(1) 你的手机怎么丢？（的）

(2) 我的地图不见了，是在公园丢的。（也许）

(3) 昨天她很着急，现在不着急。（了）

(4) 这个学期马上要结束了。（就）

(5) 明天这个时候他也许睡懒觉。（在）

(6) 你别看书，眼睛会近视。（躺着）

5 把下面的句子变成否定句　Change the following affirmative sentences into negative sentences

(1) 我是在电脑城买的电脑。→ _____

(2) 大卫下了课去银行。→ _____

(3) 现在她勤快了。→ _____

(4) 外边正在刮风。→ _____

6 完成对话　Complete the dialogues

(1) A：你是跟谁一起来中国的？

　　B：_____。（爸爸）

(2) A：晚上接着看那个电视剧吧。

　　B：今天_____（不+OPT.V+……了），我要准备明天的测验。

(3) A：听说玛丽_____（要……了），什么时候走？

　　B：她_____（就要……了），我们去送她吧。

(4) A：我们什么时候去找他？

　　B：_____。（V$_1$+了+O$_1$+就+V$_2$）

(5) A：我给你打电话的时候你在吃饭吗？

　　B：_____，我_____。（上网）

(6) A：他以前做什么工作？

　　B：以前他_____，现在_____。（不是……了）

第三十六课 你吃过川菜没有？

1 写拼音，找出每组汉字中相同或相似的部分　Write *pinyin* and find the same or similar part between the characters

| 辣 | 束 |　| 嘴 | 些 |　| 牌 | 片 |　| 厢 | 相 |

2 选词填空　Fill in the blanks with proper words

遇到　跳舞　辣　困难　喊　爱好　长

(1) 他们刚去北京的时候很穷，没有钱，遇到过很多_____。

(2) 你有什么_____？

(3) 一个男孩子在楼下大声_____她的名字。

(4) 这个菜太_____了，我不能吃。

(5) 小华在江边_____了一个老同学。

(6) 明河最喜欢_____。

(7) 我们都觉得小静_____得很漂亮。

3 把括号中的词放入句中合适的位置　Insert the bracketed words into the following sentences

(1) 寒假你有打算？（什么）

(2) 这些年你回老家吗？（过）

(3) 我们一起打牌。（过）

(4) 我跟他跳舞。（过）

(5) 他们看过冰灯？（没有）

4 联词成句 Form sentences with the words given

(1) 吃　没　他　以前　辣的　过

(2) 来　感冒　中国　他　过　以后　没

(3) 小吃　那里　你　没有　过　吃　的

(4) 的时候　旅行　有意思　人　遇到　林平　过　的　很多
　　　　　　　　　　　　　　　　　　　，

5 模仿造句 Make sentences following the examples

A：去 / 四川 → 你去过四川没有？

(1) 问 / 老师

(2) 去 / 英国

(3) 参加 / 运动会

B：去 / 他们学校 → 你去没去过他们学校？

(1) 吃 / 川菜

(2) 去 / 医院 _____

(3) 遇到 / 困难 _____

6 完成对话 Complete the following dialogues

(1) A：国庆节你_____？（打算）

　　B：我想去北京。

　　A：你以前_____？

　　B：去过，不过我想再去一次。

(2) A：你_____？（看，冰灯）

　　B：冰灯是什么？我_____。（听说）

第三十七课 小云睡了十一个小时

1 写拼音，找出每组汉字中相同或相似的部分 Write *pinyin* and find the same or similar part between the characters

酒	醒

顺	须

困	因

具	真	直

请	精	情	猜	静

2 选词填空 Fill in the blanks with proper words

> 精彩　醒　请假　困　安全　交通　工具　挤　顺利　奇怪

(1) 据说昨天的比赛非常_____，你看了没有？

(2) 我_____了，想睡觉了。

(3) 我昨天遇到一个_____的人，这么冷，他只穿了一件短袖！

(4) 你们一路上_____吗？

(5) 今天是周末，坐地铁的人很多，特别_____。

(6) 我病了，不能去上课了，你能给我_____吗？

(7) A：小宝还在睡吗？

　　B：是啊，还没_____呢。

(8) A：这个城市 (chéngshì, city) 的_____怎么样？

B：不太好，经常堵车。

(9) 词典是我们学习汉语的_____。

(10) 路上车多，你一定要注意_____。

3 把括号中的词放入句中合适的位置 Insert the bracketed words into the following sentences

(1) 小云昨天没写作业，看一晚上电视。（了）
(2) 如果顺利，他七点可以到家。（左右）
(3) 他们昨天没吃饭，吃了一天。（水果）
(4) 他每天看电视？（多长时间）
(5) 老师，我想请假。（一天）
(6) 你每天去上班，坐车坐多长时间？（要）

4 连词成句 Form sentences with the words given

(1) 请　了　假　三天　大卫

(2) 一天　觉　他　了　睡

(3) 研究　他　中国经济　了　十年　研究

(4) 聊天　他们　聊　长　了　时间　很

(5) 多长 你 等 等 了 时间 车

(6) 一刻钟 了 左右 节目 表演 他们 表演

5 模仿造句 Make sentences following the examples

例：他 / 复习语法 / 三个小时 　他复习语法复习了三个小时。

(1) 她们 / 看电视剧 / 一个晚上

(2) 他们 / 打牌 / 五个小时

例：她 / 跳舞 / 可以 　她跳舞可以跳多长时间？

(1) 我们 / 开会 / 要

(2) 你 / 游泳 / 能

6 回答问题 Answer the following questions

(1) A：你昨天睡了多长时间？

　　B：_____

(2) A：你昨天看了多长时间电视？

　　B：_____

(3) A：你昨天学了多长时间汉语？

　　B：_____

第三十八课　李阳学了两个月西班牙语了

1 写拼音，找出每组汉字中相同或相似的部分 Write *pinyin* and find the same or similar part between the characters

| 花 | 化 | | 彩 | 菜 | | 管 | 馆 | | 晒 | 西 | 酒 |

2 选词填空 Fill in the blanks with proper words

马马虎虎　感觉　晒　变化　管　从来　自由　忽然

(1) 你去那家咖啡馆了吗？_____怎么样？

(2) 十年没见了，他的_____非常大。

(3) 这个孩子_____没吃过冰淇淋 (bīngqílín, ice-cream)。

(4) 他说得不错，不过写得_____。

(5) 我要一个人住，跟爸爸妈妈一起住不_____。

(6) 上课的时候，他的手机_____响了。

(7) 冬天，有太阳的时候，很多人在草地上_____太阳。

(8) 爸爸妈妈很忙，不_____他，所以他考试经常不及格。

3 把括号中的词放入句中合适的位置 Insert the bracketed words into the following sentences

(1) 他怎么还没醒？他已经睡十二个小时！（了）

(2) 你们学了多长时间了？（汉语）

(3) 你在做什么？我刚才喊了半天！（你）

(4) 我已经等了一刻钟了！（你们）

(5) 山田离开一年了。（日本）

(6) 你认识李阳了？（多长时间）

4 连词成句 Form sentences with the words given

(1) 我　三个月　来　中国　了

(2) 北京　我　两天　了　到

(3) 两个小时　她们　跳　了　了　跳舞　已经

(4) 找　他们　小时　了　三　她　个

(5) 已经　我们　四个月　了　西班牙语　了　学

(6) 我　过　从来　没　这么丑　的　见　狗

5 完成对话 Complete the dialogues

（1）A：又在玩儿游戏！你_____？（多长时间）

B：三个小时吧。

A：昨天你_____？（多长时间）你知道不知道？

B：也是三个小时吧？

A：昨天你_____！（六个小时）今天不能再玩儿了！

（2）A：你_____？（来，广州，多长时间）

B：两年了，不过还不会说广州话。

6 模仿造句 Make sentences following the examples

例：学汉语 / 三个月

A：你学了多长时间汉语了？

B：我学了三个月了。

(1) 看电视 / 两个小时

A：_____

B：_____

(2) 玩游戏 / 半个小时

A：_____

B：_____

(3) 写汉字 / 半天

A：_____

B：_____

例：离开英国 / 两年

A：他离开英国多长时间了?

B：两年了。/ 他离开英国两年了。

(1) 认识他 / 半年

A：_____

B：_____

(2) 来中国 / 四个月

A：_____

B：_____

(3) 大学毕业 / 一年

A：_____

B：_____

7 造句 Make sentences

(1) 从来 _____

(2) 忽然 _____

第三十九课 菊花茶有点儿苦

1 写拼音，找出每组汉字中相同或相似的部分 Write *pinyin* and find the same or similar part between the characters

招	照

剪	前

咸	喊

饱	抱	跑

2 选词填空 Fill in the blanks with proper words

苦　　咸　　剪　　加　　担心　　一般　　招待　　就是

(1) 这杯咖啡有点儿_____，我想放一点儿糖。

(2) 他在那个公司挣的钱很多，老板对他也很好，_____工作太辛苦了。

(3) 他们请我们吃饭，带我们去参观，_____得特别好。

(4) 你周末_____做什么？

(5) 这个班人太多了，后来又_____了五张桌子。

(6) 这个菜比较淡，那个菜比较_____。

(7) 她用红色的纸_____了一只老虎。

(8) 晚上十一点了，明河还没有回家，妈妈有点儿_____了。

3 用"一点儿"或"有点儿"填空　Fill in the blanks with "一点儿" or "有点儿"

(1) 这件衣服_____长,有没有短_____的?

(2) 这本书_____难,那本容易_____。

(3) 那里太热闹了,这里安静_____。

(4) 这课的生词_____多。

(5) 这双皮鞋_____大,我想试一双小_____的。

4 连词成句　Form sentences with the words given

(1) 再　鱼　一点儿　吧　吃

(2) 就是　小　很　有点儿　漂亮　林平的家

(3) 广州的夏天　凉快　热　比较　秋天　一点儿

(4) 菜　咱们　一点儿　加　辣　的　再　吧　一个

(5) 长　再　寒假　我　一点儿　希望

5 用括号里的词完成对话　Complete the following dialogues

(1) (A 给 B 照相) B：我站在这儿行吗？

A：还可以 _____。（近）

(2) A：书法难还是太极拳难？

B：我觉得太极拳比较难，书法_____。（一点儿）

(3) A：金浩的汉语怎么样？

B：他说得很不错，听力也很好，_____。（就是）

(4) A：这家餐厅的饭菜怎么样？

B：很好吃，_____。（就是）

(5) A：这个菜太淡了，没有味道！

B：你总是吃那么咸！你知不知道，_____（一点儿）

对健康好！

(6) A：这条裙子怎么样？

B：有点儿长。你不太高，所以我觉得_____（短）更好。

第四十课 她有一千多双鞋

1 写拼音，找出每组汉字中相同或相似的部分 Write *pinyin* and find the same or similar part between the characters

箱	想

趣	最

借	错

2 写出恰当的量词 Fill in the blanks with measure word

一_____鱼　　　　十_____肉　　　　一_____冰箱

两_____报纸　　　十_____短信　　　三_____鞋

一_____船　　　　一_____演员　　　一_____书法家

3 用汉字写出以下数字 Write the following numbers with Chinese characters

54980 _____　　　239057 _____

648000 _____　　320800 _____

1100000 _____　　48952115 _____

4 选词填空 Fill in the blanks with proper words

| 鱼 | 冰箱 | 报纸 | 算了 | 新闻 | 有趣 | 演员 | 借 |

(1) 他们家新买了一台_____。

(2) 这本书是从图书馆_____的。

(3) 爸爸每天吃了饭就看_____。

(4) 这些_____都很漂亮。

(5) 这个故事非常_____。

(6) 他从来不吃猪肉，只吃_____。

(7) 又下雨了！_____，不去动物园了，在家看电影吧。

(8) 奶奶每天晚上七点都要看电视_____。

5 把括号中的词放入句中合适的位置 Insert the bracketed words into the following sentences

(1) 这些肉重？（多）

(2) 她买了十条小鱼。（多）

(3) 这台电脑两公斤。（左右）

(4) 她们吃饭吃了三个小时。（多）

(5) 他一天发了三十多短信。（条）

(6) 这台冰箱两千块钱。（多）

(7) 这个本子六多钱。（块）

(8) A：这个房间多高？　B：三多。（米）

6 连词成句 Form sentences with the words given

(1) 两　她　的　买　了　一条　鱼　多　斤
_____

(2) 给　几个　我们　故事　讲了　老师　有趣的
_____

(3) 有　图书馆里　种　几十　报纸
_____

(4) 万　城市　七　这个　多　人　有　百
_____

(5) 已经　多　奶奶　岁　了　七十　他
_____

(6) 一　他们　北京　个　多　玩了　月　在
_____

7 用"多""几"或"左右"回答问题 Answer questions with "多" "几" or "左右"

(1) A：你学了多少个生词？

　　B：_____

(2) A：你每天看多长时间电视？

　　B：_____

(3) A：你们班有多少个同学？

　　B：_____

第四十一课　我看过三遍《我的父亲母亲》

1 写拼音，找出每组汉字中相同或相似的部分 Write *pinyin* and find the same or similar part between the characters

| 遍 | 篇 | 部 | 陪 | 肚 | 胖 | 念 | 今 | 划 | 戏 |

2 选词填空 Fill in the blanks with proper words

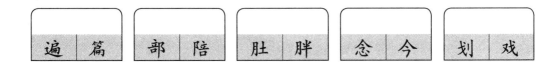

(1) 你有笔吗？我_____一下这个电话号码。

(2) 他爷爷死了，他知道这个消息以后非常_____。

(3) 比赛非常精彩，可是我们只看了_____，真遗憾。

(4) 这_____电影没意思。

(5) 他们是我们请来的_____，我们要好好招待他们。

(6) 你们明天_____什么？英语还是历史？

(7) 我已经吃_____了，他们正在吃。

(8) 他们热得_____。

(9) 这是我这个暑假的学习_____。

3 用"次""遍"或者"下"填空　Fill in the blanks with "次" "遍" or "下"

(1) 妈妈，我想再听一_____这个故事。

(2) 他在我手上打了一_____。

(3) 我跟他打过两_____篮球，他很厉害！

(4) 老师，你能再说一_____吗？

4 用"后来"或者"以后"填空　Fill in the blanks with "后来" or "以后"

(1) 来中国_____，大卫认识了很多新朋友。他喜欢这些朋友，他也喜欢中国，_____，他想在中国工作。

(2) 小时候，他想当翻译，_____，他成 (chéng, become) 了一个画家。

(3) 上个月，我和同学们一起去旅行了。我们先去了上海，到上海_____参观了很多地方，非常有意思。_____，我们又去了北京，参观了故宫、长城。这次旅行太有意思了！

5 把括号中的词放入句中合适的位置　Insert the bracketed words into the following questions

(1) 我想再看那部电影。（一遍）
(2) 他给我发三次短信。（过）
(3) 刘梅去北京出差的时候，去一次长城。（了）
(4) 如果你自己不能决定，我们一起想想吧。（就）
(5) 我去他宿舍找了三次，他都不在。（他）

6 连词成句 Form sentences with the words given

(1) 三次　去年　下　北京　了　大雪　冬天

(2) 读　你　这个　一遍　句子　再

(3) 打　两下　妈妈　他　了

(4) 如果　不　你　我　告诉　就　问　我　去　他

　　　　　　　　　　　　　，

7 完成句子 Complete the following dialogues

(1) A：你在读课文吗？＿＿＿＿＿＿？

　　B：读了三遍了，我还想再＿＿＿＿＿＿。

(2) A：你＿＿＿＿＿＿？（去，日本）

　　B：四次，不过每一次时间都很短。

(3) A：这些菜你能吃完吗？

　　B：＿＿＿＿＿＿＿＿＿＿。（如果……就……，好吃）

(4) A：昨天你干什么了？

　　B：打了打网球，＿＿＿＿＿＿＿＿＿＿＿＿。

　　　（洗衣服，收拾房间）

第四十二课　她再也不让他炒菜了

1 写拼音，找出每组汉字中相同或相似的部分 Write *pinyin* and find the same or similar part between the characters

险	验	应

粗	且	助

袜	末	味	妹

2 选词填空 Fill in the blanks with proper words

家务　付　比如　帮忙　逛街　危险　炒　急事　生气

(1) 不好意思，我有_____，不能去火车站接你了。

(2) 小静喜欢干_____，_____洗碗、拖地、擦桌子。

(3) 他们_____了钱，就带着买的东西回家了。

(4) 都是很好的朋友，买两瓶酒，再随便_____几个菜就可以了。

(5) 酒后开车很_____。

(6) 他的话让我很_____。

(7) 放假五天，她每天都_____买东西，真受不了她！

(8) 朋友搬家，他去_____。

3 造句　Make sentences

例：老师对我们说："你们要每天写汉字。"
　　→ 老师叫我们每天写汉字。

(1) 妈妈对我说："你去给奶奶买药。"
　　→ _____

(2) 李阳对大卫说："咱们去打篮球吧。"
　　→ _____

(3) 林平说："大卫，去吃川菜，我请客。"
　　→ _____

(4) 刘梅对朋友说："明天晚上到我家吃饭吧。"
　　→ _____

(5) 小静对小云说："你炒菜吧。"
　　→ _____

(6) 妈妈告诉我："不要躺着看书。"
　　→ _____

4 连词成句　Form sentences with the words given

(1) 老师　办公室　叫　去　你
　　_____

(2) 这　照片　张　想家　让　我
　　_____

(3) 让 学 我们 会 决定 自己 做 吧

_____

(4) 也 管 我 再 不 了 他的事情

_____

5 完成对话　Complete the dialogues

(1) A：你怎么买这么多菜啊？

　　B：我今天_____。（请）

(2) A：你给谁寄书？这么重！你应该_____。（叫，帮忙）

　　B：没关系，我自己可以。

(3) A：王老师_____。（让，看）

　　B：英文小说？太难了吧？

(4) A：咱们考上海的大学吧。

　　B：我妈妈_____（不让），她说离她太远了！

(5) A：你今天怎么起得这么早？这是从来没有过的事情！

　　B：我决定每天早起锻炼身体，_____。（再也不）

复习（六）

1 写拼音，找出每组汉字中相同或相似的部分 Write *pinyin* and find the same or similar part between the characters

| 拉 | 接 |

| 粉 | 分 | 氛 |

| 空 | 穷 | 穿 | 究 |

2 组词 Make words

气 _____ _____ _____

通 _____ _____ _____

板 _____ _____ _____

3 选词填空 Fill in the blanks with proper words

紧张　　满　　拉　　空　　气氛　　方面　　通知

(1) 这个餐厅_____了，没座位了，我们去别的地方吧。

(2) 他们班_____很好，他每天来上课都很开心。

(3) 两个孩子手_____着手去学校。

(4) 老师_____我们明天下午去听讲座 (jiǎngzuò, lecture)。

(5) 别的教室都有人，只有这间是_____的，我们在这儿学习吧。

(6) 考试总是让我_____。

(7) 我想买两本中国历史_____的书。

4 把括号中的词放入句中合适的位置 Insert the bracketed words into the following sentences

(1) 他们一般每天上课。(两个小时)

(2) 我在教学楼门口等了一个小时。(他们)

(3) 他到半天了。(家)

(4) 她们计划下午五点出发。(左右)

(5) 这台电视三千块钱。(多)

(6) 这瓶水一块钱。(多)

5 完成对话 Complete the dialogues

(1) A：今天你坐车坐了多长时间？

　　B：_____(多，小时)

(2) A：这条鱼多重？

　　B：_____(多)

(3) A：你喜欢躺着看书吗？

　　B：_____(不，坐)

(4) A：小宝醒了多长时间了？

　　B：_____(十多分钟)

(5) A：你每天学习多长时间汉语？

B：_____（多，小时）

6 造句　Make sentences

(1) 让

(2) 如果……就……

(3) 跳舞，两个小时

(4) 起床，半天

(5) V 过……没有

(6) 从来